# 教案設計
## 從教學法出發

任慶儀　著

# 自　序

　　民國100年3月出版了我的第一本著作《教案設計》，也是國內第一本以教案爲主的書籍。當時的想法很簡單，我指導的實習學生問我：「爲什麼我們只能寫『單元教學法教案』？爲什麼別的大學（非師範類大學）教授說我們沒有『法』呢？」我啞口無言。

　　的確，身爲教育師培學校的老師對於「單元教學法」以外的教案格式是沒有教的，而且也認爲用「它」來寫所有的教案是「理所當然」的事。我的學生再問：「那我學的講述法、練習法、啓發式教學的教學要怎麼進行呢？爲什麼都沒有看過人家寫過這些不同的教案呢？」我啞口無言。

　　雖然這本書寫的不是什麼偉大的理論，也不具有高竿的前瞻性，但卻是基本的教學設計。這本書的出版，要感謝五南圖書出版公司願意看到教育界裡的需求，願意付梓印刷。書中將教案以理論爲基礎，設計出相當的教學活動，並且以適切的方法寫出教案，提供給教育領域中的教師與學生參考，希望這本書能夠回答我學生的問題。

任慶儀

2019.7

# 目　錄

# 緒　論

　　教學設計（instructional design）在不同的時代都有其特殊的定義。早期的教學設計是指，教學者以其自身的經驗加上當代的思潮以及同儕的建議，發展出獨特的方式作為傳達和表述知識的內容。然而，隨著社會變遷與思潮的改變，人們對教學這件事有了不同的要求。例如：早期的社會到處瀰漫著工業化的效率氛圍，教學的設計就以「精熟學習」、「個別化學習」、以及「學習契約」等作為其回應。然而，當教學因為社會快速的變遷、科技的大躍進、以及教育研究的蓬勃發展，教學者發現此時互動式的教學遠較講解式的教學更能符合學習者的需求，教學設計遂由專家式的講解轉向互動式的教學設計。爾後，當社會普遍要求重視學生學習的成果時，學校的教學也適時回應這樣的呼籲。於是乎，教學的設計又再度將它的重點從知識的延伸轉向到學生能力的表現（任慶儀，2013，頁91-108）。

　　具體而言，近年來的教育改革除了激起課程的運動外，也牽動了對教學的要求，例如：80年代的「回到基本能力運動」（the back-to-basics movement），主要訴求的是要求學校必須重視學生對學科具備相關的基本能力與知識，同時也要求學校把基本能力測驗作為高中畢業的門檻。另外，由T. H. Bell指派的卓越教育國家委員會則提出《危機中的國家》教育政策白皮書，引發美國對教育卓越的思潮（excellence in education），將教育視為美國的國際競爭力與國家生存的關鍵。直至「沒有落後兒童法案」（No Child Left Behind）的確立，這些政策帶動了學校、行政與教學者對教學績效的重視（B. Gross & R. Gross, 1985）。這些一連串的教育改革，不僅帶動了教學的省思，更提升了對教學績效的重視，促使教師重新思考教學的策略與方法。

　　歐美國家因為社會變遷所帶來的教育改革，也逐漸影響亞洲地區。我國於2001年正式由「課程標準」走向「課程綱要與能力指標」，以及2018年十二年基本國民教育以「素養導向」的主軸就是明顯的例子。這些改革除了改變課程的觀點以外，更多的討論則聚焦在如何有效地達成教學目標。由此引發的教學革命，諸如：日本學者佐藤學所創的學習共同體、美國的可汗學院（Khan Academy）的翻轉學習、國內學者張輝誠所創的學思

達教學、國中教師王政忠的MAPS教學法、葉丙成的翻轉教室等，代表了教師們想要在教學上的努力與突破。

　　有鑑於上述新興的教學方法與策略，不諱言，有的教學方式需要具備一定的科技設備與環境，有的只能適應學科的特性或是學生的特質等條件才能夠實施。對於身處一般基層的學校教師而言，如何在教學革新的戰國時代中，不被流行的浪潮所淹沒，卻仍然可以運用既有的教學方式有效地增加學生學習的參與和提升學習成效，可能是更實際且迫切的需求。換言之，面對排山倒海而來的各種教學改革，教師如何能夠掌握「教學的本質」，不自亂陣腳，對不同的課程施以不同的教學法和策略，卻還能達成相當、甚至更好的成果。

　　如何能夠運用教學領域中的基本教學法和策略去達成教學最大的效率，是當今教師們必須面對的課題。過去我國的師培課程中，不乏有許多的教學理論、教學法和教學策略等內容，但是綜觀這些內容的教導都僅止於知識的層次，並沒有實務的運用，所以學了理論卻沒有運用，實在是非常可惜的事。

　　教學的方法必須依據教學理論而為，因為教學法是集心理學、社會學、哲學和教學研究之大成，對教學與學習提出各種科學的假設與實踐的方式，具有可預測的具體成果。教學法中所包含的各種教學活動的形式與順序都有其科學的依據，所以，教學的時候如果能掌握各種教學法的目的、步驟與順序，必可收「事半功倍」的效果。

　　然而，使用教學法必須事先計畫，由於教學法中包含的諸多活動，如果沒事先計畫、考慮周詳的話，教室的現場中可能會發生許多意想不到的狀況。例如：要求學生討論，如果沒有事先想好要討論的問題，要臨時出題，可能不是一件非常容易的事。就算有了問題，可是沒有事先將問題預備好，在黑板上逐一板書條列，恐怕也是浪費時間的事。更糟的是，學生的學習情緒會因教師忙於板書而中斷，要再引起動機或注意力恐怕是「事倍功半」了。因此，事前做好計畫是使用教學法的首要工作。將教學的活動逐一安排，釐清教學的目標、準備教學要用的資源或是將學生分組等，這項工作就是一種「教學的企劃」。而將教學企劃的結果，以文字書面的

方式呈現便稱為「教案設計」。

有關「教案」的理論其實在西方國家已經有很長的歷史發展，但是綜觀國內的師培課程似乎缺少了這一個議題。因此，現今教案中很多的內容項目所提出的資料和寫法常常會令人匪夷所思。正因為缺乏了對教案理論的正確認識，使得「張冠李戴」的情形經常發生，而這樣的情況如果不從教案的歷史發展去研究，就無從得知這些項目真正的意義。再者，為了釐清這些項目正確的編寫方式，更需要從教案的歷史發展開始研究。

教案設計如果能運用教學法，其所設計的各種學習活動就更完整，也更科學。因此本書即是以教學法為基礎，利用教案來說明各種學習活動的內涵以及它們的順序安排，讓使用者能夠清楚的了解在自己的教學過程中如何運用各種的教學法。同時，本書依據教學法所設計的學習活動編寫教案，即是提供教師對於編寫教案的正確觀念。

本書共羅列了二十餘種教學法供教師們使用。此外，對於教材的本身更依系統化的方式示範教學前的預備工作，例如：教學分析、教學目標、引起動機、教學活動與評量的部分，對於設計時應考慮的細節也作了詳細的說明，期望能幫助所有的使用者在進行教學計畫時能夠更順利與周延。

## 第一節 教案的重要性

在現代的社會中，「專業」是許多行業極力追求與表現的目標。「專業」所代表的不僅僅是要具有「專業的知識與能力」，更要有「專業的形象」。企業界為了塑造他們所謂的「專業的形象」，付出了極大的努力。它可以大至贊助社會公益慈善活動，或支援社會的弱勢族群；也可以小至設計企業的專業衣著或是配備。這些努力無非是要能突顯它們專業的形象。然而在這些追求專業形象的背後，卻隱含著每個企業無可取代的專業表現，那就是專業的語言和溝通。

專業溝通除了語言別的問題外，也包含企業的成員之間是否能用「適當的」語言作溝通，不論是業內或是異業間的溝通。溝通不僅是指口語的，也包括文字的溝通。

　　企業界如何重視語文溝通呢？從企業招募人員的條件中即可略窺一二：

　　　　「2004年9月，美國國家寫作委員會（The National Commission on Writing）的一百二十名會員（編按：包括波音、美國運通、花旗銀行、聯邦快遞等企業，員工加總達八百萬人）發表一篇名爲《寫作，加分卷或出場卷》的研究報告。在其報告中，超過50%受訪的企業認爲寫作技巧是員工升遷的重要因素；而服務業、財務、保險和不動產公司在招募人員時，超過80%的大企業會將申請者的寫作納入考量。」（吳錦勳，2007，頁88）

　　從以上的報告中可以看出企業對員工寫作的要求，除了各行各業的專業知識與技能外，能夠運用語言或文字適當的表達則是另一項非常重要的能力。當然，運用適當的語言文字作專業表達的時候，文藻的優美與否似乎不是最重要的考量，但是脈絡分明、邏輯清楚、用詞簡單、專業才是真正重要的要求。

　　「專業的溝通」是許多行業中非常重要的手段，它不僅僅是「業內」的溝通，也包括了「異業間」的溝通。例如：醫生與藥師之間的溝通、律師與法院法官之間的溝通、建築設計師與土木工程師之間的溝通等。這些專業的溝通都有一項特徵，那就是他們都大量的使用「專業術語」。而這些術語除了專業人員能了解外，一般外人充其量也只能略窺一二。此外，「專業術語」也有它們共同的特性，那就是精簡與專門。

　　教育，這一個行業，長久以來一直被視為是一種「專業」，而教師就是專業人員。因此，教師就應該如同醫生、律師、建築師等一樣，擁有其特殊的、專業的溝通形式。對於教師而言，「教案」無庸置疑是教師最能表現其專業形象和溝通的形式。因此，編寫教案通常被視為是教師的「基本能力」。

　　除此之外，在許多甄試教師的場合中，包括正式的教師甄試或是補教業的教師甄試，甚或至安親班的教師都可能被要求編寫教案。其原因無

它，就是從教案中可以窺見教師的教學訓練，作為甄選教師人員的決定。舉凡教學的策略、教學的目標、評量的實施等都可以在教案中一一的顯現，代表教師基本教學的知識與能力。所以，一旦教案寫得不好，有可能被認為是在校時間是「不用功的學生」或是畢業後「不夠專業」的教師。

現在更因為教育部將要對國小進行「課程評鑑」，其中教師需要備有「教學檔案」的資料，「教案」自然也成為其中重要的評鑑項目，因此，編寫教案一直被視為教學行業中不可或缺的一項重要能力。

再者，近年來許多新興的教學策略，例如：日本教育學者佐藤學所提倡的學習共同體概念，逐漸在臺灣的校園中擴散開來，引起全國教師的注意並加以仿效，企圖改變長久以來制式化的教學。在學習共同體的諸多策略中，教師同儕的相互觀課是其中重要的策略之一。然而，為了要達到教師們透過觀課而相互學習，被觀摩教學的教案便成為其他觀摩教師的研究基礎，如何在教案中找出課堂中「哪些學習是成立的？哪些是出現瓶頸的？」，以便進行佐藤學所謂的「教案研究」（佐藤學，2012，頁146-148）。但是如果沒有教案，許多教學的細節便無法在觀課後進行教師同儕之間的協同學習與討論。是故，從以上的情境，不論過去或現在，或是國內、國外，在教育領域中教案的重要性一直是無法被忽略的。

其實，一份專業的教案可以看見許多能力的表現，例如：專業術語的使用能力、教學理論應用的能力、教學設計的創意、安排教學事件的邏輯、教學活動的適合性和知識概念的能力等，都可以在教案中一窺清楚。換句話說，教案是教師集其所學之大成的一種表現，它專業的程度應該等同於醫師的處方箋或是律師的答辯狀，甚至是建築師的設計藍圖。

長久以來，臺灣對於教學方法或策略並不是非常的重視。政府方面僅在民國50年代推行過「單元教學法」，而鮮少有國內學者願意對基本教學法的應用有系統的加以推廣，反而是引入許多國外流行的教學方法。

然而，教學設計在教育機構（例如：過去的教育廳）推行「單元教學法」之後，不論教學的方法、教學活動、或是單元性質為何，從南到北、從都市到鄉村，教師們都一律只能用「單元教學法」作為教案的構成基礎，儘管教學的內容、甚至是實質的活動根本不是「單元教學法」的歷

程，卻因無法表達自己的教學過程，把自己的設計突顯在教案裡，最後導致「教案」形同虛設，淪落為教學的「裝飾品」而已，殊為可惜！

　　本書即是著眼於此，各種的教學法以「教案」的設計來介紹，揭開教學法的神祕面紗，讓教師們能夠依照自己實際的教學步驟寫出合宜的教案，也讓教師們從教學法的理論走向現場的實踐。此外，本書以「精簡而專業」的文字和知識概念重塑「教案」的專業性，供教師們參考，進一步期待它能引發教師們對教學的熱情和更有效率的設計。

## 第二節　教案的理論

　　教師在教學前最重要的一項準備工作便是編製教案。所謂教案（lesson plan），是教師在教學前根據某一教學單元或某一課的內容，決定教學的目標，並且把教學時所用的教材、教學方法、教具、活動、以及教學時間等經過詳細的安排，並用文字寫成的計畫，故又稱為「教學計畫」。綜觀教案的功能和企業界所熟悉的「企劃」是一樣的，換句話說，教案就是教學的企劃。

　　撰寫教學計畫或是教案可以說是教師在教學之外，最花費時間、精力和能量的工作。然而，教案的格式和撰寫的方法卻又多到令人無所適從。那麼寫教案是否對教師真的有益，恐怕是許多人想知道的答案。

　　在教學現場中，許多實習的學生以及初任教師在教學觀摩的場合中經常詢問專業的、資深的教師要如何寫教案？很不幸的是他們得到的答案往往是「我沒有時間寫教案！」、「我已經教了二十多年了，所有的教案就在我的腦海裡！」或者是「我根本不用寫教案，我只要看一下教學指引和課文就知道要做什麼！」因此，教案對現場教學的教師而言，好像是多餘的；就算有教案，對大多數的人而言，寫教案的習慣就好像是在考卷上寫填空題一樣，把教學活動按照課本的頁次順序一一的填到教案的空白框框裡，並沒有去思考，在教學法裡有什麼可以去設計的。

　　在聽完資深教師的回答以後，學生不僅要問，寫教案是不是一件不切實際的事情呢？因為既然連教學優秀的教師都不寫的話，那它只不過是

師資培育課程裡的要求而已，並不是真實職場裡所需要的！對他們而言，寫教案既是浪費時間而且是不必要的。但是在所有師資培育機構的教育課程裡，卻都會要求學生寫教案。那麼，身為培育師資生的教授們如何說服這些學生要去重視這樣費時、費力又費腦的工作呢？想像一下，每一堂的國語課都在進行「習寫生字」、「造樣造句」、「寫課文大意」、「辨認修辭」等千篇一律的活動，不僅學生感到無聊，恐怕老師也一樣吧！這時候，如果有一個適切的或者是創意的教學設計出現的話，這樣的情形就有可能被改變，所以教學的設計是有必要的，把教學設計的結果用文字編寫出來，成為教學的文件，就更顯得它的重要了。

那麼教案為什麼重要？它是如何出現的？為什麼許多教育課程裡一定要教它？為什麼寫教案又是教師的基本能力呢？

撰寫教案的目的其實很簡單，就是要「溝通」——跟「你自己溝通」、以及跟「專業的同儕」溝通。你自己發展的教案是在幫助你的學生在達成預定學習成果的目的下，指引你將教材與自己組織起來。雖然我們必須承認教案是否符合特定的格式，跟教案是否描述了你真正想要的內容、以及你所決定的內容是否達成目標，這兩件事沒有相關，但是為了「溝通」，一份教案就必須包含一套溝通過程中必要的元素。這些元素也就是構成教案的成分，它會因為你對教學的信仰不同而有所差異。但是，至少教案的每一個部分都應該執行一個溝通的目的，那就是溝通特定的教學內容、教學目標、學習的先備能力、師生活動的順序、所需的教材、以及實際的評量程序等。而這些溝通內涵都應該記錄下來，以便能夠按部就班的實施，同時也能夠在教學完成以後能針對每一個部分進行反省、改進，甚至對你的同儕進行「溝通」，這就是為什麼要寫教案的原因。

一次成功的教學必須具備很多的條件，其中最主要的一項就是教案的編製。特別是對於實習的學生或是初任教師，更為重要。切記，最好的教師與最有效的教師都是優秀的「計畫者」和「思考者」，因為一位專業教師的成功絕不會是「偶然發生的」。成為一位成功的教師所需要的作為中，很重要的是教學的設計、學習活動的技巧，以及教室行為的管理。雖然在真實的教學情境中實施教案通常需要花費很多的時間，但它卻是所有

教師必須發展與琢磨的一項基本技巧。

教案的重要性可以分成以下的六點說明：

### 1. 可以使教學有充分的準備

做任何事，如果事先有所計畫，做起來必定是有條不紊，容易成功，所謂「凡事豫則立，不豫則廢」，便是最好的寫照。教學也一樣，教師在事前如果先編定周詳的計畫，選用適當的教學方法，準備適當的教具、媒體、範例、問題、練習或是參考資料等，然後實施教學，就比較能得心應手，收到預期的效果。

### 2. 可以確認教學目標的實現

按照目前教科書的編輯方式，每個學習領域都是由單元所組成，而每個單元是由若干課所組成，所以每一課都有其目標，若干課的教學足以實現某一單元的目標；若干單元的教學足以實現某一個學習領域的教學目標。所以教師在教學之前，能針對每一課擬定出適當而具體的目標，教學時便能掌握重點，完成每一課、每一個單元的目標。

### 3. 可以有效率的利用教學的時間

教師在教學前，對於教學的過程如果沒有適當的計畫，上課時就只能臨時應付，不僅不得要領，而且浪費學生的時間。反之，教師在教學前擬定一份精密周詳的教學計畫，把教學過程安排得當，不僅有效率，更不會浪費教學的時間。

### 4. 可以避免教師因遺忘而導致教學的疏漏

新進教師或是實習的學生，在面對學生時難免會緊張，想要把教學過程中各項主要活動的細節都一一記牢是很困難的。某些關鍵的機制或是活動的細節一旦疏漏時，就會讓教學活動無法順利的進行。因此，事前如能經過一番深思熟慮，將教學的經過編製成教案的話，疏漏是可以避免或至少可減到最低的程度。

### 5. 可以增強教師的信心

正在實習的學生或是新進的教師，因為心情過分緊張或是缺乏自信心，往往在課前想了很多的點子，一到上課的時候就忘光了，或是很快就說完了要說的話。如果教學前能編有詳細的教案，自己會覺得已經有充分

的準備，就可以有恃無恐，無形當中就會增加教師的自信心，教學就更容易成功。

### 6. 可以作為教師改進教學的依據

每一次的教學完成之後，教師都要檢討教學上的得失。有了教案就可以逐項檢討，發現自己的優點和缺點，作為下一次的根據。因此，教師在每次教學完成後，要把教案保留起來，以便未來改進教學時能有資料可以參考。

由此可見，教案對於教學的成功與否具有相當大的影響，事前的計畫是經過教師的深思熟慮，才能夠面面俱到。

綜觀教案的歷史，它的形成從十九世紀初期就有相當明確的雛型。以下針對教案的發展略述如下：

## 一、Herbart的五步驟教學（Herbartian five-step lesson plan）

教案可以說是將教學計畫以文字的形式表現出來，這種「教學必須經過事前的計畫，並且依循特定的步驟進行」的想法，可以回溯到1800年代中期。當時，德國的哲學家赫爾巴特（J. F. Herbart, 1776-1841）的教學理論開始受到美國教育學者的注意，他的門徒遂將他所主張的教學方法予以分析後，發現其進行的步驟與規則，在其後的二十年裡對美國教育產生非常大的影響（林進材，2006）。赫爾巴特的支持者深信教育的主要目的是發展學生的人格，因此如何有效的教學是教師一項非常重要的責任。根據赫爾巴特的說法，教師的主要功能在於藉著學生先前的學習將知識傳遞給學生，為達此目的，教師必須知道學生先備的知識、學習、以及經驗，因此造就了赫爾巴特非常著名的五步驟（five-step lesson plan）的教學計畫（Tanner & Tanner, 1980）。赫爾巴特的五步驟教學法（five formal steps）細節如下：

㈠準備（preparation）：教師在此步驟中喚起學生對先前學習經驗的注意，讓學生在心理的層次上形成學習的準備。

㈡演示（presentation）：教師將新教材做成摘要或是大綱，作為教學內容的呈現，並一一澄清解說。

㈢ 關聯（association）：教師利用新教材比較新、舊教材裡的差異，有助於學生對新教材的概念更穩固。

㈣ 通則化（generalization）：教師幫助學生從新教材中衍生出規則和一般性原則，作為學習的遷移。

㈤ 應用（application）：教師將新的通則和特定的情境相連結並且賦予意義，讓學生能將新知識應用於不同的情境。

赫爾巴特五步驟教學計畫對後世教學的重要性是，從此教學的過程就有了一個正式的方法與步驟。對教學者而言，赫爾巴特強調教學的一項重要觀念，那就是教學是有計畫的準備，並且依照上述五個步驟逐步的執行，而這五個步驟所進行的活動是有效教學所必備的。

## 二、四步驟教學（four-step lesson plan）

直到二十世紀，哲學開始影響教育的領域，改變了教學計畫的形式。教學設計從最簡單的四步驟開始：

㈠ 呈現（present）：教師介紹要學習的單元或是教材內容。

㈡ 示範（demonstration）：教師向學生示範如何運用新的教材。

㈢ 練習（practice）：教師允許學生利用所學習的知識去練習。

㈣ 評量（evaluate）：教師回想並且決定單元的學習是否成功。

四步驟的教學強調的是教師每天一成不變地在教室中所做的事。根據這樣的教案設計，教學的藝術不免淪為對知識或學習的說明，以及展示給學生看如何使用教材（示範），然後提供學生練習使用教材的機會，最後再回想一下這樣的學習是否成功。如果學習結果是成功的、不錯的、尚可的，好像也沒有什麼問題，但是如果結果不是這樣呢？在下次教學的時候，也許對著另一群新的學生，改變一下某個部分的教學；但是，這樣的作法對於當下正在學習的學生幾乎沒有任何的幫助。

## 三、反思性五步驟教學（five-step reflective lesson plan）

最近幾年，我們通常會將「反思性的」（reflective）這個字眼列在教育的字典裡，所以我們有「反思性的教師」、「反思性的實務工作者」、

「反思性的教育專家」、「反思性的行政人員」等，就是指那些在教育上表現得更新穎、更具有藝術方式和方法的人，因此有所謂「反思性的」五步驟教案應該不會令人感到太意外。

反思性的五步驟教學是：

㈠ 描述或成果敘述（description or outcome statement）：教師要事先計畫教學開始的措辭、語句、或是描述有關學習教材要達到的指標。

㈡ 目標（objectives）：根據單元的需求，列出要學習的行為目標，目標的數量則由教師決定。

㈢ 教材和資源（materials and resources）：列出教師教學要用的資源，以及學生學習要用的資源。

㈣ 過程（procedures）：教師自問：「我會做什麼，而學生會做什麼？」就這個過程而言，可以分成下列六個步驟實施：

1. 動機（motivation）：教師如何去激勵學生學習？

2. 目標的敘述（statement of purpose）：什麼是相關的？重要的？學生學習這個單元的目標是什麼？

3. 教師的示範或是演示（teacher modeling or demonstration）：教師列出教這個單元需要示範或是演示的計畫。

4. 檢查學生的了解（check for understanding）：真正的反思實踐的教師會不斷地進行形成性評鑑，以便能提供更個別化的教學演示，以符合班級中不同學習風格和型態的學生。

5. 指導練習或活動（guided practice or activity）：在教師的指引和指導下，學生練習和增強學習的計畫。

6. 獨立的練習或活動（independent practice or activity）：在沒有教師的情形下，學生如何獨自完成特定作業的計畫。

這個階段的教學活動通常是用於第二天教學的起頭，所以應該要小心的計畫，提供學生增強學習的機會。

㈤ 評量的計畫（assessment plan）：教師如何評量或是決定學習有沒有發生？學習的最終結果通常是利用考試或測驗的方式作為評量，但是在此處，評量應該要回答的問題是：「教學是否有效？」、「學生完成多少

的學習？」，以及「對於那些沒有達成目標的學生而言，教學有哪些優缺點？」所以，評量應該是一種總結性的評量。反思性的教學是不斷的調整、修正、並且支持師生之間的溝通。我們真正需要的是在尚未完成學習前的修正，而不是在完成教學後回頭看教學是否成功。

　　反思性的五步驟教學的步驟一、二和三，是教師在準備教學階段中必須思考的事項，換句話說，就是教師在教學前必須準備的工作，而第四、五個步驟才是教學時必須進行的活動。反思性的五步驟教學法是將備課和教學活動的設計結合在一起的教學法。對於反思性的實務工作者（教師）或是教案設計的過程而言，不斷的進行形成性評鑑是很重要的，因為它可以讓教材以更個別化的方式呈現，以適應各種差異性的學生。對於一個班級或是一群隱藏著不同的學習型態和方式的學生們，如何讓教學更能夠適應個別化的要求，只有透過不斷的形成性評鑑才有可能。

## 四、臨床六步驟教學（six-step clinical lesson plan）

　　在1960、1970年代，教育行政、教育指導、以及教學計畫曾經用「臨床的」（clinical）方式實施，其中最著名的支持者是漢特（M. Hunter）。六步驟的臨床教學計畫包括下列步驟：

　　㈠ 單元介紹（introduction）：包含三項小步驟：

　　1. 引起學生的注意：教師要事先計畫教學開始的措辭或是語句，也可以是一些評論、問題，甚至是示範或是說明來吸引學生注意即將要學的單元。

　　2. 將教材和先前的學習或是經驗作相關的連結：教師必須把即將要學的知識和學生先前的學習作相關的連結。

　　3. 陳述單元的目標：這是最重要、最有意義的，但卻是教學計畫過程中最缺乏的領域。讓學生了解有關單元的關聯性和意義是必須的，但是卻是最困難的，因為如果沒有這樣做，學生會比較缺乏學習的動機。

　　㈡ 目標（objective）：它的重點是教師在這個步驟裡要回答兩個問題：

1. 在單元結束時，學生會知道或是會學會什麼？

2. 你會如何評量或觀察學生的學習？

㈢ 教學（instruction）：是指對教學活動的介紹，也是教案計畫中最主要的部分。在這個步驟裡，教師可以：

1. 利用示範、解釋、探究等提供學習的資訊。

2. 檢查學生的了解情況，如果有需要的話就提供額外的指導。

㈣ 指導練習（guided practice）：在課堂上給學生適當的機會表現他們的學習和知識，同時監督指導每位學生的進步情形，並且給予適當的回饋。在教學過程裡，教師通常會準備一些練習以便在課堂上及教師的監督指導下，練習學到的知識。

㈤ 結束（closure）：在教學的主要工作告一段落以後，教師就要開始做一些結束的動作，這些動作包括複習、摘要重述、或是增強。如果有需要，「重教」也是在這一個步驟中進行的，以確認每位學生都能達到單元的目標。

㈥ 獨立練習（independent practice）：這是教師替學生準備一些回家功課或作業，讓學生不在教師的監督以及指導下獨立完成。指定學生作業或是功課，此時學生已經能夠獨立的完成它們，這樣的獨立練習可以強化並且增強學生對單元的學習。

六步驟臨床教學模式中的每一個步驟代表了教學過程中教師必須要執行的活動，換句話說，教學過程是由許多的小活動所組成的。這些活動教師需要思考自己會如何進行，這些步驟僅僅是提供教學過程中必須的活動，唯有將這些活動好好的設計和執行，才能讓教學具備應有的效率。

## 五、八步驟教學（eight-step lesson plan）

前面六步驟的教學逐步發展成為八步驟教學。它的步驟與前述的六步驟教案大致相同：

㈠ 準備（set）：亦即將單元作簡單的介紹。

㈡ 行為目標（behavior objective）：特別要說明學生在學完單元以後「能做什麼？」。

㈢ 輸入（input）：將單元的資料作詳細的介紹，類似四步驟教案中呈現資料的步驟。

㈣ 模仿（modeling）：教師向學生展現如何運用新學的知識或技巧。

㈤ 指導練習（guided practice）：在教師指導下，學生將新學到的知識和技巧在課堂上作練習。

㈥ 獨立練習（independent practice）：學生在沒有教師的監督指導下，自行練習。

㈦ 評量（assessment）：此處的評量是屬於教學總結性評量的性質，主要是讓教師回顧整個單元的教學，並作出其結論。

㈧ 結束（closure）：是教師對整個單元作複習、扼要說明，並且重述單元中之重要或必要的部分。此步驟是一個相當重要的部分，特別是對注意力沒有那麼好的學生，在教學完成的時候再一次將重點或是技能用簡要的方式提醒學生，可以讓教學更有效。

八步驟教學與六步驟教學的過程其實差異並不大。八步驟強調在教完內容後，教師必須示範如何運用新學習的知識或技能，亦即教學的目標應該著重在知識的運用，而不是僅僅獲得知識。此外，八步驟教學將教學的總結性評量納入教學活動中，有別於前述的教學步驟。

## 六、十二步驟教學（twelve-step lesson plan）

在八步驟之後，更複雜、龐大的教案出現了！它稱為十二步驟的教案，雖然步驟增多了，但是不表示它會變得更複雜，因為它和前面的教案比較之下，相似度頗高。十二步驟的教學詳情如下：

㈠ 目的（goal）：學生在教學結束以後能夠達成的成果是什麼？

㈡ 目標（objective）：學生在教學完成後學到的是什麼？或者能夠做什麼？

㈢ 教材（material）：教學的時候，教師和學生需要什麼樣的資源和設備、或是工具？

㈣ 學生互動（student interaction）：教師計畫以什麼樣的溝通方式進行和學生的互動以增強學習？例如：小組合作學習。

㈤ 轉換活動（transitional activity）：計畫用哪種最不浪費時間的方式，可以幫助學生從一個科目或學習領域轉換到另一個科目或是學習領域？

㈥ 準備活動（anticipatory set）：教學一開始的時候，先呈現教材的簡要內容，幫助學生將他們的注意力集中在即將要學的教材上面，喚起先備的知識，讓學生準備好今天的學習。此步驟和前述六步驟教學非常的類似。

㈦ 模仿（modeling）：教師向學生展現如何運用新的知識，讓學生模仿。

㈧ 檢查了解（check for understanding）：檢查學生是否了解教師所教的內容。

㈨ 指導練習（guided practice）：學生在教師的幫助下練習運用新知識。

㈩ 獨立練習（independent practice）：給予學生指定的作業以練習新知識。

(十一) 結束（closure）：教師扼要說明、複習，甚至重教單元中最重要的部分。

(十二) 評量（evaluation）：進行總結性評鑑，在教學過程完成後做一回顧。

十二步驟的教學中，前面的五個步驟其實是讓教師在教學前，也就是備課階段中，必須思考和回答問題的步驟；從第六個步驟開始，就是在教室的教學中必須執行與遵循的步驟。

## 七、CALLA教學步驟（Cognitive Academic Language Learning Approach）

為了因應不斷增加來自不同種族和文化的學生對英語的需求，1994年，美國加州實施一項新的政策，要求K-12（幼兒園到12年級）的老師必須具有「跨文化語言發展」的教學證書（the Cross Cultural Language Development, CLAD）。根據CLAD，恰摩特（A. N. Chamot）和歐瑪利（J.

M. O'Malley）發展了認知學術語言學習法的教學設計（the Cognitive Academic Language Learning Approach, CALLA）。在這個教學計畫中有兩個重點：(1)要求教師對內容／語言的目標、學習策略與教材作計畫；以及(2)要求教學的過程必須具備五個要素。而這五個教學過程的要素分別為：

　　㈠ 準備（preparation）：你要如何發現學生已經知道的知識？這個步驟是要求教師更進一步了解學生，特別是他們對於特定的單元主題有關的先備學習經驗和知識。

　　㈡ 呈現（presentation）：你如何向學生呈現、解釋單元的主題？此步驟要求教師說明這個單元要如何傳遞給學生，也就是要如何教這個教材、用什麼方法教？

　　㈢ 練習（practice）：什麼樣的合作學習活動可以提供學生有意義的練習？這個步驟要求教師說明要計畫的合作學習活動是什麼？

　　㈣ 評量（evaluation）：如何能評量學生的學習？由於教師要和學生分享評量的責任，因此要求教師提出讓學生參與評量的計畫。

　　㈤ 延伸（expansion）：學生討論問題的思考技巧是否適當？學生將所學的應用到新情境的狀況如何？如果這兩個問題的回答都令人滿意的話，那麼就是對回應式的教育人員最好的支持，也是幫助學生將其注意力和學習聚焦在他們的生活中，是一種真正的學習關聯。

## 八、SDAIE教學步驟（Specially Designed Academic Instruction in English）

　　以前述CALLA教學為基礎所發展出的教案，不難看出後來的教案都深受多元文化以及英語教學的影響，許多研究這兩個主題的專家紛紛提出類似的教案，其中包括非常著名的英語學術教學專門設計的教案（Specially Designed Academic Instruction In English, SDAIE）。它將教案分成兩個部分：一個是稱為「簡介」（introductory）的部分，另一個則是「程序」（procedure）的部分。

　　㈠ 簡介：也是所謂「準備」（preparatory）的部分，包括：

1. 教材的標題（lesson title）：教師要決定如何稱呼教學的計畫，最好是能夠符應學生的關聯性與興趣。

2. 焦點問題（focus question）：教師必須思考在這個單元中要教的「概念」是什麼？這樣的作法會讓教師一開始就幫助學生將注意力集中在單元重要的部分。

3. 學習成果（outcomes）：學生學完了以後能做什麼？

4. 專有名詞（target vocabulary）：什麼語詞或名稱是單元教材中必須讓學生知道的？教師必須將單元教材中重要的名詞列出。

5. 第一手資料（primary sources）：你會用什麼樣的照片、日記、手稿？教師必須提供最接近原始的第一手資料給學習者。

6. 視覺媒體（visuals）：你會使用什麼樣的圖片、地圖、或是圖表？

㈡程序（procedure）：它包含六個步驟：

1. 動機（motivation）：你怎樣開始單元的教學？不管你用什麼樣的方法去「獲得學生的注意力」，它就是單元最好的開始。

2. 語詞活動（vocabulary activities）：你如何去教和增強學習單元的專有名詞？

3. 指導教學（guided instruction）：你會用什麼樣的活動確保學生了解了？這和其他教案中的指導練習是不一樣的。因為SDAIE強調教師除了指導學生的練習外，還進一步要求教師訂出計畫，準備用什麼方式讓學生參與學習，以及讓學生和教師、其他同儕互動。

4. 語言的統整（integrating language）：你如何在單元中統合閱讀、寫作、聆聽和說話？

5. 評量（assessment）：你如何確定學生是了解與精熟的？「回應式」的教師會不斷的評量、修正和調整，換言之，形成性評鑑才是重要的。

6. 獨立作業（independent work）：你會指定什麼樣的後續活動？這裡的作業必須要小心的設計，必須讓學生能帶著成就感來上第二天的課。

雖然SDAIE教學步驟是專為英語的學術課程所設計，但是卻不是一般我們所熟悉的英語教學，而是以英語為主要語言的學術課程（academic）

的教學設計，因此與一般的學科課程的教學亦無太大差異。

## 九、Gagnè的教學事件（Gagnè nine events of instruction）

在近代的教學設計發展史上，R. Gagnè（葛聶）是以系統化教學設計（systematic design of instruction）以及教學事件（nine events of instruction）為其最著名的教學理論。國內大多數教育學者則是對其著作《學習的情境》（*Conditions of Learning*）較為熟悉。Gagnè將教學視為外在的事件，並且藉由這些外在的事件觸發學習者內在的認知歷程而完成學習。因之，教師的責任是有系統的安排教學的事件，以便形成行為主義心理學所主張的反應。Gagnè將教學分為三個階段九個事件，說明如下：

㈠ 引起注意（gaining attention）：利用新穎或驚喜的事物、引發思考的問題刺激學習者，獲得他們的注意，以引起學習或是參與活動的動機。

㈡ 告知學習者目標（informing learners of the objective）：將學習的目標、需要表現的能力、以及表現的標準告訴學習者，讓他們了解課堂上要學習、要完成的是什麼，以及未來如何使用新的知識。

㈢ 刺激回憶先備的學習（stimulating recall of prior learning）：提問學習者有關先前有關教學內容的學習經驗、概念、或是舉出例子。

㈣ 呈現刺激（presenting the stimulus）：將教學的內容以邏輯或是容易了解的方式重組呈現，並且將教學的內容進行分割，以形成區塊的方式進行學習，並且使用多元的傳播方式，包括：媒體、示範、講述、小組合作等，進行學習。

㈤ 提供學習輔導（providing learning guidance）：使用認知地圖、提示、暗示、視覺化的方式幫助學習者了解並記住所學的。

㈥ 引發表現（eliciting performance）：提供學習者運用所學的來完成某一件事以內化所學，藉以確認他們對新學習的內容有正確的了解與應用。

㈦ 提供回饋（providing feedback）：對於學習者的表現提供正確的答案並且給予肯定，有助於強化學習者的反應。

㈧ 評量表現（assessing performance）：為了評鑑教學事件的有效性，必須對學習者進行測驗，而測驗必須與教學目標吻合。

㈨ 強化保留與遷移（enhancing retention and transfer）：重複的練習和回饋是讓學習者內化、保留學習資訊的最佳方式。此外，課堂上的學習必須能在真實的情境中得以實踐與應用，因此，教師可以在此步驟提供學習者可能的情境，讓學習者充分的實作、表現，以便能夠遷移課堂上的學習。

Gagnè的教學步驟的安排是以行為主義心理學為基礎所設計的，每一項步驟都與學習者參與這些事件時其引發的心理歷程有關，突顯出「教學科學化」的具體作為。對於教學者而言，藉由了解教學事件背後的心理學基礎，更能夠明白教學事件對於學習者內在心理的影響，未來才能審慎的安排、設計教學的活動。Gagnè的教學事件理論提供現代教學過程的基本模組讓教學者可以依循，是教師教學重要的範式。

從教案的演進、發展，不難看出其背後所秉持的教學理論；從教案的步驟中也可窺視其受社會、哲學、心理學的影響。但是，我們仍然要回答一個很基本的問題，也是許多教師想要問的問題，那就是這些教案是否有其共通的原則呢？答案是：有的！簡單的說，所有的教學過程中必定有的活動包括：(1)引起動機，(2)告知目標，(3)喚起舊經驗，(4)呈現教學內容，(5)師生互動，(6)課堂練習，(7)評量，(8)學習遷移。唯一最大的差別可以說只有在「呈現教學內容」活動中，不同的教學法其呈現的方式就有不同。

一個優良的、成功的、有效的教學是依據一份好的教案設計，但是一位教師在上完整天的課以後，要如何找時間去寫這份教案呢？把一個好的教學計畫寫成教案是一件非常浪費時間的事情，但是不可否認的是，我們透過某種形式的教案格式，把教案寫下來的動作會讓你的教學過程顯得有條理而且清楚明白。利用電腦，根據教案的步驟，把你要做的事一一的安排進去，會是節省時間與精力的方法。所以，選擇一種你認為適合的教案格式，進行教學的安排，等到教學完成以後，再一次回頭看這份教案，檢討其中的每一個活動，在下一次的教學中，注意哪一個部分可以再修改

的，這樣的作法會讓你的教學一次比一次完美。

　　至於教案要寫到什麼程度才是專業的作法呢？這是一個存在已久的爭議性問題。有的人主張寫到非常的詳細，才能看出教學時的正確性，有的就非常簡要，因此常有「詳案」和「簡案」的爭議。但是要老師寫非常詳細的「詳案」是一件耗費體力與腦力的工作，因此有學者主張教案詳細的程度不必讓「路人」都可以照著教學。但是，「簡案」也不能太簡，讓人無法了解究竟教室內發生什麼事，而是所有「必須的」步驟都要簡單的敘述「教學的動作」，不可擅自刪除或是改變。

## 第三節　教案中的錯誤

　　在教學領域裡流傳一句相當有名的說法，那就是「有效率的老師應該是一位優秀的思考者與計畫者」，這句話最能夠點出教師的專業與教學設計的關聯性。透過教學前慎思熟慮所形成的教學活動與計畫，儼然成為教學效率的重要因素。要成為一位教學優秀而有效率的教師並不是「一蹴可幾」的，相反的，他必定經過時間的淬鍊與無數次的練習、修正與堅持，最後終能得心應手地設計出最有效的教學。

　　就教學而言，一位好的、優秀的老師意謂著他必定擁有相當有效率的教學計畫。有效率的教學計畫也是教學者核心的基本能力，因此，如何能編制與執行一個好的教學計畫往往成為教師在漫長的時間裡磨練與發展的專業目標。

　　身為一位教育系以及師資生的教師，我常有機會檢視學生們的教案，加上在輔導國小教學的現場中檢視每一次教學並觀摩教師們的教案，我發現他們的教案中存有許多相同的、嚴重的錯誤。這些錯誤我相信是不斷的發生在每一代的學生和教師身上，以訛傳訛的結果，就變成了「積非成是」的現象。但是如果我「從善如流」，不去釐清這些錯誤的話，身為專業教師的我們如何能真正自認為是「教育的專業人員」？今天教育界如果真的要好好檢討教師的教學效率與效能，就要從他們所寫出來的「教案」去檢討，檢視教師是如何理解教學的理論與觀念。以下列出一些在教案中

常見的錯誤：

## 一、引起動機的錯誤寫法

在本章的第二節中介紹了許多不同的教學步驟，「引起動機」可以說是所有的教學步驟中不可缺乏的一個步驟。它的目的都只有一個，那就是引起學生對即將要學習的內容產生興趣或者好奇。換句話說，就是讓學生產生「為什麼？」、「怎麼辦？」或是「咦？」的情境。但是在教案中最常見錯誤的引起動機如下：

### ㈠ 將課文的內容直接當作引起動機的問題

許多人在引起動機的步驟中都習慣將課文的內容以問題的方式詢問學生，藉以引起動機。例如，在國語課裡會問：

> 「課文的作者去了哪裡？」
> 「他在溪谷中看到有哪些鳥？」
> 「河鳥怎麼捕食的？鉛色水鴝怎麼捕食？」
> （國語康軒版第五冊第六課「溪谷間的野鳥」）

問了這些問題，等於把課文中的內容拿來問學生，而學生往往就會在課文中直接找答案，等到要教課文時，學生絲毫不覺得課文有何驚喜之處。另外，在實際的教學情境中，探討課文之前，學生大都已經先預習該課的生字、語詞，甚至是做完造詞的作業。換言之，學生大都已經概覽過課文，在此情形下，教師再用課文中的內容提問，就喪失了引起其興趣或驚奇的感覺，失去引起動機的功能。

### ㈡ 把引起動機寫成「說明」

另一種常見的錯誤是在教案中用「說明」的方式來敘述引起動機的方式，例如：

> 以問答的方式讓學生回想時間複名數的加減法，並與即將學習的時間

複名數乘法做連結。

（註：數學單元名稱：時間的乘法問題）

　　如此的敘述，無法讓人知道教師在引起動機的步驟中要「做什麼」？以及用什麼方式讓學生連結？切記，教案要寫的是：「你要『做』什麼？」而不是寫：「你在『想』什麼？」這種類似說明的敘述無法讓人知道教師要用什麼方式或行為去執行連結的策略。在教案中儘量避免寫「說明式」的敘述，避免在現場反應不及或是想不起來要「做什麼」。

　　舉出生活中的例子，讓學生思考什麼時候會用到時間的乘法？

（註：數學單元名稱：時間的乘法問題）

　　上述的例子，錯誤的地方也是在教案中沒有寫出教師要舉的「生活例子」是什麼。在這種情形下，其實很難在課堂上臨時想「例子」。另外，上面的敘述句「讓學生思考」，更讓人看不出你要做什麼事或說什麼話讓學生思考。所以這種寫法充其量也是一種對引起動機的「說明」而已。這樣的敘述會碰到的危險是萬一在課堂上一下子想不起來適當的「生活例子」時，你要怎麼辦？另外一種危險是臨時勉強想到的例子，可能也不是那麼的適當。所以，在教學前先想好要「做什麼」以引起動機，或是要「問什麼問題」來讓學生思考，把它們清清楚楚的寫在教案中，才能發揮教案的功能，避免教案無用論的困擾。

　　教師播放此單元的影片，讓學生初步了解主題。

　　讓學生觀賞「三個和尚挑水」的卡通。

　　上面這種敘寫的方式也是常見的一種錯誤，相信也是許多學生在寫教案時經常會看到的。這種寫法僅僅說明教師會使用媒體的方式，播放影片，但是卻無法讓人了解學生到底看到什麼、或是了解什麼。通常在教學的現場，當學生看完影片的時候，教師應當就影片中重要的訊息提出問

題，以便確認看影片的目的。但是教案中卻沒有列出要問的問題，只有「說明」為什麼要播影片的原因，這也是歸類於寫「說明式」的引起動機。

### ㈢ 把「喜歡、不喜歡」作為引起動機的方式

　　許多人會直接問學生「喜不喜歡」做某件事或某件物品，作為引起動機之用。如果被問的學生回答「喜歡」，就還不是太大的問題；但是萬一學生的反應是「不喜歡」或是「討厭」，就會遇到很尷尬的場面。事實上，每一種事物都會有人喜歡，也會有人不喜歡。如此的提問恐怕是有其風險的。對於這種方式，作者曾經親身參加一場教學觀摩，示範的教師就提問：

　　　　小朋友喜不喜歡魚？
　　　　（註：自然科技單元：魚的構造）

　　結果幾乎全班的小朋友都說「不喜歡」，原因是他們吃魚的時候常常擔心會被魚骨刺到喉嚨。現場的老師只好很尷尬的說：「不管你們喜不喜歡吃魚，今天還是要上這一節課！」所以，為了避免引起這類的反效果問題，還是不提這類「喜歡不喜歡」的問題吧！

### ㈣ 「引起動機」的問題太廣

　　「提問」的確是一種很好的引起動機方式，但是問題本身是不是恰當，可能是引起動機的關鍵要素。如果沒有仔細推敲問題，可能就會讓引起動機產生反效果。下面的例子是作者親身參與的一場教學觀摩所碰到的情況。該場示範教學的主題是國語課中有關「合作」的主題，教師播放了「三個和尚挑水」的卡通片，影片播完後，教師提問：「小朋友看到什麼了？」

　　　　學生A：我看到了第一個和尚跌倒的時候，他的頭上冒出了好多星星！

　　學生B：我也看到了，第二個和尚的頭上是冒出了小鳥！

　　學生C：第三個和尚冒的是泡泡！

　　「看到了什麼？」這樣的問題太廣，它造成的結果是學生都只會針對影片中「最好笑」的部分回答，似乎忘記了看影片的目的。其主要的原因是大部分兒童在觀賞影片時都將自己覺得最有趣的片段記在腦海中，這是小朋友最直接的反應，而這種反應會很快速的在現場中擴散並感染到全班，變成大家都把注意的焦點放在好笑的橋段上，而不是影片中所蘊含的深奧隱喻。所以，教師提問的問題如果太廣就會缺乏焦點，容易出現這樣的結果。如果事前能好好想一下要問的問題，可能就不會讓自己在教學觀摩的場合中出糗。

## 二、目標敘寫的錯誤

　　目標在課程與教學的領域中具有不同的階級與層次。例如：課程的層次中是為「能力指標」，而「能力指標」所轉化的目標則稱之為「教學目標」、「表現目標」、以及「詳細目標」。至於傳統單元式的教學層次中則有「單元目標」，與其所轉化的「行為目標」、「具體目標」、以及「詳細目標」。到底在教案中如何呈現這些目標，以及如何能顯示這些不同階級目標之間的關係，可能是大多數教師或師資生非常困擾的地方。

### ㈠ 目標階層的錯誤

　　無論在實施九年一貫課程或是十二年一貫課程時，教育部在其總綱中都有說明處理學習領域／領域綱要的方式。因此，將九年一貫的「能力指標」轉化為「學習目標」，或是將十二年一貫的「學習內容」分析後才能進行教學，都是從國家課程形成學校課程的通則（John, 1995, p.12）。這些轉化後的「學習目標」因為敘述的是學生要表現的能力，遂又稱為「表現目標」。由於「表現目標」都是以具體的、行為的動作來敘述目標的內容，因此就此意義而言，「表現目標」和「行為目標」、「具體目標」、以及「詳細目標」等都是一樣的，並沒有階級之分。就此而言，「能力指

標」在階層上要高於「教學目標」，而「教學目標」則高於「表現目標」和「行為目標」、「具體目標」、以及「詳細目標」。表1-1澄清各種不同目標的關係與層次高低。

**表1-1　目標形式與層次關係**

| 目標的階層 | 處理方式 | 目標形式 |
|---|---|---|
| 能力指標（九年一貫） | 轉化 | 學習目標、具體目標、行為目標、表現目標 |
| 單元目標（教科書） | 轉化 | 學習目標、具體目標、行為目標 |
| 學習表現（十二年一貫） | | 類似（能力指標） |
| 學習內容（十二年一貫） | 轉化 | 教學目標 |

在教案中若要將「能力指標」或是類似「能力指標」之「學習表現」寫入的話，就要注意它們的順序排列必須「由左至右」或是「由上而下」，將位階最高的「能力指標」寫在最左側或最上層，才符合目標的屬性與位階。但是綜觀大部分的教案都是將「能力指標」寫在最右側，這就是不明白教學目標的觀念所導致的錯誤，應該要改進。下列表1-2即是錯誤的寫法：

**表1-2　錯誤的目標階層**

| 教學目標 | 能力指標 |
|---|---|
| 學生能找出生字的部首<br>學生能用生字造詞<br>學生能用新詞造句 | 4-1-1能認識常用國字700-800字。 |
| 學生能說出居住地方的自然特性<br>學生能說出居住地方的人文特性 | 1-2-1描述居住地方[1]的自然與人文特性[2]。 |

表1-3則是以能力指標或學習內容為上，置於表格之左方欄位，將其轉化的教學目標為下，置於表格之右方欄位，藉由左至右的方向表達出目標之階層關係，也顯示不同目標形式的階層關係。

表1-3　正確的目標階層（由左至右）

| 能力指標 | | 教學目標 |
|---|---|---|
| 4-1-1能認識常用國字700-800字。（能力指標） | 轉化 | 學生能找出生字的部首<br>學生能用生字造詞<br>學生能用新詞造句 |
| 1-2-1描述居住地方[1]的自然與人文特性[2]。（能力指標） | 轉化 | 學生能說出居住地方的自然特性<br>學生能說出居住地方的人文特性 |
| Be-III-1在生活應用方面，以說明書、廣告、標語、告示、公約等格式與寫作方法為主。（學習內容） | 轉化 | 學生能寫班級器材說明書<br>學生能編寫遊園會的廣告<br>學生能寫遺失告示<br>學生能寫班級公約 |

　　根據教育部在課綱中對能力指標的說明，所有的「能力指標」都必須由學校、教師將其加以轉化為「學習目標」後，方得以用於教學。基於此項明確的規範，在以表格方式敘寫學習目標和能力指標時，位階較高的能力指標應該列在表格最左邊的欄位中，而位階較低的學習目標則應列在表格最右邊的欄位中才是正確的寫法。

　　總而言之，層級愈高的目標（例如：教育部公布的國家課程目標），在書寫的慣例上，特別是以表格的形式而為時，必須列在左邊欄位中；層級愈低的（例如：學校根據教育部的目標所轉化的校本目標或是教師解讀後的詳細目標）就必須列在右邊的欄位中，呈現目標的階級與層次。

　　教育部在「十二年國民基本教育課程綱要」中將九年一貫的「能力指標」改以「學習重點」取代之，並且以「學習表現」和「學習內容」作為其內涵。國家教育研究院在解釋「學習表現」和過去九年一貫的「能力指標」的差異時，將「學習表現」定位為與九年一貫的「能力指標」的性質是非常接近的（教育部，頁9）。換言之，「學習表現」是一種「非具體」的內容向度，故不必轉化「學習表現」成為非常具體的學習目標。至於「學習內容」，其內涵則接近於九年一貫課程中各領域的「基本內容」、「分年細目」和「教材內容」，是故，「學習內容」是表示各領域中重要的、基礎的內容。但是設計分析時，不必列出所有的教材，以保留教師補充教材的彈性空間。因此，表1-4列出各領域的「素養」、「領域

素養」和「學習重點」（即「學習表現」與「學習內容」）的由左（上）而右（下）的階層關係，更能體會出素養、領域素養與學習重點之具體化表徵。另一方面，也能深刻了解各領域的教學重點如何與領域素養和素養環扣在一起。具體而言，從表中的欄位由左至右可以顯見「素養」是十二年國民基本教育中位階最高的目標，其次是「領域素養」，最後是「學習重點」。

表1-4 素養、領域素養、學習重點（學習表現與學習內容）之關係

| 素養 | 領域素養 | 學習重點 | |
|---|---|---|---|
| | | 學習表現 | 學習內容 |
| B.溝通互動 | 國-E-B1理解與運用本國語言、文字、肢體等各種訊息，在日常生活中學習體察他人的感受，並給予適當的回應，以達成溝通及互動的目標。 | 6-II-2培養感受力、想像力等寫作基本能力。 | Ad-II-3故事、童詩、現代散文 |
| | 數-E-B2具備報讀、製作基本統計圖表之能力。 | d-II-1報讀與製作一維表格、二維表格；報讀長條圖與折線圖，並據以做簡單推論。 | D-3-1一維表格與二維表格：以操作活動為主。報讀、說明與製作生活中的表格。二維表格含列聯表 |
| | 英-E-B1具備入門的聽、說、讀、寫英語能力。在引導下，能運用所學、字詞及句型進行簡易日常溝通。 | 4-II-1能書寫26個印刷體大小寫字母。 | Aa-II-1字母名稱 Aa-II-2印刷體大小寫字母的辨識及書寫 |

（二）**目標對象的錯誤**

　　另一種敘寫目標的錯誤是目標的敘述不正確。教學目標的意義在於敘明「學生」要表現出的能力，也是評量要測驗的能力，而不是一種說明或是說明「教師的教學結果」。我經常看到這樣的目標寫法，如表1-5：

表1-5　錯誤的目標寫法

| 讓學生知道我們生活的周遭有許多不同的景觀。 |
| --- |
| 透過認識一般垃圾與資源垃圾的分類，讓學生懂得垃圾分類。 |
| 讓學生透過反思自身經歷，學習表達感謝，並從被幫助者轉換為幫助者。 |

　　以上的錯誤主要是教學目標的敘述中將目標的「對象」省略的結果。如果仔細閱讀上述的目標，把目標之前省略的主詞「教師」套上的話，你會發現似乎更合乎句意，如表1-6。

表1-6　錯誤的目標寫法

| （教師）讓學生知道我們生活的周遭有許多不同的景觀。 |
| --- |
| 透過認識一般垃圾與資源垃圾的分類，（教師）讓學生懂得垃圾分類。 |
| （教師）讓學生透過反思自身經歷，學習表達感謝，並從被幫助者轉換為幫助者。 |

　　但是如此一來，目標就變成描述教師的教學了。但是，依據目標的理論，不論其稱為由「教學目標」或是「學習目標」，都是描述「學生」的，並不是「教師」。因此當目標的敘述由「學生」轉向「教師」，你就會發現它們的繆誤之所在了。撰寫目標的原則是不論目標的名稱是「學習目標」、「教學目標」、「具體目標」，甚至是「能力指標」等都是描述「學生」的情況，而不是描述「教師」的作為。所以，寫目標的時候一定要掌握正確的寫法。

　　同樣的，從上述的例子中我們也許可以了解這個目標的內容，但是卻無法指出教學完成後，學生要表現的是什麼。這樣的描述也無法推論出學生要被評量的能力是什麼，更無法說明學生要學的是什麼。檢視目標寫得好不好，最簡單的方式是：你會用什麼樣的題目去測驗學生。如果你能從目標當中回答這個問題，表示這個目標很具體，並和學習有關聯。從表1-7右欄位中目標的描述可以讓學生清楚的知道自己將要如何被評量，目標對於學生才具有意義。

表1-7　目標的寫法

| 非具體目標 | 具體目標 |
|---|---|
| 讓學生知道我們生活的周遭有許多不同的景觀。 | 學生能說出四種城市的景觀特徵 |
| 透過認識一般垃圾與資源垃圾的分類，讓學生懂得垃圾分類。 | 學生能說出資源垃圾的定義<br>學生能說出垃圾的類別<br>學生能分類常見的垃圾 |
| 讓學生透過反思自身經歷，學習表達感謝，並從被幫助者轉換為幫助者。 | 學生能說出接受他人幫助的原因<br>學生能說出表達感謝的方法<br>學生能說出可以幫助他人的方式 |

## 三、測驗題目與目標的錯誤關係

從目標與測驗的關係中，可以確認的是目標所使用的動詞就已經指出未來測驗的重點。所以小心謹慎的選擇目標的動詞，從動詞中發展出題目，而且切忌出非關目標的測驗題以及不適當的題型。以「讓學生知道我們生活的周遭有許多不同的景觀」目標為例，就無法判斷要出什麼樣的測驗題目。

另外，目標的用詞也關係著測驗題目的類型。以下表1-8列出錯誤的測驗題型：

表1-8　錯誤的測驗題型

| 教學目標 | 測驗題型 |
|---|---|
| 學生能說出臺灣最長的河流名稱 | 臺灣最長的河流是哪一條河？①淡水河　②濁水溪　③蘭陽溪 |
| 學生能指出水生植物的類型 | 請列出三種水生植物的類型 |

在編制測驗題目時，通常應該留意目標敘述中所使用的動詞。在許多編制測驗的著作中，專家建議應該注意兩者之間的關係，如表1-9。

表1-9　正確的測驗題型

| 教學目標 | 測驗題型 |
|---|---|
| 學生能「指出」臺灣最長的河流名稱 | 臺灣最長的河流是哪一條河？①淡水河　②濁水溪　③蘭陽溪 |
| 學生能「寫出」水生植物的三種類型 | 請列出三種水生植物的類型 |

　　此外，不要只用習作作為評量的測驗，在課堂上應該多用練習的評量，讓學生獲得立即性的回饋，糾正錯誤，避免刺激與錯誤反應的連結；同時，在課堂上要確認學生有沒有疑問或是困難的地方。等到回家做習作時，學生因為在課堂上有充分的練習，所以回家的功課可以獲得學習的成功，增加獎賞的內化機會。不要害怕全班的學生都得滿分，那表示你的教學和提供給學生的練習是很足夠的。

## 四、錯誤的教學分析

　　許多人不會認為「教學分析」（instructional analysis）是教案中一項重要的元素。如果你看過許多教案就會發現，大多時候它都只是描述學生的狀態，例如：「學生已經知道計算面積的方法」或者「學生已經在四年級學過居住的環境」等。事實上，許多教案中並沒有真正做教學分析，對於先備的知識大都只寫「學生已經有旅遊的經驗」，或是「學生已經知道時間的單位」。要知道「有經驗」不代表會做某些能力，「知道時間的單位」不見得真的會用複名數的方式計算時間。雖然學生有旅遊的經驗，但是和寫一篇「遊記」的作文能力恐怕沒有什麼直接關聯吧！

　　在許多教案中，對於教學分析大都只是交代了事，並沒有認真思考學生要具備的舊知識是什麼。然而，一位負責的教師應該認真地找出學生學習之前曾經上過哪一個單元，其中具有和當下教學有關的知識或能力。所以先做教學分析，再把有相關的先備知識一起列入分析，加以說明，才是教學分析要做的工作。另一個教學分析的工作沒有確實執行的原因是，國內甚少有學者將此類的理論作為教學設計的重要基礎。至於教學分析要如何進行，其實在教學領域裡有各種的理論與策略可以運用，例如：來自

Dick和Carey（2009）的理論就提出叢集分析（cluster analysis）、階層分析（hierarchical analysis）、程序分析（procedural analysis）、動作分析（psy-chomotor analysis）等。這些方法不外乎是提供一種「科學化」的方法進行教學分析，在所有的教學理論中都重申學習者的「舊經驗」很重要，因為它是新知識或經驗的基石，唯有建立在舊經驗之上的新知識或經驗才是「有意義的學習」。本於此，教學分析的工作更顯它的重要性。

不論是採用何種分析方法，教學分析的本質是分析教學任務中的要素，並且將它們加以組織與排列，形成教學的順序與範圍。此外，透過教學分析也能顯示學習的先備知識或能力，以及起點能力。提起或喚醒舊知識是多麼重要的一件事，唯有從教學分析中找出學生起點行為，才是正確的作法。這些分析方法的詳細說明與應用，請參看本書第二章。

### 五、教學步驟的錯誤敘述

目前大多數的教師或學生都把「準備活動」、「發展活動」和「綜合活動」等三個步驟當作是教案的「格式」來寫。殊不知，這三個步驟是「單元教學法」中特有的步驟，並非教案的格式。除非是要用「單元教學法」教學，否則不宜以這三個步驟作為教案的內容標題。

以「練習教學法」為例，「示範—模仿—指導練習—獨立練習—評量」才是教學的主要步驟，那麼教案就應該根據這樣的過程或是步驟加以敘寫。教學步驟是最容易看出教師有沒有運用所學，若只是套用固定的格式，或是以直覺的方式寫，就完全看不出專業的訓練。

每一種教學法都有其特殊的步驟進行，但是常常被教師和學生忽略，並且以訛傳訛，造成今天絕大多數的教案都是這種格式，實在不是專業教師應該做的事。希望這本書的出版能夠提醒大家不要再犯這樣的錯誤，否則真是貽笑大方了。

另外，教案設計的步驟和實際演示的程序不相符合也是常見的錯誤。通常寫了教案，卻沒有按照教案進行演示，就表示兩者之間有問題。因為教案可以說是教師演示教學的「劇本」，一位專業的演員應該要能按照劇

本演出，教師也是一樣。所以，放棄以「單元教學法」的格式敘寫所有的教案，是當今教師們要顯示專業的作法之一。

## 六、缺乏指導練習的錯誤

在教學中所謂的「指導練習」，不是只有「練習教學法」裡要做練習，本章第二節所示的各種教學步驟中，必定有這個項目。換句話說，所有的知識都應該要能夠運用，「指導練習」就是強化學生運用新學到的知識。任何教學法在結束前要有課堂的「指導練習」，教學結束後要有「獨立練習」，因此，教師都要準備一些練習以應付課堂上的需要。但是綜觀學生們的教案，這個步驟幾乎沒有包括在教學程序內，只有在教學完，指定回家的功課做的「獨立練習」。因此，學生在試教的時候就有疑問：「到底我什麼時候給學生練習，我才知道他們會不會？」所以應在教案中將指導練習列入教學活動當中，並且按照前一節的教學步驟順序執行，才不會有上述的問題。

上述是教案中常見的錯誤，應該足以作為設計教學時的警惕。身為專業的教師應該要好好釐清這些問題，重視自己的專業訓練，千萬不可將錯就錯。教案的設計應該要回歸到教學理論和教學法當中，不宜過分以「個人經驗」或是「大家都這樣教（寫）」的想法，完全忽視教師教育中的專業素養。教案是教師的教學計畫，如果設計時就不正確或是有疏漏，那麼教案和教學兩者就無法配合。教案要忠實的寫出教師和學生要做的活動，要有完整的教學程序，而完整程序是有效教學的重要基礎。

雖然日本學者佐藤學（2012）在其《學習的革命》中曾提及「教師的教案不是寫教案的目的」，但是缺少教案，就無法進行「教案研究」不是嗎？教案編制的基本要求就是依據教學法而為，才能有正確而圓滿的計畫，也才能獲得預期的學習效果。

## 第四節 學習者的訊息處理

教案從最早的Herbart（赫爾巴特）的四步驟教學開始到近代的Gagnè（葛聶）的教學事件，都可以看出教案涵蓋一些相同的活動——引起動機、舊經驗的檢索、教學、互動與回饋、複習整理等，而這些活動的順序也具有相類似的次序。教案中的各種小活動固然是教師在備課時所預期進行的，但是從它們的內涵和順序可以隱隱約約看到一些心理學的依據。從心理學的角度檢視這些活動以及它們的安排順序時會發現，其與學習理論有著極大的關係。

Gagnè的訊息處理理論便是眾多學習理論中的一種，他主張（1988）學習是一連串資訊／知識的轉化（transforming）過程，過程中的每一個階段以獨特的方式轉化進入腦海中的訊息。換言之，訊息處理理論是想要嘗試去了解人腦如何解釋與意義化進入腦海中的訊息。每一個階段的轉化訊息都以「輸入—處理—輸出」的循環模式進行，而環境是觸發整個訊息處理歷程的來源，同時也是訊息處理後的最終目的地。

Gagnè將人腦中處理訊息的階段說明如下（Gagnè, 1988, p.10）：

㈠ 外在環境（environment）：來自學習者環境的刺激會啟動知覺感受器，並以電子封包（packets）的方式將刺激轉換成訊息。

㈡ 知覺感受器（sensory receptors）：由知覺感受器將接收的訊息轉換為神經脈動，以不到1/4秒的速度送進中樞神經的知覺記錄器。

㈢ 知覺記錄器（sensory register）：由知覺感受器所傳入的訊息在其中的一個知覺記錄器中做一個非常短暫的記錄，然後轉換成可識別的型式（patterns），並進入短期記憶。

㈣ 選擇性知覺（selective perception）：前述將訊息轉換成可識別或是特徵型式的歷程，稱為選擇性知覺。

㈤ 短期記憶（short-term memory）：將選擇性知覺轉換成可識別的型式的訊息儲存於短期記憶中的時間非常短，少於20秒（如果沒有複習的話），而且儲存的量非常的小，通常為7±2個位元（bit）。如果儲存在短期記憶中的訊息是學習者非常熟練的，也可以直接傳送到反應產生器而表

現出行為。凡是進入短期記憶的訊息所需要的理解、推論、比較、分析、綜合、歸納、解決問題等心智功能，都是在此運作與思考。

(六) 長期記憶（long-term memory）：儲存於短期記憶中的訊息經過認知作用後所獲得的訊息，透過編碼（encoding）的歷程轉換成語意（semantic）或心像（mental image）後，即可以儲存於長期記憶中。儲存於長期記憶中的訊息透過檢索（retrieval）的歷程回到短期記憶（此時稱為工作記憶），再與其他的訊息結合形成新的學習。

(七) 反應產生器（response generator）：儲存於長期記憶的訊息經過檢索的歷程後會傳到反應產生器，然後轉換成行動（action）。

(八) 反應器（effectors）：反應產生器接收到訊息後即啟動反應器（肌肉、四肢等），使得學習者在環境中產生可觀察到的行為表現（performance）。

Gagnè的訊息處理模式（如圖1-1所示），說明了學習者收到環境的刺激後，在學習情境中所進行的學習和記憶的過程。然而，整個訊息處理的過程受到「執行控制」（executive control）和「期望」（expectancies）兩種因素的影響，它們代表在學習過程中訊息流動的觸發與控制的機制。當學習者「期望」一旦他們學完之後能做什麼的「動機」，反過來會影響他們對外在環境的察覺、記憶的編碼、以及表現行為的產生。「執行控制」是一種控制的過程，是學習者用來選擇和修正他們注意、學習、記憶和思考方式的內在過程（internal process）（p.67）。換言之，「執行控制」是掌管「認知策略」的使用，讓學習者決定要如何將進入長期記憶的訊息加以編碼，以及要採取何種檢索過程對長期記憶的訊息加以搜索而傳送到工作的記憶，以準備新的學習等等。

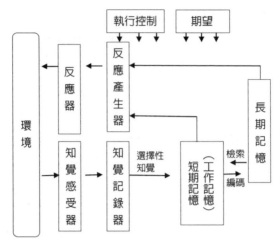

**圖1-1　Gagnè的訊息處理模式**（1985, p.10）

　　Gagnè訊息處理模式主要是說明學習者從接受學習環境的刺激開始，歷經內在的認知轉化，最後引發學習者對刺激作出反應行為的整個歷程。既然學習者對於訊息是依照如此的歷程作認知的處理，那麼教學事件（instructional events）理當按照這樣的歷程安排，才能讓學習者順利、成功的轉換訊息然後表現出來。因此，Gagnè教學事件即是按照訊息處理模式的流程加以安排，使得學習者能進行認知轉化而表現反應的行為完成學習。表1-10即是將訊息處理的歷程和教學事件兩者的關聯作說明。

**表1-10　教學事件與學習歷程之關聯**

| 教學事件 | 相關的學習歷程 |
| --- | --- |
| 1. 獲取注意 | 接受神經脈動的訊息型式 |
| 2. 告知學習者目標 | 觸發執行控制 |
| 3. 刺激回憶先備的學習 | 檢索先備的學習進入工作記憶 |
| 4. 呈現刺激 | 強調訊息特徵進入選擇性知覺 |
| 5. 提供學習指引 | 語意編碼；檢索的線索 |
| 6. 引發表現 | 觸發反應組織 |
| 7. 提供回饋 | 建立增強 |
| 8. 評量表現 | 觸發檢索；增強 |
| 9. 強化保留與遷移 | 提供線索和檢索策略 |

　　從1970年代開始，美國的認知心理學受到電腦科技的影響，將電腦處理資訊的流程作為詮釋人類認知歷程運作的心理學基礎，而Gagnè的訊息處理模式即是其中的一種。換言之，Gagnè試圖用電腦的作業流程模擬人類處理訊息的歷程，以了解人類學習與記憶的發生，奠定其「教學事件」的心理學基礎。可見其「教學事件」的設計是以「訊息處理模式」為基礎而建立的教學程序，所有教學設計活動的開展亦應以此為依據，才能成為以學習者為中心的教學範式。

# 參考書目

1. 任慶儀（2013）。**教學設計：理論與實務**。臺北市：五南圖書。

2. 吳錦勳（2007）。**越寫，越聰明**。商業周刊，1012，85-95。

3. 佐藤學（2012）。**學習的革命：從教室出發的改變**。臺北市：天下雜誌。

4. 林進材（2006）。**教學理論與方法**。臺北市：五南圖書。

5. 國立編譯館（主編）（1984）。**課程教材教法通論**。臺北市：正中書局。

6. 教育部（2013）。**十二年國民基本教育課程綱要：總綱**。臺北市：教育部。

7. 饒朋湘（1966）。**課程教材及教學法通論**。臺中市：省立臺中師範專科學校。

8. Chamot, A. N. & O'Malley, J. M. (1994). *The CALLA handbook: Implementing the cognitive academic language learning approach*. Reading, Massachusetts: Addison-Wesley.

9. Dick, W., Carey, L., & Carey, J. (2009). *The systematic design of instruction* (7th ed.). New Jersey: Merrill.

10. Eby, J. W. (1997). *Reflective planning, teaching, and evaluation: K-12* (2nd ed.). New York: Prentice Hall.

11. Gagnè, R. M., Briggs, L. J., & Wager, W. W. (1988). *Principles of instructional design*. New York: Holt, Rinehart and Winston.

12. Gross, B. & Gross, R. (Eds.). (1985). *The great school debate: Which way for American education?* New York: Simon & Schuster.

13. John, P. D. (1995). *Lesson planning for teachers*. London: Cassell Educational.

14. Kelly, K. B. (1997). Evolution/role of lesson plan in instructional planning. Paper presented at the Annual Reading/Literacy Conference (8th, Bakersfield, CA, Aus. 22-23, 1997).

15. Tanner, D. & Tanner, L. N. (1980). *Curriculum development: Theory into practice*. New York: Macmillan.

# 第二章

# 教案組成的元素

　　教案的歷史發展從最早的Herbart的四步驟教學設計開始，逐漸發展成複雜的十二步驟教學設計。雖然隨著教學理論與時代的需求，教案不斷的更新，但是仍然可以從這些教案中找出它們的一些共同元素。而這些元素遂構築成今天許多不同教案的共通內容。教案最主要的目的是對自己以及同儕溝通，因此溝通的重點必須就特定的事物而為之。教師在教學中必須溝通的事項包括：(1)教學的內涵，(2)學習目標，(3)先備知識，(4)活動的形式，(5)活動的順序，以及(6)評量的時機與方式。這些在教案中要溝通的重點就形成教案重要的元素。

　　因此，本章就教案常見的元素分別說明其相關的理論與設計的方式，分成五節：㈠教學分析、㈡目標的撰寫、㈢引起動機、㈣教學活動的設計、㈤學習者分析，評量的方式則另於第八章說明。

## 第一節　教學分析

　　我國課程與教學的發展歷經「課程標準」時代的「教材綱要」、「九年一貫」的「基本能力」和「十二年一貫」的「教學重點」等階段，形塑了或以教科書、能力指標和學習重點為教學的依據。對於前述這些基於不同教學的目的或內涵，所採取的教學分析方式也會不一樣。在民國89年以前的「課程標準」時代中，教學是以「國編版教科書」內容為主，教學分析自然是以教科書的單元為對象；至民國90年，教學遂以「能力指標」為教學的主要目的，成為教學分析的主體。民國108年的新課程與教學又以「教學重點」為教學的主軸，「學習內容」、「學習表現」遂成為教學分析最主要的對象。

　　教學分析的方法是目前寫教案時最困難的地方。因為很多資深教師可以依照課本一字不漏的教，但是要其以「能力指標」或「學習重點」等直接進行教學分析則幾乎是不可能的事。究其原因在於大多數的教師對教學分析的相關理論並不熟悉，使得教材內的重要概念無法解構。然而，教學分析是「教學科學化」歷程中非常重要的專業技巧，是一位專業教師必須具備的基本能力。近年來，教學分析的理論也隨著國外學者的來訪而引進

相關的教學設計理論，例如：J. E. Kemp就曾經在民國77年應「中國視聽教育學會」的邀請來臺舉辦多次的全國性研習，國內才正式注意到教學分析的相關議題。

Kemp（1985）主張完整的教學設計歷程應該分析下列的元素（p.9）：

1. 分析學習的需求、陳述目標、以及確定教學的限制與優先性。

2. 選擇主題或是工作任務，確認切合的一般性目標。

3. 檢視學生的特質，並且在設計的過程中給予關注。

4. 確認學科內容以符合所敘述的目的與目標。

5. 就學科的內容陳述要完成的學習目標。

6. 設計教學／學習活動以完成所敘述的學習目標。

7. 選擇可以支持教學／學習活動的資源。

8. 說明有助於發展與實踐學習活動的支援服務。

9. 準備學習與成果的評量。

10.藉由預試確定學習者的準備度。

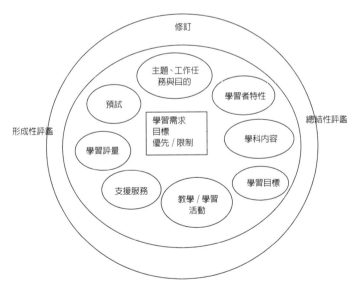

**圖2-1　Kemp教學設計模式**

資料來源：Kemp, 1985, p. 11

　　以上所有流程的元素透過「形成性評鑑」加以修正、改良，最後透過「總結性評鑑」評估整個教學的成效，並作出保留、刪除、修改課程的決策。

　　另一個教學分析的理論則是來自Dick和Carey（2009）的教學設計理論，他們主張教學分析（instructional analysis）應該依照教學的目的——是獲得知識、表現能力、還是形成態度——分別採用階層分析（hierarchical analysis）或是叢集分析（cluster analysis），或是兩者混合並用的方式進行。因此，欲表現出單元與課別的知識關係，其一之作法是利用叢集分析法，將單元與數個課別之間的知識關係表現出來；其二，如果單元與課別的關係是強調能力表現（performance）之間的關係，則利用階層分析，將數個小活動構成大單元的情況分析出來，如此一來，教學時就能掌握真正的重點。此外，來自不同學科領域的單元與課別的知識關係，圖解分析法（graphic analysis）可以很清楚的表現出它們之間的關聯。本章即針對前述各種不同的情境，分別說明其分析的方法。

## 一、教科書的教學分析

　　傳統教科書的教學分析是指單元的「教材地位與教材性質等所作的分析」（臺灣省國民學校教師研習會，1979）。目前教科書編製的方式，大多以兩到三個「課」組成一個大單元的方式，如：國語科、社會科領域；或是以數個「活動」形成一個單元的型態組合，如：數學、自然科技等領域。雖然這種組織架構會因為分屬於不同版本的教科書而形成不同的組織，但是不論其組織的方式為何，單元與課別、或是單元與活動之間必然存在著密不可分的關係。換言之，在作教學分析時，都應該儘量把握住這種關係，朝向正確的教學方向。更重要的是，透過分析，一些教材的缺失或者不合理之處也很容易顯現出來，就可以適時的補充或刪減教材以符合教學的目標。

　　針對不同型態的單元組合，在作單元分析的時候可以採取不同的方式。分析的主軸應該聚焦於：(1)就單元與課別之間的關係作分析，特

別是有些單元與課之間的關係不是那麼明顯的時候；(2)就該單元內的
「課」或者「活動」的內容再作細部的分析。

## ㊀ 大單元的分析

　　大單元的分析主要著眼於它和「課」之間的關係，藉以了解貫穿整個
大單元的是何種知識概念、能力表現、抑或是主題，然後依其選擇「叢集
分析」、「階層分析」、或是「圖解」的方法加以分析。

### 1. 叢集分析法（cluster analysis）

　　由於分析教科書單元和課別之間的內容關係，一般採取叢集分析法，
它類似常用的「樹狀組織圖法」。其基本原型模式如圖2-2。

**圖2-2　叢集分析法之原型圖**

　　如果教材的組織是以幾課的方式組成一個大單元的形式，例如：國語
科、社會領域、自然科技領域等，利用圖解的分析或是叢集的分析會是比
較適當的作法，因為它們組成的要素是以教材內容中知識的相關性為主。
下列圖2-3和圖2-4就是以國語科為例，圖2-5就是以社會領域為例，利用
「叢集分析」的方式表現「單元」和「課」的關係。

　　圖2-3的分析是依據國語教科書的單元，以及考慮語言教學的知識所
作的分析。藉由這樣的分析，教師在每一課教學時就可以掌握貫穿這三課
的重要概念。圖2-3的單元和課的關係如果是聚焦在「學會描寫大自然的
景色的方法」的話，那麼組成這個單元的三課（走在山路上、湖濱散記、
溪谷間的野鳥）都圍繞在這個主題時，教師教學的時候就很容易掌握關
鍵，把焦點放置在描寫深山、湖濱和溪谷景色的語文應用技巧上，教師就
可以分析出每一課描寫的重點各是什麼，在描述的時候是用什麼角度和使

用什麼不同的語詞。因為國語課有時候課和單元的關係不僅僅是內容的相關性，也包含語言學的相關性。

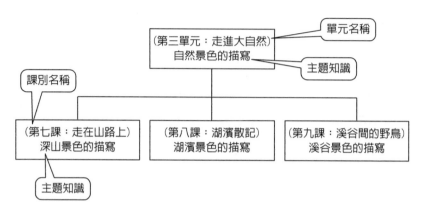

**圖2-3　國語科單元與課之叢集分析**

以圖2-3的例子而言，教師在上課時除了課文、生字、語詞、修辭、文法等項目以外，還要特別說明這三課的主軸是分別描寫深山、湖泊與溪谷景色的技巧，對於深山要描述的焦點是什麼、對於湖泊可以描述的對象是什麼、溪谷可以有什麼重點可以敘述的這些問題，就成為貫穿三課的重要主軸。學生也會因這三課而學會不同的寫景技巧。這些難道不是這三課聚集在一起的目的嗎？不然，學生讀完這三課後會直覺以為這是三個作者分別到深山、湖邊、溪谷遊玩的經歷，這和前面的意圖相去甚遠矣！何者才是正確的，真可謂是「不言而喻」。

又以國語科另一個單元為例，說明教學分析的重要性。如果從圖2-4的單元標題來看，它所包含的三課都只是「故事」的性質，看似互不相關，但是經過深思熟慮有意義了。如果以這個主軸作為這三課的主題，它們的關係就顯得非常密切而且適當。細讀三課的課文，可以歸納的是它們所顯示的是語言運用的技巧：精簡（名人記趣）、幽默（秋江獨釣）、適當的譬喻與修辭（智救養馬人）。那麼教師在教課時，其教學的重點就可能和純故事的性質有很大的差異。所以，教學分析的重要性在於讓教師可以掌握教學的方向。

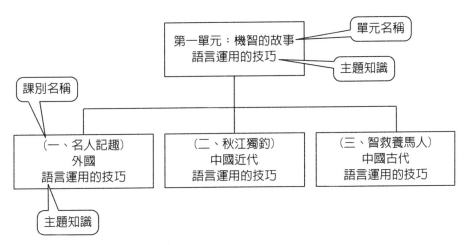

**圖2-4　國語科單元之叢集分析**

　　再以社會領域為例，叢集分析是有助於教師對整個大單元的內容知識有整體的架構，如圖2-5所示。

　　目前我國的社會領域教科書的結構比較鬆散，而且不完整。在觀察其內容時，常常讓人有點「丈二金剛摸不著頭緒」的感覺。利用叢集分析，讓教師比較可以掌握方向。基本上，社會領域的大單元均包含了兩到三個課，如果沒有分析，就會感覺課名好像彼此有關係，但內容卻沒有什麼相關性。一旦分析之後，就比較容易抓住方向和重點。以下列單元為例，第一課「祖先的來源」和第二課「生產與人口」看起來似乎兩者有點關係，但是這個關係似乎也有點遙遠，感覺不是那樣的密切。然而，細讀課文內容之後可以發現它的重點如果放在臺灣人口的構成與人口增加的因素，兩課的銜接就非常的密切。所以，這兩課可以貫穿的主題就是「臺灣的人口」。接著看第三課的情形，從第二課「生產與人口」到第三課「居住的型態」也是同樣的情形，兩課看似有關，但是卻有點遠。細讀其課文後發現，第三課和第二課如果由人口增加到人口的分布作為貫穿的關聯，似乎就解決了兩課有點尷尬的關係。所以，作這樣的分析有助於在教學時可以立即有效的掌握方向。事實上，就社會領域的範圍來看，從臺灣人口的來源、增加、分布到變遷，根本就是「一氣呵成」的主題，因此，好的教學

分析有助於教師了解單元教學的重點與連貫，進一步呈現教師在社會領域知識的專業能力。

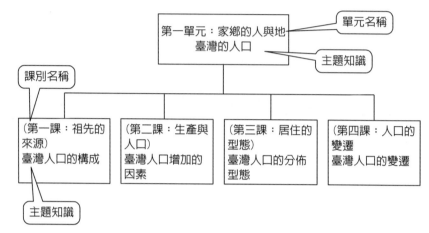

**圖2-5　社會領域大單元叢集之分析**

### 2. 圖解分析（graphic analysis）

圖解分析的方式適用於單元內容包含不同「主題」或「學科、領域」之間的關係，此種分析法最適用於目前「統整課程」的分析，例如：生活領域。它包含了藝術（與人文）領域、自然（科技）領域、社會領域等三個領域。生活領域是以統整方式發展其課程，但是活動卻是各自發展，所以以圖解方式分析比較能呈現其特性。另外，通常單元中課別之間的關係非常薄弱或是晦暗不明，無法採用叢集分析時，圖解分析法就可以解決這樣的困境。由於課與課之間的關係不明，無法聯繫它們之間的關聯性，會增加教師很多困擾，無法掌握課的重點。如果透過教學分析，就可以看出課與課之間比較具體的關係，對於教師的教學會有莫大的助益。圖2-6即是運用「圖解」的方式作教學分析，以生活領域的單元為例說明之。

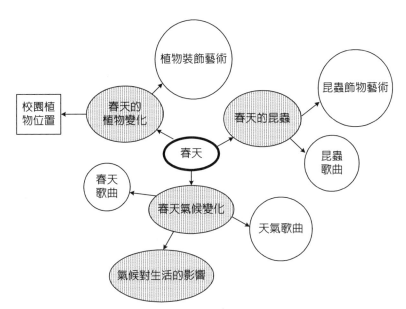

**圖2-6　生活領域之圖解分析**

　　圖2-6中，藉由圖解的方式可以看出生活領域課程的組合，範例中的圖示  表示屬於自然科技領域的主題；□ 表示屬於社會領域；而 ○ 表示屬於藝術領域，它們以春天為單元的主題進行不同領域的統整。經過分析，很容易就發現其實這幾個活動主要還是圍繞在「春天」的核心主題，以「自然領域」中的植物、動物與氣候作為「跨領域」的次主題，並且包含「藝術領域」的音樂、唱遊等。每個活動都以「春天」主題為重點，事實上就掌握了教學的方向。利用此種圖解的方式，教師可以將看似彼此無關聯的活動，藉著單元圖解方式的分析顯示其組織，更容易掌握教學的主軸。在進行教學的時候已經掌握主軸及其架構，可以看出每個活動彼此之間的關係，才不會覺得活動彼此很突兀，同時教師也可以按照自己的經驗稍微調整教學順序，讓教學更順暢。

### 3. 階層分析（hierarchical analysis）

　　有些學習領域的單元和課別會要求學生表現出某些動作能力，包含心理的動作或是小肌肉的動作，而不是僅僅獲得知識，例如：數學、表演

（藝術）、以及自然科技等。這些學習領域的組成方式通常是由數個小活動構成單元，最終的目的是要讓學習者表現出某種能力，也就是所謂的「能力表現」。目前的數學領域教科書之設計，單元中的內容大都以問題作為其內容之敘述，而其下的活動目的也都是以學生能作為的能力為其目標（或稱心理技能），因此直接以表現目標的方式作為分析的基礎則更能夠顯示其特殊性，例如：會做二位數加法，會做二位數乘一位數。如果用叢集分析或圖示這種以概念為主的分析，反而無法顯示其特性。階層分析法的原型圖如下：

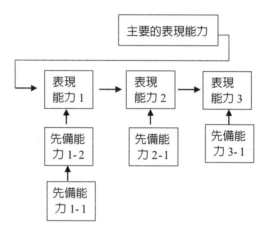

**圖2-7　階層分析法之原型**

　　換言之，如果單元的內容是由一系列活動所組成，而每一個活動都代表需要表現某些能力時，例如：計算或是解決問題的時候，使用「階層分析」就會比「叢集分析」或者「圖解分析」來得適當。這種情形普遍出現在數學領域。數學領域的教學大都屬於智識能力的性質，換句話說，就是解決問題的性質。因此，數學領域不是只有學習數學的知識，更要求能用數學的知識解決數學的問題。圖2-8就是以數學的單元說明其教學分析的應用。比較不同於國語或是社會，數學的學科內涵本身就比較有邏輯，一般說來是最好分析的學科。

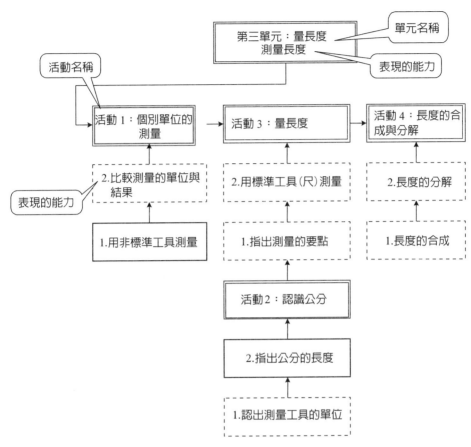

**圖2-8　數學單元之階層分析**

　　雖然數學大單元的安排基本上是按照數學學習能力的基本順序而為，但是課文當中的活動安排有時候並不是很有邏輯性的。因此，藉由階層分析可以更清楚的了解這些活動對於完成大單元的能力是否完整，以及活動的安排是否適當。圖2-8中教科書的單元一共安排了四個活動，每個活動所要完成的能力是以實線的方塊來表示，如此一來就可以看見每一活動的主要教學的目標是什麼。但是，圖2-8中也有「虛線的方塊」代表應該要教卻沒有教的能力。最後，教師可以透過這樣的分析，檢視同一個單元的活動安排是否合理，有沒有需要補充的。

　　圖2-8中的 活動2 就不列在與活動1和活動3平行的位置，是因為它只

能算是活動3的先備知識而已。活動2的主要目的是要揭露測量工具的單位是什麼。照課文的內容來看，重點似乎擺在公分的長度是多長，而忽略了檢視測量工具的單位（刻度的單位），會發生有人把英吋的尺看成公分去測量。所以同樣的課文透過教學分析，所顯示的重點就會有所差異。

另外，藉由階層分析，將課文中的表現能力由下往上排列，就可以看出這樣的學習順序是否合乎學習者的認知架構。特別是在活動2的部分，雖然課文內的活動只是發現尺上的公分長度，但是在這裡就把重點置於確認測量工具的單位是什麼，主要的著眼點是尺的測量單位有可能是臺尺或英吋，學生有必要在測量時先確認單位是什麼。所以，作單元分析之後就可以檢視這些活動的適切性。

利用「叢集分析法」分析以學習知識為主的單元、利用「圖解方式」分析跨領域的單元、或者利用「階層分析法」分析以學習能力為主的單元，都是讓教師釐清整個單元最重要的學習，並藉此逐一檢查各個組成單元的課或是活動是否能完整的學習到「單元」的整體。

## ㈡ 單元中「課」的分析

「課」是教師平日使用的教案中最常見的單位，絕大多數的教師都是以「課」為主，甚少考慮「單元」與「課」的串聯。大單元的分析主要目的是讓教師能夠清楚的了解整個「單元」的架構，並且從中檢視組成「單元」的「課」或是「活動」的學習是否完整，兩者之間具何種關聯，進而以自身的專業加以調整或是補充。然而，對於單元中的每一「課」或是「活動」的內容，利用教學分析的技巧更能看出它們的內容是否有不足，更是影響整個單元的教學成效。單獨的「課」或是「活動」的分析往往是「教案」中最引人在意的部分，主要的原因是課的內容會直接影響學生的學習。對於單獨的一「課」或「活動」，其採用的分析方法則視它們最終的教學目的之屬性而定。如果是以知識為主的話就採用「叢集分析」，是以表現能力為主的話就使用「階層分析」。以下分別說明之。

1. 叢集分析（cluster analysis）

課文中利用叢集分析的方法將課文內容加以整理後，就能呈現課文的

架構，讓課文中的全貌得以一窺究竟。Bruner強調教師應該將教材作「分析與組織」，使其有效的融入學習者的認知系統，因此他對教材的組織架構非常的重視（林進材，1999，頁82-88）。他甚至認為教師應該重組、剪裁、刪除、補充教材，以符合學習者的認知發展。因此，將課文的架構加以分析是非常重要的教學任務。

　　對單獨一課或活動進行的教學分析，通常是教案裡不可缺乏的要素之一。凡是要以課文的內容知識作為學習的主要目的，叢集分析是很適當的一種分析方法。至於為什麼要作叢集分析，除了可以掌握該課的知識概念，對於教案中要撰寫課文的目標和具體目標（學習目標）也有重要的影響。國語科、社會領域、以及自然科技領域都可以用叢集分析的方式進行。圖2-9是以康軒出版的社會領域四下第五單元「我是地方一份子」的第一課「地方的組織」為例，說明叢集分析的應用。

　　圖中實線的方塊即為課文中實有的內容，虛線方塊則是課文中懸缺的內容。本課是以「里」、「村」和「鄰」的行政組織為主要的內容，因其涉及組織層級，其中「里」、「村」的上層和下屬的關係應該在課文內予以說明，才是完整的概念，否則學習者只得到片斷的知識。如果教師在上這一課時能簡略的說明「里」、「村」和「鄰」的行政關係，我想學習者會更清楚知道這些地方組織的來龍去脈。

## 2. 階層分析（hierarchical analysis）

　　有些學科或領域的學習注重的是心智技能的表現，特別是數學。能不能運用數學的原理解決問題，是數學教學中最重要的學習任務，反而數學的知識是其基本的認知而已，最後講求的仍然是解題的能力才是最終的目標。因此，教科書裡數學「活動」的目標亦是如此。圖2-7是利用階層分析的方式解構它的內容，從圖中可以檢視出有些內容所要表現的心智技能在邏輯上並不是那麼恰當。

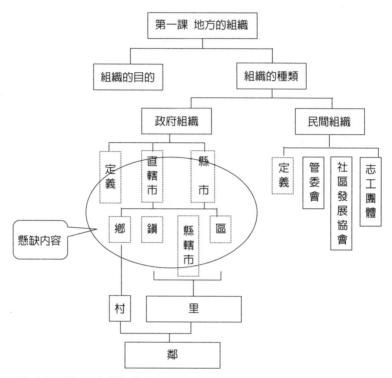

**圖2-9　社會領域課文之叢集分析**

　　圖2-10呈現的是整個單元和活動的分析，其中可以發現有關三位數進二位的加法，其實是二年級的課程內容，而非三年級的內容（使用灰色方塊表示），另外三位數退二位的減法也是如此（三位數是二年級的數量內容）。因此教學時，這兩項能力都應該改用四位數為主，所以用虛線的方塊表示該項能力會以「補充教材」的形式呈現之，而三位數的內容則劃入「起點能力」的部分。意即，它們成為教學前的「喚起舊經驗」的教材，教師只要進行簡單的「複習」就可以了。透過單元的分析，很容易看出來教學內容的問題，因此，單元的教學分析可以充分顯示教師對該領域學科的專業知能。

單元分析：

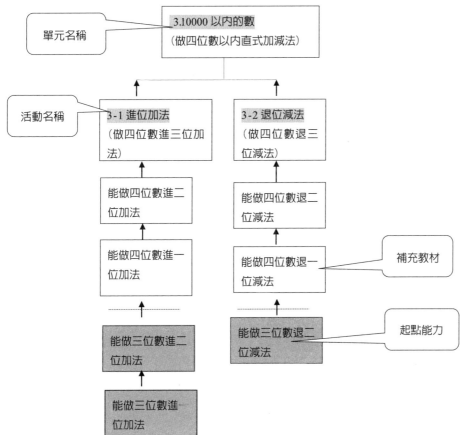

圖2-10　數學單元分析

## 二、能力指標的教學分析

　　雖然「能力指標」的時代已經成為我國教育改革的歷史，但是把課程視為「一系列的目標」的定義仍然是許多國家教育實施的主流觀點，不排除未來仍然是主導教育走向的重要理論。「能力指標」的性質接近於所謂一般性的目標且強調「能力」是學習與教學的最終極表現，因此對於以「目標」為主的教學也適用此處的理念與作法。

　　民國90學年到107學年是我國實施九年一貫課程的時程，此時的課程

改革強調各學習領域必須以「能力」的養成作為目標。換言之，學習者必須完成「能力指標」所揭櫫的「能力表現」，才是符合「能力指標」課綱的精神。因此，教育部強調能力指標必須成為教學的重點，而不是只以獲得學科或領域知識而已。

　　國內學者任慶儀（2013）認為要實施「能力本位」的教學，建議將「能力指標」依據Gagnè的學習成果分析最終的教學目標，找出具體的「能力」，並且依照學習的階層逐步加以實踐完成。Gagnè將學習的最終目標分成：(1)語文資料（verbal information, VI），(2)智識能力（intellectual skills, IS），(3)態度（attitude, A），(4)動作技能（psychomotor skills, PS），以及(5)認知策略（cognitive strategies）。因此，能力指標的最終目的是獲得知識、表現智識能力、形成態度、還是表現動作技能，必須要先確認，然後才進行教學分析。實施能力指標的教學必須認清一件事實，那就是教學將不再是以教材（教科書）為主，而是以能力指標所揭櫫的「能力」為主，教材僅能作為輔佐的材料。至此，「一綱多本」的教學觀念遂成為我國實施九年一貫新課程中影響教學最大的變革。

㈠ **能力指標是以「語文資料」為主的學習成果**

　　依照教育部《九年一貫課程問題與解答》的手冊解釋，學校的教師必須將能力指標轉化成為學習目標後進行教學（教育部，2001）。許多學者提出有關轉化的理論，但是教學設計的理論（instructional design），絕大多數的轉化是依據Gagnè的教學成果目標的類型進行。以下列的社會學習領域能力指標是以獲得「語文資料」為教學的目的，使用的分析方法則為「叢集分析」（cluster analysis）。因此，從分析的結果可以窺得教學的主要內涵，是以習得學習者在地的自然與人文特性為學習焦點。因為是以能力指標為主的教學，所以有關臺灣的氣候、地形、居住環境是在教科書裡的內容，但是在地的「臺中市」的資料則需仰賴教師自行補充，如圖2-11。此時，教科書的角色就和以往不同，不再是教學的唯一重點，反而是學生能了解自己所在縣市的自然與人文特徵的「知識」，也就是獲得「語文資料」，成為學習的最終目標。

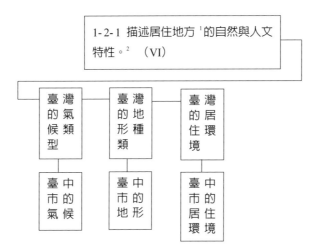

**圖2-11　能力指標之語文資料成果──叢集分析法**

### ㈡ 能力指標是以「智識的能力」爲主的學習成果

　　當能力指標必須要求學習者表現出來，且具有分辨、概念、原理原則和解決問題的目的時，能力指標就必須使用「階層分析」。以數學能力指標 3-n-10 為例，在進行估算時，必須能夠將數字轉換成概數（取近百的概數），在取概數時應該由數線上的位置判斷是取到哪一個「百」的概念，但是教科書上均未提及利用數線方式判斷，因此就此部分而言，教師必須以自身的數學經驗和知識在教學的內容上予以斟酌，如圖2-12。如果沒有透過分析，就無從深思熟慮發現學習上的缺失。雖然教科書的部分內容固然可以使用，但是根據圖2-12的圖示，教師顯然應該要補充有關「數線」的部分，才不至於讓學生在取概述的時候應該取靠哪邊的「百」感到模稜兩可。換言之，能力指標的教學分析是以指標本身為主，教科書的內容充其量不過是配合能力指標的角色，並非教學的主角。因此，有了能力指標的分析，所有的教學活動才能夠以它為基礎而發展，也只有當教科書內容可以搭配的時候才使用教科書，否則就由教師自編適當的教材來使用。

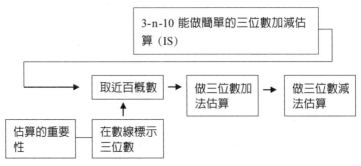

**圖2-12 能力指標之智識能力成果——階層分析法**

### 三、能力指標是以「態度」為主的學習成果

當能力指標為「態度」的成果時，即代表教學的過程中必須要有所謂的「統整活動」才能將「態度」的學習完備。許多學者指出有關「態度」的學習是一般學校內經常忽略的情意教學，也是學校教育中最被人詬病的地方。另一方面，教師有可能進行「態度」方面的教學，但是限於表達的方式也無法在教案中清楚的呈現其作為，導致大家對教師教學的誤解。

有關「態度」的學習，教師必須認知它是無法直接教導的，唯有先擁有相關的「語文資料」或「智識能力」以後，透過「統整的活動」才能培養「態度」，所以，「態度」的指標是以「混合式的階層分析」或是「混合式的語文資料分析」作為教學分析的方法。以健康體育學習領域為例，依照 2-3-5 的能力指標的特性可以認定其為「態度」的學習成果，因此在分析該能力指標時，就會先讓學習者先習得食物的生產方式、價格、熱量等知識（亦即語文資料）後，再利用到「麥當勞速食店」的統整活動進行替換食物或飲料，然後選擇比較健康的食物。相信這樣的「統整活動」，更有機會讓學習者培養出隨時注意選擇比較健康食物的態度或是情意。圖2-13即是以形成「選擇健康食物」的態度為主的教學分析，是「混合式語文資料」的範例。用此種圖示是不是很清楚的表示教師實施「態度」、「情意」的教學呢？

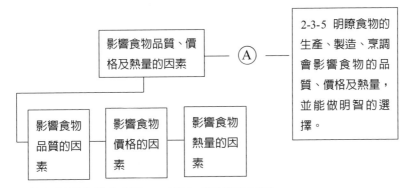

**圖2-13 能力指標之態度成果 —— 混合式叢集分析法**

## ㈣ 能力指標是以「動作技能」爲主的學習成果

利用過程分析（procedural analysis），按照動作的先後順序，將動作技能分解後逐一練習。圖2-14將籃球中的三步上籃動作分解成三個主要的動作，並且按照其順序分別列出。每一個主要的動作則是由若干細部動作組成。其中對於 立定運球 則是分別再細分其動作，包括手部動作、身體姿勢與腳步動作等。換言之，學習者在練習時可以從最基本的動作開始，逐漸學習複雜的動作。縱使體育動作也是可以用「科學化」的方式加以分析，使得體育的教學不再是憑就「土法煉鋼」的方式作經驗的傳承。

能力指標的教學和傳統教科書的教學顯然有著非常巨大的差異，利用能力指標的屬性（語文資料、智識能力、態度、動作技能），以「叢集分析」、「階層分析」、「混合式階層分析」、「過程分析」等分析方法進行能力指標的解構，形塑能力教學的意象，跳脫傳統「照本宣科」的教學弊端，是這一波教育改革的主要重點。雖然「能力指標」的教育方向隨著十二年國民基本教育的頒布走入歷史，但是此種課程與教學的觀點仍然是世界各國的主流，無法輕忽它的價值。

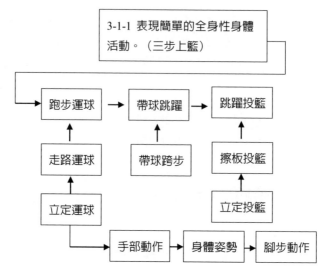

圖2-14　能力指標之動作技能成果──混合式階層分析法

## 三、十二年國教「學習重點」的教學分析

　　民國108學年度即將實施新一波的教育改革，稱為「十二年國民基本教育」，首度將高中、高職納入國民基本教育系統內。除此之外，對於課綱的部分也加以改革，以各領域的「學習重點」取代舊有的「能力指標」作為課程與教學的新標的。

　　十二年國民基本教育總綱的頒布，確立了以「學習重點」為課程的重心，其包含「學習表現」與「學習內容」兩個面向。因此，教學分析時就牽扯到以何者為分析的主體呢？根據國家教育研究院的「素養手冊」中的說明：

　　……「學習表現」是代表該領域／科目的非具體內容向度……；「學習內容」則是該領域／科目重要的、基礎的內容，學校、地方政府或出版社得依其專業需求與特性，將學習內容做適當的 轉化 ，以發展適當的教材。學習內容非常接近現行九年一貫課程中各領域的「基本內容」、「分年細目」、「教材內容」，「學習內容」的轉化只需列出該領域「基本

的」、「重要的」部分。（國家教育研究院，2015，頁9）

　　雖然教育部重申「學習表現」和「學習內容」兩者不分軒輊，但是在教學上，「學習表現」必須以「學習內容」作為基礎而產出，因此根據上述，教學仍然還是以「學習內容」的分析與轉化作為學習的基本，然後透過模擬的情境或活動安排，將「學習內容」表現出來成為「學習表現」，而其最終的結果是讓學習者在學校所學習的知識在生活情境中產生可能的學習遷移，完備「素養」教育的理想。

　　下列即是以「叢集分析」方式解析「學習內容」為教學的內涵。在 Be-II-1 的「學習內容」經過分析後，確認教師要教的是日記和海報的格式與寫作方法，然而 6-II-4 的「學習表現」是要求學生學完內容後必須要表現出的能力，透過檢核這兩者，就會發現學習者必須有「實際寫作」的經驗，因此，教師必須在課堂上安排 寫作的活動 讓學生練習寫日記和海報，如圖2-15。所以，分析「學習內容」後必須要檢驗「學習表現」是否需要參與活動產生「類真實的經驗」，以便未來能夠於「生活情境」中遷移學校所習得的能力。

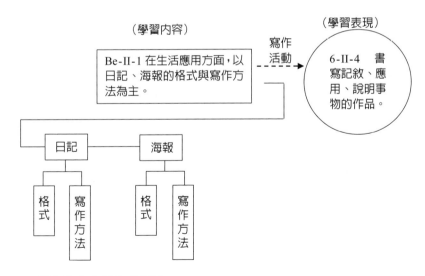

圖2-15　學習內容之叢集分析法

　　十二年國民基本教育是以「學習重點」為主體，「學習內容」為分析的對象，透過活動後的成果則利用「學習表現」檢視其成效。叢集分析、階層分析和過程分析等都是教學分析的方法，它們運用的方式依據教學的目的而選擇。「叢集分析」使用在大單元的分析，是為了澄清單元和課別之間在知識概念上的關係；如果運用在單獨一課，則是為了要知道課內重要的知識概念的組織架構。「叢集分析」應用於「能力指標」和「學習內容」分析，是為了找出其應包含之知識概念。「階層分析」和「過程分析」都是找出「能力指標」其應表現的能力與下層能力，作為教學最後的成果。換言之，使用哪一種分析方法，其關鍵的決定點在於教師對於教學的終極目的（terminal purposes）理念。根據自己對學習的信仰，運用分析的理論澄清、連結、組織教學的內涵（不論是以知識為主、能力為主、還是兩者皆有的情況），使得教學能夠關注在重要的學習，乃是進行教學分析的最大目的。

## 第二節　目標的撰寫

　　教學目標是教案中不可或缺的一個元素，但是在許多文獻中所使用的目標名稱相當多，有時候這些不同名稱的目標可以互用，有些時候卻意指不同的意義。唯一的共同點是不論如何稱呼它，教學上所謂的「目標」都是用來描述學習者的，並非教師。

　　教學目標的撰寫除了依照第一節教學分析的結果作為基礎外，另外牽涉的是目標是應用誰的理論，更甚者，如何把目標寫得專業。這些考量其實是檢視教案的專家非常重視的焦點，從教案中的目標大約就可以看出寫教案的教師或學生是否學習得馬馬虎虎，是否不知所以然的寫。目標寫得好，是踏出成功的一步。

　　每當提到目標理論，大家不約而同地會想到B. S. Bloom的三大目標領域，但是依照情境的不同也可以採用其他的目標理論。

　　一般而言，早期常用的目標理論大概都採用克伯屈（W. H. Kilpat-rick）所謂的「同時學習原則」（principle of simultaneous learning）的主

張，那就是每個單元都分成三大類學習：(1)主學習（primary learning），
(2)副學習（associate learning），以及(3)附學習（concomitant learning）
（引自饒朋湘，1962）。茲分別說明如下：

## 一、主學習（primary learning）

　　單元或課最直接尋求的學習目標，此目標可以是認知的、情意的、或
是技能的，端視單元或課的特性。基本的，以圖2-3為例，大單元的目標
就以「學會描寫大自然的美景」技巧為其主要的學習；而單元中的課就以
「描寫深山美景的技巧」為其課別的主要學習。以上兩者都是以認知目標
為主學習的例子。

## 二、副學習（associate learning）

　　指與主學習有關的知識或是觀念。圖2-3中的「第八課：湖濱散記」
在學習課文時，將主學習定為「描寫湖濱美景的技巧」的同時，學生可能
會想要了解該作品所描寫的地理位置以及作者梭羅的寫作風格等。因此，
「能了解湖濱散記的作者生平」就成為該課的副學習目標。教學時能將副
學習納入，也是符合目前統整學習的觀點。

## 三、附學習（concomitant learning）

　　除了認知目標外，學習也應兼顧情意目標。所以對於大部分單元而
言，認知學習固然重要，但是情意的態度更具深遠的意義。因此，圖2-3
中的「第八課：湖濱散記」就可以將「欣賞瓦爾登湖的美景」或者「欣賞
美國的文學作品」列為附學習的目標。

　　Kilpatrick將教學的目標分成主、從的關係，有助於教學時的聚焦。以
圖2-3「溪谷中的野鳥」一文為例，許多學生會將「認識鳥類」的目標作
為文章的重心，成為學習「自然科學」的文本，反而忽略了它是在語文課
裡的文本，應該把「描寫溪谷自然景物的技巧」這樣的目標作為學習的主
要目的。換言之，教師個人的教學信念可以透過目標的表示加以傳達，因

此對於「主目標」的取捨足以影響教學的方向，教師們不得不謹慎而為之。

　　另一個重要的目標理論是來自B. S. Bloom等人的「教育目標」理論。1949年Bloom組織了一個跨越全美的評量專家小組，這個小組的成員每兩年聚在一起商討如何節省那些準備年終教育測驗的人力，以及如何評鑑學校的教學。終於在1956年將他們討論評鑑學校教學的草稿正式出版，名為《教育目標的分類》（*Taxonomy of Educational Objectives: The Classification of Educational Goals*）。該著作曾經被翻譯成22種語言，是通行全世界最廣的教育著作。2001年該小組成員Anderson和Krathwohl等人經過四十五年的努力，修正了原始的理論，特別是在認知領域的部分。修正的部分除了層次的增減以外，特別重視各層次以適當的動詞表示之，希望更能表示學習者的學習動作。所以在撰寫目標敘述時，要特別注意動詞的使用，才符合目標理論的精神。Bloom教育目標的三個領域分別為（http://www.businessballs.com/blooms taxonomy of learning domains.htm#bloom's taxonomy overview）：

1. 認知領域（cognitive domain）
2. 情意領域（affective domain）
3. 心理動作領域（psychomotor domain）

　　Bloom等人（1984）將「認知領域」的目標定義為「有關回憶（recall）或認知（recognition）知識的目標，以及有關智識能力或技巧發展的目標」（p.7）。但是在分辨某些技能上，例如：數學科的計算或是國語科的寫字到底是認知目標還是動作技能目標，可能讓人覺得疑惑。一般而言，凡是用「小肌肉」做的動作還是歸入認知目標，而運用「大肌肉」的動作則歸入動作技能領域。如此一來，算算術的技能和打球的技能就有了分別。

　　至於認知領域的目標則分成認知過程（cognitive processes）和知識類別（knowledge）兩大向度，分別說明如下（http://en.wikipedia.org/wiki/Bloom's_Taxonomy #Domains）：

㈠ 認知過程：共分為六種認知動作：

1. 記憶（remember）：認出、回憶。

2. 了解（understand）：說明、舉例、分類、摘要、推論、比較、解釋。

3. 應用（apply）：執行、實踐。

4. 分析（analyze）：區分、組織、歸因。

5. 評鑑（evaluate）：檢核、評論。

6. 創造（create）：產出、計畫、製作。

㈡ 知識類別：共分為四種認知的知識類別：

1. 事實知識（factual knowledge）：專有名詞的知識、有關特定細節、元素的知識。

2. 概念知識（conceptual knowledge）：有關類別、分類的知識，有關原則、歸納的知識，有關理論、模式、組織架構的知識。

3. 過程知識（procedural knowledge）：有關學科專門的技能、規則系統的知識，有關學科專門的技術、方法的知識，有關決定使用適當過程時機的知識。

4. 後設認知知識（metacognitive knowledge）：有關策略的知識、有關認知任務的知識，包含有關脈絡與情境適合的知識、自我的知識。

需要特別注意的是這些目標用語所描述的層次，在教學的實務中通常會用來檢視教師寫的目標是否太集中在低層次，例如：記憶、理解等。另外，檢視教學的完整性也是使用認知領域目標分類的另一重要性。例如：以「運用四則作混合計算」作為終極目標的成果，那就要檢視教學中是否學生能了解四則的運算規則，以及是否能記住四則運算的規則。適切的使用Bloom的認知領域目標的表格，有助於規劃教學的邏輯順序，並可提供教師對於教學程序的覺察與反思。

另一個有關目標的理論是來自Gagné的學習成果目標。Gagné將五大類的學習成果作為教學的終極目標，並且以效率的觀點進行逆向設計（backward design）。因此，這些學習成果以逆向的方式作為展開教學設計歷程的起點，其五大類的學習成果如下（1995）：

㈠ 語文資料：陳述有關知識、概念、原則、過程的能力。

㈡ 智識能力：由低而上的階級為分辨、形成具體概念、定義概念、運用原則、以及解決問題的能力。

㈢ 認知策略：能運用個人化的方法去引導自己的學習、思考、行動與感覺。

㈣ 態度：根據個人內在的了解與感受去選擇要採取的行為。

㈤ 動作技能：運用肌肉來表現能力。

雖然Gagné在其學者成果的理論中提出五種不同類型的目標，但是也強調任何一種學習目標都應該包括這五種成果。其中語文能力、智識能力和認知策略則與Bloom的認知領域目標有著異曲同工的相似性。

在決定教學目標時，可以依照前述的不同理論基礎編寫適當的目標。又，我國因為語言翻譯以及習慣用語的關係，在多數的書籍中將它稱為「教學目標」，又因為它是描述學習者所欲達成的成果，所以有些書籍中又稱它為「學習目標」（黃光雄，1988；王文科，1994）。1974年以後，我國由「單元教學時期」進入了所謂的「行為目標教學設計時期」，強調學習者的學習行為，所以又有「行為目標」、「具體目標」等不同的稱呼（任慶儀，1993）。時至今日，在九年一貫的課程改革中，則以「學習目標」稱呼之。

編寫目標時，除了選擇目標的理論作為基礎外，另外牽涉的是寫目標的方法。考量多年國內的習慣，本書處理教案中的目標是以J. Kemp（視聽教育學會，1998）的理論作為基礎，一方面是因為習慣，另一方面是因為Kemp理論中處理目標的方式比較清楚易懂而且層次分明，初學者比較能掌握。

根據Kemp的理論，寫目標應包含的元素有：(1)目標對象，(2)行為動作，(3)行為結果，如表2-1所示。所有的目標在敘寫的時候，應該以「學習者」為對象寫出其學習的目標，不宜以教師為對象敘寫目標。所以，目標敘句的開頭最好要寫目標的對象——學生，不要省略，否則往往一不注意就會寫成教師的教學目標。

另外，目標述句應用「肯定句」敘寫，不宜用問句敘寫或使用疑問

詞，例如：何時、誰、為什麼等。此外，敘寫行為的結果時，也不宜將結果的內容一併寫出，行為結果的敘寫應該是要寫知識的「概念」。

**表2-1　目標格式的基本構成要素**

| 目標對象 | 行為動詞 | 行為結果 |
|---|---|---|
| 學生 | 能說出 | 臺灣歷史的分期 |
| 學生 | 能說出 | 荷西時期對臺灣的建設 |
| 學生 | 能說出 | 重量的公制單位 |
| 學生 | 能換算 | 公斤和公克 |
| 學生 | 能說出 | 植物光合作用的過程 |
| 學生 | 能說出 | 光合作用對植物的影響 |
| 學生 | 能操作 | 顯微鏡 |
| 學生 | 能說出 | 顯微鏡操作的步驟 |

其次，目標的種類其寫法基本上分為兩個層次：一般性目標和具體目標。茲分別說明如下：

## 一、一般性目標

一般性目標所敘寫的目標是比較廣泛、比較籠統的，適合寫在「單元」層級的目標，常用的動詞是認識、知道、學會、了解等。這些動詞通常不帶有明顯的動作表示，比較像是狀態用語；而它敘寫的目標結果也是比較廣、比較大、比較抽象的，如表2-2所示：

**表2-2　一般性目標**

| |
|---|
| ㈠學生能學會臺灣的歷史 |
| ㈡學生能知道重量 |
| ㈢學生能了解植物的光合作用 |
| ㈣學生能認識顯微鏡 |

上述的目標的寫法並無法看出學生要具體表現的是什麼，是相對模糊的一種寫法。它適用於編寫大單元的目標。

## 二、具體目標

　　如果一般性目標是針對「單元」而寫，那麼具體目標就是針對「課」寫的目標。具體目標和一般性目標最大的不同點是動詞的使用。具體目標的動詞最好能夠有「動作」的表示，因為具體目標是用來作為評量的基礎。如果不夠具體，那麼評量就無法針對學習者的表現動作進行。在大部分文獻中，「具體目標」、「行為目標」、「表現目標」、「學習目標」具有同等的意義。具體目標就是要寫得具體、有行為動作的表示，範圍也「相對」的狹隘、但是較明確一些。表2-3舉出一般性目標（左邊）和具體目標（右邊）兩者之間的相對關係，從這兩者所包含的範圍也可以看出它們的差異性。

**表2-3　一般性目標與具體目標**

| 一般性目標（單元目標） | 具體目標（行為目標、學習目標） |
|---|---|
| 學生能認識臺灣的歷史 | 學生能說出臺灣歷史的三個分期<br>學生能說出荷西時期對臺灣的建設 |
| 學生能認識重量 | 學生能說出重量的公制單位<br>學生能換算公斤和公克的單位 |
| 學生能了解植物的光合作用 | 學生能說出植物光合作用的過程<br>學生能說出光合作用對植物的影響 |
| 學生能學會操作顯微鏡 | 學生能指出顯微鏡的構造<br>學生能說出顯微鏡操作的步驟<br>學生能操作顯微鏡 |

　　表2-4左欄所顯示的是常見的錯誤寫法，右欄則顯示正確的寫法，讀者可以比較一下兩者的差異。

**表2-4　目標之正確寫法**

| 編號 | 錯誤的目標述句 | 正確的目標述句 |
|---|---|---|
| （一） | 使學生能說出「送別」的作者是樸月 | 學生能說出「送別」的作者 |
| （二） | 讓學生說出本課大意是大家要珍惜時間 | 學生能說出本課大意 |

| 編號 | 錯誤的目標述句 | 正確的目標述句 |
|---|---|---|
| (三) | 學生能說出水遇熱會變成水蒸汽，遇冷會變成冰 | 學生能說出水的三態 |
| (四) | 學生能說出臺灣歷史分成哪幾期 | 學生能說出臺灣歷史的分期 |
| (五) | 學生能說出荷西時期有哪些建設 | 學生能說出荷西時期的建設 |
| (六) | 學生能說出公斤和公克是重量單位 | 學生能說出公制的重量單位 |
| (七) | 學生能算出1公斤=1000公克 | 學生能換算公斤和公克 |

上述編號(一)的目標其實是省略了主詞，其省略的主詞按其句型應該是「教師」，所以完整的敘句會是：「教師使學生說出⋯⋯。」那麼，它的口氣是針對教學者，而不是學習者，不符合目標理論中以學習者為對象的精神，應該避免。第二個錯誤是目標述句當中要寫的是目標的結果而不是內容，所以作者的名字不用寫在目標的敘述當中。

編號(二)和(三)的目標述句也是犯了把目標的結果內容寫出來的錯誤，因此把大意的內容「大家要珍惜時間」或是「水遇熱會變成水蒸汽，遇冷會變成冰」等省略即可。

編號(四)和(五)都是在目標述句中使用了疑問詞「哪幾期」、「哪些建設」，導致目標變成了問句，這也是不妥的。目標就是學習者學完後確定要達成的能力，不宜用疑問的方式表示。

編號(六)和(七)的錯誤在於寫目標的結果時一併將結果的內容寫出來，因為目標要寫的只是動作的結果而已。如果用這些可以代表內容的知識概念在目標敘句中，可以看出教學者對專門術語的精練程度，更可以看出教師專業的能力。

除了上述目標述句的基本元素以外，也經常看到目標的敘述中多加了行為條件和標準，如表2-5所示。

**表2-5 目標格式的一般性構成要素**

| 目標對象 | 行為條件 | 行為動詞 | 行為標準 | 行為結果 |
|---|---|---|---|---|
| 學生 | 在10分鐘內 | 能算出 | 至少5題 | 加法計算題 |
| 學生 | 能利用句型 | 造出 | 至少3個 | 句子 |

| 目標對象 | 行為條件 | 行為動詞 | 行為標準 | 行為結果 |
|---|---|---|---|---|
| 學生 | 能用計算機在10分鐘內 | 能算出 | 20題 | 加減混合計算題 |
| 學生 | 在3分鐘內 | 能夠投進 | 至少10個 | 籃板球 |

　　另外，當代的著名教學專家Gagnè提出目標的敘述必須包含「情境」的元素，因為「情境」可以指出學生是在哪一種狀態中被評量的，更重要的意義是教學的情境必須和評量的情境是相同的。換句話說，情境評量的情境必須設計在教學當中，讓學生可以知道自己將在什麼情況下被評量，意即評量的時候會不會有輔助（例如：提供圖片、公式、工具、或資訊）或是直接評量背誦的資料。Dick和Carey認為事先告訴學生評量的情境有助於他們在學習時的準備是很重要的，因此在系統化教學設計模式中也主張「情境」必須包含在目標的敘述中。Gagnè認為如果目標可以很清楚的告知學生他是在什麼狀況下被評量，對於學習而言可以是更明確的，而不是在擔心的狀態下被評量。如此一來，學生就可以在學習的過程中決定要運用的認知策略。表2-6是其範例。

**表2-6　Gagnè的目標寫法**

| 情境 | 對象 | 行為條件 | 行為動作 | 行為標準 | 行為結果 |
|---|---|---|---|---|---|
| 1. 給學生植物的圖片 | 學生 | 在1分鐘內 | 指出 | 至少3種 | 水生的植物 |
| 2. 給學生三角形面積公式 | 學生 | 在3分鐘內 | 算對 | 至少5題 | 三角形的面積 |
| 3. 從回憶中 | 學生 | | 寫出 | 至少3種 | 文章布局的方式 |

　　表2-6中，範例1表示當評量是給學生測驗的時候，提供圖片讓他選出正確的三種植物，那麼教學的時候就要有圖片供學生指認；反之，教學的時候是以圖片進行對水生植物的認識，那麼評量的時候就可以納入測驗的形式中。範例2亦是如此。範例3則是教學時要學生背誦文章布局的名稱與特徵，那麼測驗的時候就要求學生寫出，教學與測驗的要求是一致的。

　　上述的三個例子，在目標敘述中將「情境」的元素納入並且在學習前就「告知」學生，學生就可以決定要不要「背」植物的名稱，還是只要

將學習的重點擺在能「辨認」植物就可以了。同樣的第二個例子，學生知道考試時會提供公式，所以不用「背」公式，只要會運用公式就可以了。第三個例子則是要學生「背出」布局名稱。上述的三個例子都說明了，將「情境」加入目標的敘述有助於學習者採取適當的認知策略，並且知道是在評量情境當中是否獲得某些輔助或是工具。

　　至於情意目標，它的寫法與格式也是一樣，包含目標對象、目標行為、目標結果，只不過它的目標行為是以學習者的態度為主，如表2-7。所以經常看到欣賞、注意、願意、參與等的行為出現在目標敘句當中。值得注意的是，由於情意目標無法直接進行評量，因此這要再經過一次目標轉化的工作，才能進行實質的評量。

**表2-7　情意領域目標的寫法**

| | |
|---|---|
| 情意目標 | 學生能養成固定運動的習慣 |
| | 學生願意實踐健康的飲食習慣 |
| | 學生能欣賞大自然美景 |
| | 學生能分享寫作經驗 |

　　技能目標是指由骨骼和肌肉之間的協調而產生不同程度的複雜性動作，由於它本身就是帶有動作的，在敘寫上更容易，例如：跳舞、唱歌、踢球、保持平衡，如表2-8所示。

**表2-8　技能領域目標的寫法**

| | |
|---|---|
| 技能目標 | 給學生健康操音樂，學生能跳完整段健康操 |
| | 給學生樂譜，學生能不間斷用橫笛吹奏完整曲 |
| | 給予學生操作手冊，學生能在3分鐘內操作顯微鏡 |

## 三、一般性目標與具體目標的分野

　　如何從課文中羅列出目標，恐怕是許多人想問的問題。「我怎麼知道要寫什麼樣的單元目標？」「我該寫多少的具體目標？」以及「單元目標

和具體目標的分野是什麼？」諸如此類的問題，通常會困擾著許多人。其實答案很簡單，那就是依照「教學分析」而寫。

　　一般的原則是先確認單元的目的是以獲得知識還是以表現能力為主，利用「叢集分析」或是「階層分析」的方式進行單元的分析，然後依照分析的層次（由高而低）編寫單元目標與具體目標、次級具體目標。

　　圖2-16是自然科技領域的大單元「植物的身體」，它的主題是「植物的構造」，其教學的目的就可以設定為「獲得植物構造的知識概念」，因此它的分析便可以「叢集分析」作為分析的方法。

　　在此單元中，第一個活動是「認識葉子的特徵」，它的主題是「葉的特徵」。利用「叢集分析法」將整個大單元分析獲得圖2-16的結構。如果就「活動一」而言，教案中所要寫的單元目標就是圖中上層的概念「植物的構造」，而圖下的次要概念「葉的特徵」就要寫成具體目標或是學習目標。

　　利用「叢集分析」將課文解構成圖，居於上位者寫成「單元目標」，居於下位者寫成「具體目標」和「次級具體目標」，如表2-9。「單元目標」就可用認識、知道、了解等語詞作為動詞來敘寫，但是對於「具體目標」和「次級具體目標」則必須使用可以表示明顯動作的語詞來敘寫，如：指出、說出、畫出等。

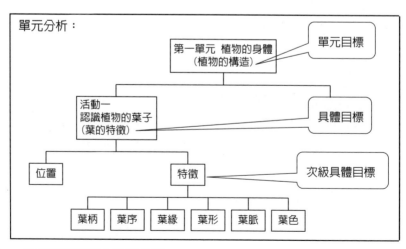

圖2-16　自然科技領域之教學分析

表2-9　單元目標與具體目標

| 單元目標 | 具體目標、次級具體目標 |
|---|---|
| 認識植物的構造 | 學生能說出葉的特徵<br>　—學生能說出葉子的位置<br>　—學生能指出葉柄的特徵<br>　—學生能說出四種葉序的種類<br>　—學生能說出六種葉形的種類<br>　—學生能說出三種葉脈的種類<br>　—學生能說出六種葉緣的特徵<br>學生能按照葉子的特徵分類<br>　—學生能說出分類的標準 |

　　表2-9中的單元目標和具體目標是來自圖2-16教學分析的結果。教學分析將活動一內容中重要的知識概念按照知識的體系，做成像圖2-16中的組織架構。這些架構中的知識概念就是學習的目標——學會這些知識。上層的概念由於最抽象、包含最廣，也是最高的概念，自然要寫成教案中所謂的「單元目標」；其下的次要概念是從最高的概念以「漸次區分」的原則分化出來的，其範圍較小、層次較低、也較具體，因此寫成具體目標或學習目標。所以，單元目標和具體目標的根源是來自教學分析的結果。

　　數學領域的教學和學習顯然和前述「自然領域」以知識為主的不同，數學都是要以「行為動作」作為學習的表現。換言之，數學不是以獲得知識為主，而是以實際的計算能力或是解決問題能力為主，因此以「能力」作為表述是比較適合的分析法。故利用「階層分析」就成為數學領域主要的單元分析法，分析架構中寫的就是表現的動作，也是行為的目標（亦稱為表現目標〔performance objectives〕）。圖2-17是以數學單元中的活動為例所做出來的教學分析（翰林數學第五冊），第三單元名稱是「10000以內的加減」，其下分別為「活動3-1進位加法」與「活動3-2退位減法」兩個活動。

　　由於數學是以表現能力為主的學科領域之一，因此，「單元目標」需以表現能力的方式寫出；換句話說，就是以「能做……」的句型寫出。因此，位於最高的單元將其內容寫成單元目標，其下的 3-1 活動主要內

容是「做進位加法」，以及 3-2 活動內容為「做退位減法」，而位於較低的分化出來的能力就要寫成「具體目標」以及「次級具體目標」，如表2-4。在虛線以下的內容就成為「起點能力」。

數學的單元是由數個「活動」所組成，這些「活動」本身也可以視為一個「小單元」。這些「小單元」的目標與具體目標的寫法也是根據課文內容利用「階層分析」加以組織架構，將課文內需要的「能力」一一排列，位居最上層的「能力」就成為該「活動」的「單元目標」，其下的「能力」自然就成為編寫「具體目標」和「次級具體目標」的基礎。所以，依據圖2-17的分析，編寫的目標如表2-10。

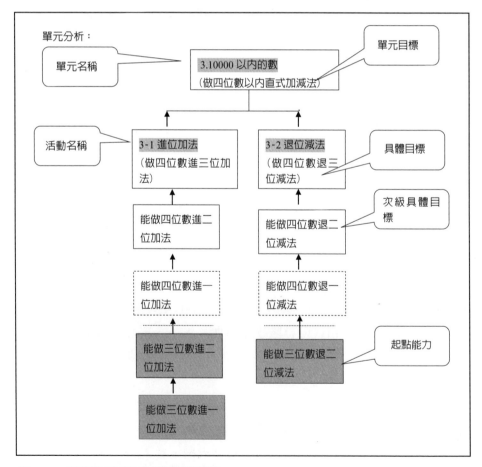

**圖2-17　數學單元之目標與具體目標**

表2-10　單元目標與具體目標

| 單元目標 | 學習目標 |
|---|---|
| 學生能做四位數加減法 | 學生能做四位數進位加法<br>—學生能做四位數進位一位的加法<br>—學生能做四位數進位兩位的加法<br>—學生能做四位數進位三位的加法<br><br>學生能做四位數退位減法<br>—學生能做借位一位之四位數的減法<br>—學生能做借位兩位之四位數的減法<br>—學生能做借位三位之四位數的減法 |

　　從上述的兩個範例說明單元分析的重要，它直接影響「目標」的寫法和表述。依照單元的特性決定教學的目的，以獲得知識者以「叢集分析」進行課文內容的組織架構，以表現能力者以「階層分析」進行課文的能力表現分析。再視其組織架構或階層分別撰寫「單元目標」或「具體目標」等。

　　在過去，有許多人分不清所謂的「單元目標」和「具體目標」之間如何區分。往往教授的教師也只能說「單元目標」寫得大一些、廣一些、甚至抽象一些，而「具體目標」則要寫得小一些、具體一些，其實這些說法都對，只是很難讓人分辨大要多大、廣要多廣、小要多小。這些「大」、「小」、「廣」其實是很模糊的概念，也很難掌握。但是藉著教學的分析就容易掌握抽象或具體、大或小的分野。總而言之，位於架構上層因包含的範圍較大，使用非具體的表述才能總跨所有的部分，但是其下細部的分支其範圍相對比較小，以具體的行為表述為之更可以顯示它是達成上層整體範圍的必要條件。

　　如何寫出單元目標和具體目標，是許多學習者在寫教案時頗感困惑的地方，也是檢視寫教案的人是否具有一定的專業素養。由於單元目標所包含的概念較學習目標為廣，抽象的程度也較高，而其下的具體目標則比較具體、比較小。不僅如此，兩者之關係尚兼具有上層與下層的階級關係，唯有靠教學分析才能一窺究竟。總而言之，單元目標所用的動詞比較屬於一般性目標的動詞用法，而學習目標動詞用法就要謹遵具體目標動詞之用法。

## 四、能力指標

　　許多人會問：「能力指標是目標嗎？」如果按照目標的垂直分類而言，能力指標應該歸屬於「國家級」的教學目標；換句話說，「能力指標」也是一種目標。只不過在實施「能力指標」的過程中，學校均需將其轉化為「學校層級」的教學目標，才能成為教案中的「教學目標」。「能力指標」轉化為學習目標的過程中，首先必須參考教育部在九年一貫課綱網頁中的能力指標說明（http://teach.eje.edu.tw/ index.php）。從教育部之「國民教育社群網」中進入「課程綱要」，便可搜尋各學習領域的能力指標。是故，能力指標不論其是否轉化，均屬於目標的一種是勿庸置疑的事。

　　以國語領域為例，其能力指標轉化要參考網頁中能力指標下之「學習內涵」；社會領域則是參考網頁所附的「附錄二：部分能力指標說明」；數學參考「附錄二：分年細目詮釋」作為轉化之依據。教育部對各學習領域之能力指標大都有說明，因此在轉化能力指標成為學習目標時，應依其說明作適當轉化。

　　表2-11列舉其中的國家級的能力指標依說明轉化成學校層級的目標。然而，一項能力指標需要轉化多少的學習目標，除了參考教育部對指標的解釋外，並沒有規定。如表2-11中的國語指標，就轉成兩項學校層級的目

**表2-11　能力指標與學校目標**

| 學習領域 | 能力指標 ⟹ 學校層級的目標（轉化） | |
|---|---|---|
| 國語 | 4-1-1能認識常用漢字700-800字。 | 能認出700-800個生字的形音義 能利用生字造詞與造句 |
| 社會 | 1-1-1辨識地點、位置、方向，並能運用模型代表實物。 | 能在地圖上利用索引指出地點、位置與座標 |
| 數學 （分年細目） | 1-a-01能在具體情境中，認識加法的交換律。 | 能用合成的方式做加法的交換律 |
| 自然科技 | 2-2-4-1知道可用氣溫、風向、風速、降雨量來描述天氣。發現天氣會有變化，察覺水氣多寡在天氣變化裡扮演很重要的角色。 | 能說出影響天氣變化的因素 |

標；自然科技的能力指標則是綜合其指標的意涵後，成為精簡的學校層級的目標。然後就依其特性選擇「叢集分析法」或「階層分析法」、「階層混合式分析法」等進行進一步的分析（詳參閱本章第一節）。

　　這些從「國家級」的指標，經過學校教師的討論與決定而成為「學校層級目標」之後，再經分析後獲得的具體目標才是「教室教學」用的目標。能力指標的轉化分析也是與前述的分析方法如出一轍，首先都是依照Gagnè的理論確認教師對該「能力指標」應該歸類到哪一種「學習成果」進行判定，是屬於語文知識類的則再進行「叢集分析」，屬於表現能力類的就以「階層分析」再加以分析，屬於動作能力的則以「過程分析」進行分解。進行這些「能力指標」分析時，除了詳讀教育部所提供的輔助說明之外，教師得以自身專業解讀這些能力指標。其目標的寫法則參照前述範例，不再贅述。

## 五、十二年國民基本教育之「學習重點」

　　根據國家教育研究院在《核心素養手冊》中的說明，十二年國教將各領域的課程以「學習重點」作為課程設計的基礎，其組成的兩個向度分別為「學習表現」與「學習內容」。其中「學習表現」類似於九年一貫的「能力指標」，是一種「非具體的內容」。是故，在分析時不宜將其再次分析成為具體的目標或能力。圖2-18說明十二年一貫之課程與教學設計之概念。首先是總綱將核心素養依照國小、國中、高中之教育階段轉化成「各教育階段核心素養」之後，再轉化為「各領域核心素養」，與各領域的綱要共同發展出「各領域之理念與目標」以及「各領域之學習重點」。這些領域的「學習重點」所設計出的教學與學習活動，必須隨時檢核是否對應前述之「各領域核心素養」。圖2-18說明從總綱的核心素養如何落實於課程與教學整體的歷程，此為十二年國教最重要的教學設計基礎。

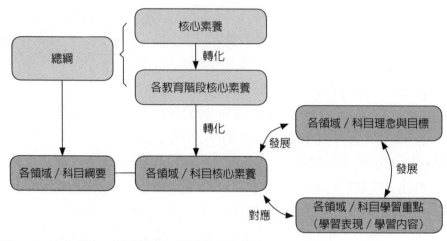

圖2-18　核心素養、領域綱要、學習重點之關係

　　在發展「學習重點」的教學活動時，因其牽涉到「學習內容」與「學習表現」兩層面，對於「學習內容」，國家教育研究院在其出版的《核心素養手冊》中有以下的說明：

　　「……需能涵蓋該領域／科目之重要事實、概念、原理原則、技能、態度與後設認知等知識。學習內容是該領域／科目重要的、基礎的內容，學校、地方政府或出版社得依其專業需求與特性，將學習內容做適當的『轉化』，以發展適當的教材。」（國家教育研究院，2015，頁9）

　　因此從上述的解釋中，將「學習內容」適度的轉化是有必要的，但是顯然對於「學習表現」的具體轉化則是不必然的，而兩者的關係則是強調「學習表現」應和「學習內容」必須有所「對應」。

　　雖然國家教育研究院強調各領域是以何者為「對應」與「被對應」，應該視不同教育階段或領域／科目的特性，以呈現學習表現或學習內容為主。但是就「學習表現」和「學習內容」關係而言，前者是以後者為基礎而外顯表現其行為，故教學上仍以「學習內容」為主，再談「學習表現」。既是以「學習內容」為主，因此，依據Gagnè的學習成果的定義，

運用「叢集分析」將「學習內容」予以分析解構，然後以「學習表現」對應之，是解讀「學習重點」的基本作法。

　　以下以國語「學習內容」為例，採用「叢集分析」的結果如圖2-19。對於 Ab-I-5 的「學習內容」將以三項的細部內容作為教學的範圍，依據十二年國民基本教育所列之教案格式，必須書寫的方式如表2-12。

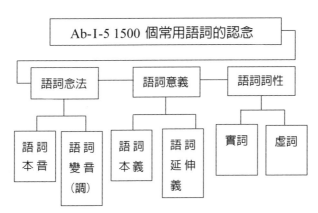

**圖2-19　學習內容之叢集分析**

　　「學習內容」是教育部訂定的領域課程內涵，但是其中基本的、重要的詳細內容則為學校教師共同討論、決定的結果。因此，上述的圖顯示學校依照Gagnè的叢集分析方法，將 Ab-I-5 語詞的認念的「學習內容」轉化出基本的、重要的內涵，分別為「語詞念法」、「語詞意義」、以及「語詞詞性」等三項基本的內涵。表2-12則依照國家教育研究院的教案版本列出教案中必要之元素。國教院的教學單元設計的表格要項需填列「學習重點」之「學習表現」與「學習內容」，並列舉出高度相關之「核心素養」與「國語領綱素養」與之對應。至於學習目標則建議依據「學習內容」的細部範圍一一列寫，以求得目標和內容的一致性。

　　十二年國教的教案書寫格式可以說非常的複雜，包含所有的「核心素養」、「領域綱要素養」、「學習重點」（學習表現、學習內容）、學習內容的轉化、學習目標等項目都必須呈現在教案中。代表設計者能注意到核心素養與教學之間具有連貫性，這是與舊式或是以往教師習慣撰寫教

案的內容與格式都不同，值得加以注意。但是唯一不離本質的是「學習內容」必須經過「叢集分析」，「學習目標」的編寫必須以「學習內容」分析後的更詳細重要的內容為依據；換句話說，學習內容與學習目標必須具有一致性（如箭頭所示），而學習目標又必須檢核和核心素養的對應性（如箭頭所示）。

表2-12　十二年國教教學單元設計

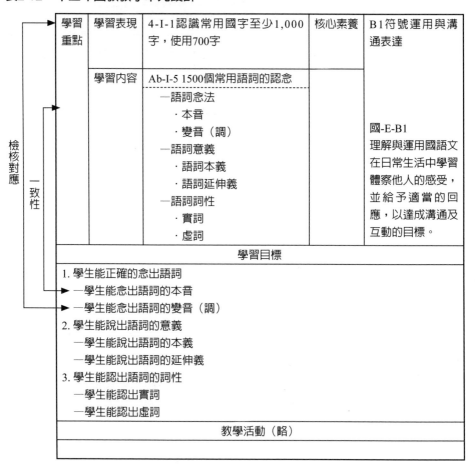

| 學習重點 | 學習表現 | 4-I-1認識常用國字至少1,000字，使用700字 | 核心素養 | B1符號運用與溝通表達 |
|---|---|---|---|---|
| | 學習內容 | Ab-I-5 1500個常用語詞的認念<br>─語詞念法<br>・本音<br>・變音（調）<br>─語詞意義<br>・語詞本義<br>・語詞延伸義<br>─語詞詞性<br>・實詞<br>・虛詞 | | 國-E-B1<br>理解與運用國語文在日常生活中學習體察他人的感受，並給予適當的回應，以達成溝通及互動的目標。 |
| 學習目標 | | | | |
| 1. 學生能正確的念出語詞<br>─學生能念出語詞的本音<br>─學生能念出語詞的變音（調）<br>2. 學生能說出語詞的意義<br>─學生能說出語詞的本義<br>─學生能說出語詞的延伸義<br>3. 學生能認出語詞的詞性<br>─學生能認出實詞<br>─學生能認出虛詞 | | | | |
| 教學活動（略） | | | | |

（左側標註：檢核對應　一致性）

表2-12的範例中值得注意的是「學習內容」已經轉換為「具體重要的教學內容」，這是教師在教室教學中實際教授這一項課綱時，真正的教學內容。而教案中的「學習目標」應該根據真正的教學內容一一列出，以

求得兩者的「一致性」。最後，「學習目標」也要檢核它是否與「學習表現」的要求能夠相符應。

## 第三節　引起動機

　　教案中不論是使用哪一種教學法，都要設計「引起動機」的活動。引起動機的理論很多，其中以凱勒（J. Keller）提出的ARCS動機模式最為人所熟知。所謂ARCS是指注意力（attention）、相關性（relevance）、信心（confidence）和滿足（satisfaction）。茲說明如下：

　　一、引起注意（attention）：吸引學生的興趣和刺激學生的好奇心，其作法有下列三種：

　　1. 提供變化性

　　2. 激發求知需求

　　3. 善用詢問技巧

　　二、切身相關（relevance）：滿足學生個人的需求和目標，使他產生積極學習態度，其作法如下：

　　1. 連結學生熟悉的事物

　　2. 以學習目標為主

　　3. 配合學生特性

　　三、建立信心（confidence）：幫助學生建立成功的信心，相信自己具有完成的能力，可採用下列策略：

　　1. 明定成功的標準及期待

　　2. 提供自我掌控的機會

　　3. 提供成功的機會

　　四、感到滿足（satisfaction）：學生能因成就而得到內在和外在的鼓勵和報償，可採用下列策略：

　　1. 提供一顯身手的機會

　　2. 提供回饋與報償

　　3. 維持公平性與對等轉移

　　總而言之，ARCS的動機模式簡單的說就是：「先引起你對一件事的注意和興趣」，「再讓你發現這件事和你有切身的關係」，接著你又覺得「你有能力和信心去學習它」，最後你得到了「完成後對成就的滿足感」。

　　引起動機的方法很多，只要基於上述的基本原則去設計活動，就能符合它的目的。在引起動機的教學策略中，善用詢問的技巧是大多數教師會使用的方式，但是問題要先想好，因為問題的背後都應該具有上述的目的。一開始教學，千萬不要將所有的課文內容都問完，通常只要教師「賣個關子」，讓學生有引起學習的意願或是興趣就可以了！最忌諱的是教師把教學的內容轉化為問題，拿來當引起動機的問題。換句話說，相對於其他的「學習活動」，「引起動機」的活動要能恪守分際，切忌「喧賓奪主」！使學習者對教學內容產生興趣及問題，對即將要學習的內容、概念或技能有所期待，就是引起動機的主要目的。

　　在日常的教學中，活動的內容必須與後續的學習內容有關才好，切忌無關的活動。至於時間方面，通常使用3至5分鐘就可以完成。在某些情況下，教師也可能會用比較長的時間進行引起動機的活動，例如：觀賞影片的活動，其時間就可能很長，但是原則上儘量不要占據主學習所需的時間。

　　引起動機常用的活動有：問問題、觀賞影片、講故事、重述新聞、閱讀圖書、寫卡片等。在敘寫的時候，除了上述的活動名稱外，還要記得寫上出處、來源、或是可以讓他人更清楚活動的內容，必要時應該在「備註欄」或是「資源」欄位中註明。以下為敘寫不清的範例，如表2-13。

表2-13　不適當引起動機的寫法

|  | 教學活動 | 備註 |
|---|---|---|
| × | 觀賞卡通影片 | 借閱 |
| × | 講故事 |  |
| × | 利用圖片，問小朋友是不是利用放假時間有和家人出外旅遊的經驗？去過哪裡？ |  |
| × | 閱讀有關鍾理和的書籍 |  |

　　表2-13說明如下：

　　它是利用影片的觀賞或故事的講述來引起動機，是「引起動機」常用的策略之一，基本上應該註明影片的主題或是名稱，讓閱覽或研究教案的人可以很清楚的判斷它的適當性。影片若是要以借閱的方式取得，應該要說明從何處商借才完整。沒有故事的名稱，不知道教師要講什麼樣的故事，無從判斷是否能「引起動機」！再者，沒有註明故事的名稱，等到教學的時候，可能忘記要準備跟故事有關的資料，例如：故事書或是海報，甚至是講故事相關的道具，所以要記得寫出來。

　　利用問問題引起動機的方式，則應在教案中直接列出重點問題即可，不必有其他太多的贅述，也應該避免問太籠統的問題，而失去問題的焦點。像表2-13中的問題：「……和家人出外旅遊的經驗」會讓小朋友七嘴八舌的回答，時間上恐怕會拖長。如果可以問：「有沒有去過淡水？淡水有哪些著名的風景？」會比較直接切入課文的正題「淡水小鎮」。在看完影片後不宜問：「影片中你看到什麼了？」這樣的問題太廣而且沒有目標，會讓學生就影片中好笑或是好玩的情景作為答案，導致無法有效的切入重點。所以，事先計畫問哪些問題很重要。如果不只一個問題的話，應該條列出來，也要考慮問題的先後順序。

　　教學前利用閱讀課外書籍拓展學習者對教學內容的知識，也是常用引起動機的方式。在敘寫教案的時候要列出比較明確的閱讀範圍或是主題，例中「有關鍾理和的書籍」顯然會讓學習者不知道要讀哪一本書，還是哪一篇文章，因此，敘寫出具體的主題會是比較好的一種策略。例如：「有關鍾理和的生平」、「有關鍾理和的著作」等。當然，如果只是要學生接觸任何鍾理和的書籍就達成教師的目標，就另當別論了！另外，教師也應該要交代書籍的來源，是在學校的圖書室可以借到，還是其他地方？因為教師有指導和知曉資料來源的責任。

　　表2-14是敘述比較清楚而且具體的「引起動機」活動。

表2-14　引起動機的具體作為

| | 教學活動 | 備註 |
|---|---|---|
| 一 | 觀賞有關「合作」精神的影片<br>Q1：片中的主角是誰？<br>Q2：片中發生的主要事情是什麼？<br>Q3：一個和尚怎麼解決挑水的問題？<br>Q4：兩個和尚怎麼解決挑水的問題？<br>Q5：三個和尚怎麼解決挑水的問題？<br>Q6：這個影片告訴我們什麼重要的原則？<br>歸納總結學生回答 | 「三個和尚」卡通影片<br>東衛影視編號：56- 89<br>口頭 |
| 二 | 講「三隻小豬」的故事<br>Q1：為什麼第一隻小豬會用什麼材料蓋房子？結果是什麼？<br>Q2：為什麼第二隻小豬會用什麼材料蓋房子？結果呢？<br>Q3：第三隻小豬用什麼材料蓋房子？結果呢？<br>Q4：這個故事告訴我們什麼道理呢？ | 三隻小豬繪本（東西文化圖書）<br>問題條1<br>問題條2<br>問題條3 |
| 三 | Q1：猜猜看這是哪裡的風景？小朋友有沒有去過淡水呢？<br>Q2：淡水在哪裡呢？<br>Q3：淡水有哪些景點呢？<br>Q4：淡水的風景為什麼有名呢？<br>歸納補充淡水景點 | 淡水圖片（淡水風情.ppt）<br>口頭提問<br>淡水地圖 |
| 四 | 閱讀「鍾理和」傳記<br>Q1：誰建立鍾理和紀念館？<br>Q2：為什麼會建紀念館紀念他？<br>Q3：鍾理和紀念館在哪裡？ | 講義（教學檔案1-3, pp.25-29）<br>高雄縣地圖<br>口頭提問 |
| 五 | 上學期我們學會了同分母分數的加法，例如：$\frac{1}{4}+\frac{1}{4}=\frac{2}{4}$，或是：$\frac{1}{3}+\frac{1}{3}=\frac{2}{3}$。但是如果分母不同的時候怎麼辦？例如：$\frac{1}{3}+\frac{1}{4}=?$ | 板書 |

　　表2-14說明如下：

　　第一個教學活動很清楚的顯示引起動機的活動和有關的問題，以及需要準備的資源。從教學活動的敘述可以很清楚的知道教師將會利用觀賞有關「合作」的影片作為引起動機的活動，影片名稱為「三個和尚」，其影片來自「東衛影視」公司所製作的卡通片。看完影片後要問六個有關該影片的問題。如此簡單明瞭的敘述，交代了所有的細節，也讓看教案的人清楚明白。

　　第二個教學活動的「引起動機」方式是教師表演講故事，而故事的內容是根據「東西文化圖書」公司所出版的繪本故事書，其書名為「三隻小豬」。待講完故事後，就要將所列出的問題提出，讓小朋友回答，並且用問題條的方式將問題呈現給學生看。

　　第三個教學活動是教師將事先製作好的電腦檔案中的淡水風景照片放映給學生看，並且要他們猜一猜是哪裡的風景，藉以引起學生的好奇。這些照片是存在一個名為「淡水風情.ppt」的電腦檔案中的，而且由電腦檔案的名稱可以看出是以簡報PowerPoint的程式所儲存的形式。然後在問第二個問題的時候，教師則會展示地圖引導學生回答。所有的問題將以口頭的方式提出。

　　第四個教學活動是以事前閱讀與課文有關鍾理和的文章作為「引起動機」的方式。這樣的方式，一方面可以引起學生的注意，另一方面也能增加課文有關的先備知識，可謂一舉兩得！此處所提供的訊息是教師將「鍾理和傳記」中部分的資料以影印的方式製成講義，置於教學檔案中，其編號為1-3。對於要問的問題則以口頭的方式提示。

　　第五個教學活動是以先備的知識、能力為基礎，提出新的情境，讓學生注意新的情境和挑戰。通常學生的反應會是：「咦？這跟以前學的不一樣耶！」當學生發出這樣的聲音時，就達到引起動機的目的。這是一種非常有效的引起動機的方式。

　　以上五種方式除了敘寫引起動機的活動外，更進一步的將問題結合在一起，讓活動更清楚具體。對於所有要問的問題都要事先規劃好，避免教學的時候因為問的問題不妥當，或是不清楚、不夠具體，讓小朋友答非所

問。所以，把問題寫在教案中作事後檢討和修正也是必要的。對於必須準
備和利用的資源也應該具體的表示出來。每一次教學完成後，可以再將效
果比較差的活動或是讓學生難以回答的問題逐一作檢討，以備下次教學時
改進。但是如果這些活動或問題沒有記錄下來，或是寫得不夠具體，就無
法確定哪些需要改進或是保留，也就喪失教案的意義了！

## 第四節 教學活動的設計原則

教學活動是教學法具體的實施步驟，教案中對它的描述不僅占有最大
的篇幅，而且描述得最詳細，因此它被視為教案的主體。各種教學法，因
其所依據的理論不同而有特殊的步驟與過程。這些步驟與過程指出學習者
為達成學習之目的必須經歷的活動，而這些活動是來自心理學、社會學和
教育的研究結果。它代表了在教室中認知作用和學習行為組織的方式，並
且是以預定的教學目標為導向。因此，每一種教學法中所敘述的活動以及
活動的順序都有其意義與目的。

教學法從赫爾巴特開始，歷經許多的改革。由於學習理論、教學性
質、教育信念、以及社會的變革，使得教學法也隨之改變。有的教學法以
新的語言詮釋，賦予新的觀點，有的教學法則因教學研究的結果而發展新
的、有效的活動。教學法著重教師對教學與學習的安排，例如：決定教學
目標、組織教學內容、布置學習環境、安排師生之間的活動內容和方式。
因此，教學法是教學的一種工具，以精心安排的方式敘述過程中師生的活
動。

如何選擇一種最有效的教學法進行教學與學習的活動而獲得最大的
效果，是教師在設計教案時首先要考慮的課題。喬依斯和韋爾（Joyce &
Weil, 2000）以其教學經驗指出，世界上沒有唯一最佳的教學法存在，只
有適當與否的問題。不過選擇教學法與活動還是有一些標準可以供作參考
（Kizlik, 2011，引自黃政傑，1998，頁175-176）：

## 一、依照學生的特性

　　對於較年幼的學生而言，不論是溝通或是探究的能力均不成熟，如果使用著重學生探究問題能力的單元教學法，顯然會導致學習過程紊亂而效果不彰；相反的，如果選擇直接教學法，較能符應學生的能力與需求。此外，學生的智能程度也是選擇教學法考量的因素之一。學生的智能程度高，表示其學習的能力較好、速度較快，如果教師只是一味的講述可能會讓學生覺得無趣，此時不妨採用單元教學法或是概念獲得法，以提問的方式挑戰學生，更能激發其學習的爆發力和興趣。

## 二、學科內容的特性

　　學科的特性會影響教師選擇特定的教學法。如果學科的內容主要是學習新的能力或是新的方法，那麼練習法、直接教學法就成為最適當的教學法了。最明顯的例子莫過於數學領域和自然科技領域中的單元。數學領域的單元大部分是培養學生能做計算的能力，教師都會利用示範來說明計算的過程，無形當中使用「直接教學法」的機率就大幅提高了。

## 三、依據教學目標選用教學法

　　不論是克伯區（W. H. Kilpatric）所主張的主學習、附學習與副學習的目標，抑或是布魯姆（B. S. Bloom）的認知領域、情意領域和技能領域的目標，其目標的性質都不同，各有其強調的重點（引自黃政傑，1991；林進材，2006；Kizlik, 2011）。教師應該依據教材的內容特性和學生的需求，決定主要的目標取向，再據以選擇適當的教學法。例如：教師決定教材的主要目標為認知領域目標，而且以教材的內容知識為主，教師的工作會朝向組織教材、傳授知識和幫助學生記憶，那麼教師應該以條理清晰、內容扎實為上，選擇講述法或是前階組織法會是適當的。如果目標是心理或動作技能的熟練，例如：加減計算，教師的工作是以該項心理技能的示範和說明為主，那麼練習法或是直接教學法則是較佳的選擇。又如：以練習說話技能為主的教學目標，不斷的聆聽、模仿和回應的練習顯然是很重

要的，那麼聽說教學法顯然是最適當的。因此，不同的目標應該採用不同的教學法，讓學生能從不同的學習活動中獲得最佳的學習效果，擴展其成長。依其選擇教學法的不同，應該以最能表現其過程與特色的方式撰寫教案，不宜侷限於單一的格式。

## 四、依據教學資源與環境

根據戴爾（Dale）學習經驗的金字塔階層觀點，學生學習最有效的方式，莫過於直接而有目的的學習方式——「做中學」（引自國立編譯館，1991，頁18）。因此，當教材內容的知識可以透過五官的接觸而獲得，例如：觀察植物的葉子，教師就要安排觀察的活動以獲得具體的學習經驗，此時，觀察法就是最佳的教學法。實施觀察法的教學，首先就要考慮到學校周遭和社區是否可以提供觀察的對象、事物、以及人物。如果缺乏適當的條件而無法進行觀察，例如：觀察美國大峽谷的景觀，可能就要考慮是否以講述的方式配合影片和圖片的媒體來進行教學。

教材的內容屬於歷史的，既無法觀察，也無法有圖片加以輔助說明，那麼要求學生用演劇的方式學習，可能更能體會當時歷史的時代背景與事件的發生。想像一下，利用演劇方式呈現中國歷史的更迭，夏、商、周（春秋、戰國）、秦、漢、三國等配合旁白述說，是不是更引人入勝和難以忘懷呢？總比用文字和口述方式來得具體一些，不是嗎？

如果教材內容的知識是屬於事實和概念的區辨，將概念的事實分別呈現出來並加以對照、比較，也會比單純用講述的方式在學習上容易學習。

從戴爾的學習經驗的金字塔排列順序，可以讓教師在設計教學時，優先考量到哪一種活動對學生的學習更有助益，以及如何尋找和安排教學的資源，如圖2-20所示。

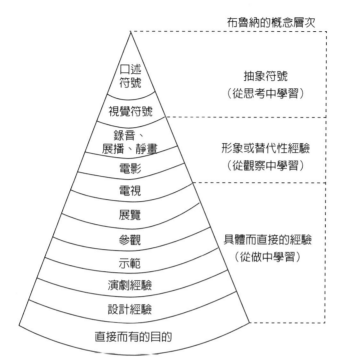

布魯納的概念層次

口述
符號

抽象符號
（從思考中學習）

視覺符號

錄音、
展播、靜畫

形象或替代性經驗
（從觀察中學習）

電影

電視

展覽

參觀

具體而直接的經驗
（從做中學習）

示範

演劇經驗

設計經驗

直接而有的目的

**圖2-20　戴爾（Dale）的學習經驗金字塔**

## 五、依據教學的時間

　　教學的時間常常影響教師選擇教學的方法。如果某一個單元的教學時間不夠，為了能在有限的時間內提供大量的資訊，講述法會是最能達成此目的的教學法。但是教學的目的是讓學習者能夠學得新的技巧，而時間也比較充裕時，練習法則是比較好的選擇，因為練習法需要比較多的時間作教師的示範以及學生的練習。當然，前述所提到的觀察、演劇、比較對照概念的事實都是需要有更多的時間進行，所以，時間的考量也會影響教學法的選擇。

## 六、教學機構的政策與規定

　　教師在選擇一些特殊的教學法之前，應當查詢一下學校相關的政策與規定。例如：校外參觀的活動是否可以多次舉辦？需要哪些報備的手續？

學校當局對這些活動的態度如何？或者，學校鼓不鼓勵多元的教學法？這些因素都會影響教師選擇某些教學法的意願。

## 七、教師的教學型態

教師對教育的信仰以及期望會影響他對學習的看法，當然也會對教學法的選擇有影響。一位教師著重基本學科知識的話，通常會選擇能夠達成這樣使命的教學法，譬如：講述法或是前階組織法。一位著重學生主動參與學習或是重視解決問題能力的教師，最可能選擇單元教學法。雖然教師應該秉其專業盡可能選用不同的教學法以適應不同的學生，但是無可厚非的是教師往往受到知識觀點的影響而選擇符合自己期望的教學法。

教學法非常的多，教師如能掌握每一種教學法，就可以在教學中，根據教學目標、教材性質、以及學生的反應等，提供最適切的學習活動，以獲得預期的學習目標或者經驗。一旦教師選擇了最適當的教學法，就應該按照教學法中的基本步驟與過程進行教學活動的設計，如此一來，教案的撰寫就不宜以制式的或一成不變的方式來敘述教學的活動。

作者長期在地方觀察基層教師的教學過程，發現不論其使用的教學方式為何，都一律以「單元教學法」的步驟敘寫準備活動、發展活動與綜合活動，明顯與其實際的師生活動有所不同。問其原因無他，就是除了「單元教學法」的教案以外，並沒有學過其他教學法的教案設計，也沒有範例可遵循，所以只好將就著用。

在現今教學資源中，教師最為依賴的「備課用書」或是「教學指引」，或許提供了類似「活動說明」的教學過程，但談不上教學法的應用。以表2-15為例，按照其特徵，應該是以「單元教學法」的方式進行教學，其格式也像是提供該單元或是活動的教案。但是仔細觀察其步驟，就會發現它與真正的「單元教學法」之教案相去甚遠。從表2-15所呈現的資料顯示它沒有「準備活動」和「綜合活動」。從左欄中的資訊可以發現，整個教學步驟從「引起動機」之後就直接進入「發展活動」。過程中因為缺乏了「準備活動」，所以其中最重要的「擬定問題」的動作就沒有進

表2-15　說明式的教學活動

| 3-2　食物的保存方式 | 40分鐘 |
|---|---|
| 教學流程 | 教學說明及注意事項 |
| 引起動機 | |
| ◆說一說：你知道食物要怎樣保存才適當嗎？你曾經看過哪些保存食物的方法？ | ·探究過食物壞掉和變質的因素之後，接著讓學生思考要怎樣保存食物才適當。引導學生依據自己的生活經驗，回想一下曾經看過哪些保存食物的方式？將學生所說的各種保存食物的方式寫在黑板上，然後請學生說說看哪些方式是和避免接觸空氣有關、哪些方式是和避免接觸水分有關、哪些方式是和降低溫度有關。<br>·教師應指導學生察覺食物在烹飪、儲存、加工等情況下的變化。 |
| 發展活動 | |
| ◆調查看看，家中的食物保存方式是不是安全衛生，符合食物保存的方法。<br>·看看食物要怎樣保存？<br>·看看是不是已經超過保存期限了？<br>·說一說：調查自己家中食物保存方式的結果。<br><br>指導習作六<br>【習作評量】能認識並記錄食物保存的方式和期限。<br><br>歸納<br>·低溫和隔絕空氣的環境，可以讓食物不易腐壞，延長保存的時間。 | ·為了讓學習與生活經驗結合，並使學生能將學習的成果應用於生活中，請學生回家調查自己家中的食物是否有適當的保存，符不符合安全衛生。因此請學生查看家中食物的保存方式是否正確？保存期限有沒有過期？然後將調查的結果記錄在習作上。<br>·教師可同時提醒學生應注重個人飲食衛生。<br>·請學生上臺報告調查家中食物保存方式的結果，與其他同學分享自己的發現，並提醒大家應該注意的問題。<br>·乾燥也是食物保存的方式之一，因為生物的代謝成長都需要水分，通常經過脫水或乾燥的食物，會讓細菌或其他微生物不易生存。<br>·教師引導學生不論性別皆可自由發表意見，並學習表現自我特質。<br>·教師引導學生了解，低溫、乾燥和隔絕空氣的環境，可以讓食物不易腐壞，延長保存的時間。 |

行，讓人不知要調查什麼問題。其後「發展活動」中的調查活動，沒有先擬定問題如何進行調查，似乎調查與問題是在同一步驟中進行，不符合教學現場的程序，因此很紊亂。另一個是報告活動要報告什麼、要回答哪些問題，似乎都沒有清楚的交代。這些活動的進行是個人的方式還是小組的方式，也沒有在「發展活動」中予以說明。雖然右欄中有說明，但是活動程序的安排是教案本身應該包含的範圍，而不是再另寫一份說明來解釋教案，這是不需要的作法。因此，教師不宜以這種「活動說明」作為真正教案的替代品。

一份教案應該要清楚的規劃教學活動的順序，哪些要先做、哪些要後做，這些程序要一一安排。不但如此，也要儘量依照教學法的活動而設計，因為所有教學法的活動都有其來自心理學、社會學、教學研究的理論依據。既然如此，教案的編寫就應該依照教學法為之，不可千篇一律的套用固定方式，應該將教學過程要實施的活動忠實的、貼切的寫出計畫，不能只是「虛應故事」。

依照教學法中的活動進行教學，可以提高第一線教師和師範體系學生的教學能力，雖然需就學生的個人特徵或是反應以及環境作調整，但是整體而言，各種教學法中的活動與順序是基於心理學、社會學與教學研究所獲得的結果，應該盡可能的遵循其步驟。是故，練習法的活動應該要有「示範、說明、模仿、練習」的特徵，而前階組織法則應該有「前階組織、講述、分化之前階組織、講述」等的活動。這些活動代表了各種教學法的精神以及它們的目的，特殊性必須要掌握。

教學法的理論是所有師資培育學程中必學的知識與技能，如何在了解理論之後，還能運用於教學情境中，是一位專業教師必須思考的問題。本書即是秉持如此之信念，設計各種教學法的教案。除了讓讀者能清楚知道每一種教學法應該具有哪些不同的活動以外，也希望教師能擺脫過去一成不變的格式，將自己的教學過程以適當、完整的方式編寫教案，突顯自己的教師專業，這也是本書最大的期望。

# 第五節　學習者分析

　　教學設計的，成功往往是以學習者在過程中是否參與學習以及其最終的成效來決定，因此將學習者的特性、能力、態度、以及經驗納入考量，是有其必要的。無可否認的是，學習者之間的差異存在各種不同的面向中，如何去獲得有關學習者的資料則是另一項重要的決定。

　　綜觀學習者的特性，學者依其研究的結果各有所得。Kemp（1985）認為學習者的特性應該注重：(1)學業的資料：教育程度、學業成績、智力測驗、讀寫算的基本能力；(2)個人及社會特性：學習者成熟度、動機和態度、對自己的期望、先前的經驗；(3)少數民族學習者：語言表達、動機、文化、責任等；(4)失能學習者：學習的限制、特殊的需求。

　　Dick & Carey（2009）則提出對學習者的分析，應該從下列的面向中蒐集資料以作為教學設計時的考量：(1)起點能力：教學前所具備與目標相關的能力；(2)先備知識：學習者對於教學的主題已知的知識、迷失概念、誤解等；(3)態度：學習者對學習主題以及教學傳播方式的態度；(4)學業的動機：學習者對於教學主題的注意力、主題與自身的相關性、對學習成功的信心、以及對學習成果的滿意度；(5)教育與能力的程度：學習成就的程度以及一般讀算寫能力；(6)學習方式的喜好：學習者對於教學方式的接受度與變化性的需求；(7)對學校的態度：對於學校與同儕持有正向的觀點；(8)團體特性：團體的異質性。

　　對於學習者特性的資料，可以透過現場的訪談、觀察、問卷等，也可以透過前測（pretests）獲得有關的資料，作為訂定教學目標、教學策略、教學媒體和評量的參考。因此，蒐集學習者的分析資料必須能有效地描述學習者對於教學主題的起點能力和先備知識、對於教學內容和傳播方式的態度、學業的動機、先前的學習成就和能力、學習方式的喜好、對學校和同儕的態度、團體的特性，才能夠真正影響教學的設計。表2-16列出分析學習者特質的項目，可作為教學前的準備。

表2-16　學習者特質的分析資料

| 資料類別 | 資料來源 | 學習者特質 |
|---|---|---|
| 1. 起點能力 | 訪談<br>前測 | 學習者是否對於教學的主題具有先備的能力？ |
| 2. 先備知識 | 訪談<br>現場觀察<br>前測 | 學習者對於教學的主題是否已經具有部分的知識？有無迷失的概念？有無誤解的部分？ |
| 3. 對內容態度 | 訪談<br>問卷<br>現場觀察 | 學習者是否相信學習的內容有助於提升自己的能力和知識？學習者是否相信學習的內容有助於自己成為更成功的人？ |
| 4. 對傳播態度 | 訪談<br>問卷<br>現場觀察 | 學習者是否具有使用多元教學傳播方式的經驗？學習者對於未曾使用過的傳播方式接受度如何？ |
| 5. 學習動機 | 訪談<br>問卷<br>現場觀察 | 學習者是否相信教學的主題對自己很重要？教學目標的哪一個層面最吸引你的興趣？你對於能夠表現教學的目標具有多大的信心？ |
| 6. 教育和能力 | 訪談<br>問卷<br>現場觀察 | 學習者曾經有過哪些種類的教學經驗？學習者對於新的學習是否能夠應付？ |
| 7. 學習喜好 | 訪談<br>問卷<br>現場觀察 | 學習者是否有喜好或固著的教學方式（如：講述或討論）？或是特定的學習經驗（如：專題討論、案例分析、解決問題的小組學習、網路學習、獨立研究等）？ |
| 8. 對學校同儕態度 | 訪談<br>問卷<br>現場觀察 | 學習者對教學單位的態度是否正向？對同儕或是學校組織是否有積極的觀點？ |
| 9. 團體特性 | 訪談<br>問卷<br>記錄 | 對於某些影響教學的重要因素，學習者的差異性有多大？教師與學習者互動的感覺如何？ |

　　學習者特質的分析資料可以透過訪談、問卷、觀察或是記錄獲得，它將有助於了解學習者對於：(1)學習主題的起點能力；(2)學習內容與傳播方式；(3)學業動機；(4)先前的成就與能力水準；(5)學習偏好；(6)對學校的態度；(7)團體的特性等的態度與觀點。良好的教學必須能夠符合學習者的需求與特質。

　　近年來，國內掀起一股教學改革的風潮，許多新興的教學法開始在各個教育階段中如火如荼的展開。面對這些突然改變的教學方式，學生是否可以接受或適應，讓學習者的分析更顯得迫切與需要。唯有透過學習者分析，以學生為中心的教學才得以實現。教學前對學生的特質加以調查，勢必成為教師不可或缺的備課任務。

# 參考書目

1. 王文科（1994）。**課程與教學論**。臺北：五南圖書。

2. 中國視聽教育學會（1988）。**系統化教學設計**。臺北市：師大書苑。

3. 臺灣省國民學校教師研習會（1979）。**國民小學課程標準研習：教師手冊**。臺北市：研習會。

4. 任慶儀（1993）。從教學過程到系統化教學設計：四十年來我國國小教學方法之變革。**國教輔導**。v. 298。

5. 任慶儀（2013）。**教學設計：理論與實務**。臺北市：五南圖書。

6. 林進材（2006）。**教學理論與方法**。臺北市：五南圖書。

7. 國立編譯館（1991）。**視聽教育**。臺北市：正中書局。

8. 教育部（2001）。**九年一貫課程：問題與解答**。臺北市：作者。

9. 許芳菊（2006）。**全球化下的關鍵能力**。天下雜誌：2006年教育專刊，22-27。

10. 國家教育研究院（2015）。**核心素養發展手冊**。臺北市：作者。

11. 張新仁（2003）。**學習與教學新趨勢**。臺北市：心理出版。

12. 黃光雄（1988）。**教學原理**。臺北：師大書苑。

13. 黃政傑（1991）。**課程設計**。臺北市：三民書局。

14. 視聽教育學會（1988）。**系統化教學設計**。臺北：師大書苑。

15. 楊銀興（2000）。**多元化評量的理論與作法**。載於國立臺中師範學院「八十九學年度臺中師範學院辦理九年一貫課程系列研討會：九年一貫課程能力指標、學力測驗與多元評量」，頁1-20。

16. 饒朋湘（1962）。**課程教材及教學法通論**。臺中市：省立臺中師範專科學校。

17. Bloom, B. S. (Eds.). (1984). *Taxonomy of educational objectives*. New York: Longman.

18. Dick, W., Carey, L., & Carey, J. (2009). *The systematic design of instruction* (7th

ed.). Boston, M. A.: Pearson.

19. Gagné, R. M. , Birggs, L. J., & Wager, W. W. (1995). *Principles of instructional design.* (4th ed.). New York: Holt, Rinehart and Winston.

20. Kemp, J. E. (1985). *The instrcutional design process.* New York: Harper & Row.

21. Kizlik, B. (2010). *Instructional methods information.* Retrieved March 10, 2011, from http://www.adprima.com/adprisys.htm.

22. Krathwohl, D. R., Bloom, B. S., & Masia, B. B. (1964). *Taxonomy of educational* objectives. New York: Longman.

# 第３章

# 基本教學法

　　在教學的過程中，常常會有現職的教師問：「我是不是一定要完全按照教學法的步驟進行？」我的答案通常是：「是的！除非你可以證實你所省略或改變的方法更勝於原來教學法的活動。」其原因乃在於教學法是依照特定的教學或學習理論，特別是心理學而發展的，其活動或步驟通常是被許多研究證實是有效的，由於它們的順序和過程是有實證研究的支持，因此進行完整的過程是有必要的。舉例來說，前階組織教學法是根據奧斯貝爾的理論而為的，它的過程就必須是呈現前階組織－講述－強化學生的認知架構的步驟，缺一不可，否則就無法有效的達成它的目的。再者，以練習法為例，其過程中的活動分別是：說明－示範－模仿－練習，每個步驟都有其目的，如何能省略呢？有趣的是，有的教師會追問：「我的時間不夠，是不是可以省略一點呢？」我通常會用另一個問題反問：「你覺得學生重要，還是老師重要？」對於這樣的教學與學習情境，布魯納曾經說過一句名言：「任何學生只要給他充足的時間學習，都可以達到相同的程度。」

　　那麼，教學法如何在教案中表現呢？

　　就教案的組成因素——教學活動而言，是由各種教學法所涵蓋的特殊活動形成這個步驟的主體。教案所描述的是教師欲進行的教學或學習活動，應該是按照教學法裡的各種活動而為之，如同前段的說明一樣。換句話說，從教案中的活動編排可以看出其所要進行的教學活動是符合哪一種教學法的特徵，從而判定該教學法是否應用得宜。因此，本章即是以(1)講述教學法：以社會單元為例；(2)練習教學法：以數學和體育單元為例；(3)單元教學法：以社會單元為例。以上各種教學法所涵蓋的活動，分別用教案的形式表達，說明其在實際教學中應該要進行的活動與歷程，以及如何寫出「名副其實」的教案。

## 第一節　講述教學法

　　講述教學法（didactic teaching）是一種直接的教學法，意指教師告訴學生，教師要學生知道或是要表現什麼，其中最簡單的形式就是對著全班

作講述，這也是許多教師常常使用的教學法之一。雖然講述教學法經常被批評缺少師生的互動、過程呆板，但是透過真正的了解講述的過程，其實它仍然是非常有效率的一種教學方法。「講述教學法」也常常和「直接教學法」（direct teaching）、「明確教學法」（explicit teaching）等詞彙交互使用，因此更可以看出它的意義。

　　講述教學法的步驟會因為不同的版本而有稍許的差異，但是其基本的模式是相同的，都是以教師為主的方式引導學習，而且是以講述的方式進行（黃光雄，1999；林寶山，1988；林進材，2006）。

　　通常會使用講述教學法的時機是當單元的主題或是內容是學生比較陌生的題材或是抽象的概念時。可惜的是，在教師進行講述教學法時，他們的教案往往會以「單元教學法」的方式呈現。殊不知「講述教學法」的教學步驟與其精神都和「單元教學法」有著極大的差異。這種矛盾也真實的反映出教師在行動與認知上的衝突，突顯出對「教案」撰寫能力的缺乏與忽視。

　　雖然「講述教學法」是教師以講述的方式進行教學，但是它強調過程中為了避免過於單調與枯燥，教師可以穿插「問答」的方式在其中，以增加師生的互動。有關「講述教學法」的步驟如下：

## 一、引起動機

　　為了讓學生有學習的動力，教師經常會利用有效的策略、故事、時事等引發學生的注意力，再進入到主要的教學活動。有時候教師也會直接說明要學習的內容，作為引起動機的方式。

## 二、明示學習目標

　　此項活動是要教師在教課時告訴學習者本單元的學習目標，它可以有許多呈現的方式。最簡單的是利用板書；也可以用大字報、海報黏貼於黑板上；或者利用電腦簡報軟體（例如：PowerPoint）放映於銀幕上；要不然「口頭告知」也是可以的。敘寫教案的時候只要寫出本項活動的名稱，

以及在備註欄註明呈現學習目標的方式即可，不必將目標再次條列於此，因為在教案的前置區中已經敘明本單元的目標，如果再重複出現目標的內容會占據太多空間，讓教案看起來很冗長。當然，在實際教學的時候，教師仍然要將目標一一呈現給學習者看。

表3-1　明示學習目標的方式

|  | 教學活動 | 備註 |
|---|---|---|
| 1 | 明示學習目標 | 板書 |
| 2 | 明示學習目標 | 海報二：淡水小鎮（學習目標） |
| 3 | 明示學習目標 | 淡水小鎮（PPT） |

　　上述表3-1中，「教學活動」欄位中進行的就是「明示學習目標」的活動項目，而「備註欄」中顯示「板書」，就是表示教師將目標寫在黑板上，告訴學習者要學習的目標。第2例中表示教師將學習的目標書寫於海報上作為「明示學習目標」的方式，告訴學習者要學習的目標。第3例則是教師事先將本單元課的目標設計在電腦的簡報系統中，上課時以電腦放映的方式投射於銀幕上告訴學習者目標。

## 三、喚起舊經驗

　　學生在面對任何新的知識或是新的學習時，都有不同程度的經驗。在進行單元講述前，利用一些時間將學生過去的經驗和新知識技能作一些連結，都能有效的引起學生的注意與興趣。因此，藉著問問題、看影片、或是提示過去學習的重點，都是有效的作法。此外，喚起舊經驗也具有複習、提示本單元課程的前置經驗與知識背景的功能。最常用的方式就是提出學生曾經學過有關的知識或技能，特別是可以藉此關聯的科目或單元，並且以問問題的方式來喚起舊經驗。因此，事先了解學生曾經學習過有關的科目與單元（例如：前學期的單元，或是其他科目的單元等），都是教師在本活動項目設計時必須做的先備工作。

## 四、講述學習內容

本活動是講述教學法教學中最主要的活動。教師依照前項「明示學習目標」活動中所揭示的目標內容開始講述。在敘寫本項目的時候，不宜將要講的內容全部很詳細的撰寫在此，而是要將內容的重點或是以大綱列舉的方式寫出來，只要讓檢視或是使用教案的人員可以看出要講的內容與大綱符合學習目標即可。對於有教學經驗或是專業的教師而言，只要有重點或大綱應該都可以駕輕就熟的講述。有了講述大綱，教師就能夠掌握講述的內容，不至於疏漏或是遺忘，更可以在未來作為講述內容的檢討。

## 五、提供學習指導

教師在此處的活動是提醒學生在這一課裡學到的是什麼，例如：你今天學會了哪一種修辭了呢？你可不可以用自己的話說一說它的特徵是什麼？或是什麼是擴分？你怎麼做分數的擴分？如果學生無法順利地回答，此時教師就要「旁敲側擊」的問學生，切不可直接給學生答案，而是要用引導的方式提問，直到學生可以講出正確的答案為止。學習指導的活動目的是讓教師能確認新的學習是成功的，同時學生能記住新學習的內容或是能力，有助於學生將新、舊經驗形成更穩固的連結。

為了讓學生能記住今天所學的內容，也會把「後設認知」的策略用在此處，教學生「學習如何學習」。例如：「頭字語」就是經常使用的策略。教師將燙傷的處理步驟簡縮為「沖、脫、泡、蓋、送」，方便學生能記住。「框架法」、「心智圖」也是另外一個常用的策略，藉用圖像的方式記住重要的資訊。以上這些策略都是幫助學生於學習完課程內容後，加強記憶的方法，教師宜選擇適當的方法，讓學生能省時、省力的記住學習的重點，更重要的是讓學生減少「認知負荷」（cognitive loading），使其不因為大量使用腦細胞而感到疲勞。「提供學習指導」是經常在講述教學法裡被忽略的一項重要的教學步驟，難怪講述教學法會被批評缺乏師生互動，但是加上了這些學習指導的活動，是不是就彌補了它的一些缺點呢？

## 六、提供教學回饋

　　這是在教學講述與學習技巧完成後，為了了解教與學的狀況所進行的活動。本活動是指教師透過一些作為而獲得有關學習者學習的狀況，以便釐清學生的疑惑，找出學生學習的困難以便進行補救教學，或者作為教學的改進。常用的方法包括進行練習性的評量，以獲得教學與學習的回饋；另外，也可以透過「問答」的方式，直接複習上課的內容，檢視學生的學習是否達到目標。教師將所講述的單元內容在此處作歸納整理，以及學生作業的練習與檢討也是本項目中經常進行的活動，其目的都是希望能藉由以上這些活動，得到回饋以便改進教學。針對前述所使用獲得教學結果的方法，教師也應該在這個階段回應，例如：「你說得很正確！」、「你答對了！」等直接、正面的回應，讓學生肯定自己的學習。

## 七、進行學習評鑑

　　所有教與學的活動進行完成之後，應立即進行學習評鑑，以檢視學習成果。從學習評鑑的成果中不但可以了解學習者，更可以作為教學檢討的依據。此活動最常用的方式是利用各種的測驗進行評鑑，有時候稱為「後測」。教師在此活動中要做的是根據目標編製測驗或是準備現有測驗，也可以設計成遊戲的方式，讓各組競賽（例如：小組遊戲競賽法TGT），以各組得分競賽作為評量，更符合評量多元化的精神。

　　其實，講述教學法雖然是最古老的教學方式，但是有些學科內容仍然無法使用其他的方法教學時，講述教學法仍是不二的選擇。講述教學法是教師最常在日常上課所使用的方法，不需要覺得慚愧，只要在活動上多設計一些小組競賽增加趣味性，或是學習師生互動的方法，都可以彌補講述教學法的單調與呆板。

　　下表即根據社會領域的單元，如何將講述教學法寫成教案做一範例說明：

| 教材來源：康軒五下社會 | | 節數： | |
|---|---|---|---|
| 單元名稱：第二單元 | | 第一課：基本權利 | |
| 教學準備：班級公約、學生手冊、朱子家訓、憲法ppt 1～10 | | | |

單元分析：

```
                              憲法
        ┌──────────────────┼──────────────────┐
     政府組織              人民權利            人民義務
  ┌──┬──┬──┬──┬──┐   ┌──┬──┬──┬──┐   ┌──┬──┬──┐
  行  立  司  考  監     平  自  受  參     納  服  國
  政  法  法  試  察     等  由  益  政     稅  兵  民
  院  院  院  院  院     權  權  權  權         役  教
                                                      育
```

| 單元目標 | 學習目標 |
|---|---|
| 學生能說出憲法的意義 | 學生能說出憲法的意義<br>學生能說憲法的三個功能 |
| 學生能說出憲法中人民的權益 | 學生能說出憲法中人民的四大基本權利<br>‧學生能說出人民四大基本權利的內容<br>‧學生能說出人民四大基本權利的範圍 |

| 學習目標 | 學習活動／內容 | 備註 |
|---|---|---|
| 學生願意回答問題 | 一、引起動機 | 口頭 |
| | Q1：班有班規，為什麼要訂班級公約？它有什麼功能？ | 班級公約（海報） |
| | Q2：校有校規？為什麼要有校規？它有什麼功能？ | 校規（學生手冊） |
| | Q3：家有什麼家規？它有什麼功能？ | 朱子家訓（照片） |
| | Q4：國有什麼國法？國法規定什麼事情？ | |
| 學生能注意聆聽 | 二、明示學習目標 | ppt-1 |
| | 1.簡要說明本節課的目標<br>2.說明課堂上的練習<br>3.課後的小組競賽活動 | |

| 學生能回答問題 | 三、喚起舊經驗 | ppt-2 |
|---|---|---|
| 學生能回答問題 | Q1：上學期社會單元中曾經談到臺灣的民主政治的演變，還記不記得民國哪一年開始人民可以直接選舉總統與副總統？<br>Q2：哪一條法律規定讓人民可以選總統和副總統？ | 口頭<br>五上（第三單元第二課） |
| 學生能注意聆聽 | 四、講述學習內容 | |
| 學生能說出憲法的意義<br>學生能說出憲法的功能<br>學生能說出憲法中四大人民的基本權利<br>學生能說出四大人民基本權利的內容<br>學生能說出四大人民基本權利實施的範圍 | 1. 憲法的意義<br>2. 憲法的主要功能<br>3. 人民四大基本權力之意義與範圍：<br>　a. 平等權：定義、範圍<br>　b. 自由權：定義、範圍<br>　c. 受益權：定義、範圍<br>　d. 參政權：定義、範圍 | ppt-3<br>ppt-4<br>ppt-5～8 |
| | 五、提供學習指導 | |
| 學生能利用前階組織圖記住四大基本權利<br>學生能說出學習的重點 | 呈現單元分析圖：<br>Q1：你學會了憲法的內涵了嗎？<br>Q2：你在這一課學會了什麼是人民的基本權利？<br>Q3：回憶憲法五、四、三。 | ppt.9 |
| | 六、提供教學回饋 | |
| 學生能答對85%的題目<br>學生能記下重點 | 教師確認學生答對Q1、Q2<br>教師確認學生用五、四、三歇後語背出憲法的內容<br>2. 歸納整理內容<br>　人民基本權利定義<br>　·平等權：意義與範圍<br>　·自由權：意義與範圍<br>　·受益權：意義與範圍<br>　·參政權：意義與範圍 | |
| | 七、學習評鑑 | |
| 學生能答對90%的題目<br>學生願意參與小組競賽 | 學習評量：搶答遊戲（TGT）<br>完成習作頁16 | 康軒試卷<br>遊戲規則<br>搶答題目 |

# 教案說明

## 一、教學前準備

1. 先確定單元的主要目標：本單元共分為三課，利用教學分析（叢集分析法）將單元與課的關係作分析。將位於教學分析上層的概念作為單元要達到的目標，下層的次要概念與事實作為學習每一課要完成的目標。依序將每個主要目標之詳細目標確定出來。至於要有多少目標則由教師之專業知識和單元內容多少而定。

2. 準備電腦簡報檔案：從備註欄中可以得知教師預備將課文的內容以電腦簡報檔案的方式呈現，包括：上課的目標、教學的內容、歸納整理的綱要等。另外，備註欄中也可以得知本課中必須準備課後的搶答遊戲的題目。

3. 準備引起動機的實物：從備註欄中可以清楚的了解教師必須準備班規的海報（現有的）、學生手冊、朱子家訓等照片，作為引起動機的物品。

## 二、教學活動

1. 引起動機的方式：本案中是以提示問題讓學生回想過去曾經訂定的班規、曾經說明過的學校校規、以及名人的家規等，引申到國家層級的法規，藉以導引至本單元的主題──憲法。教師在問問題的過程中需利用備註欄的資料作為教學之輔助，呈現班規、校規等文件以引起學生注意，並回答問題。基本上，這個部分的問題應該讓學生自由的回答就可以了。

2. 明示學習目標：是指教師在進入講解之前，將本單元之主要目標以及詳細目標用電腦簡報的方式揭告給學生，讓學生能清楚的知道即將要學習的重點。同時也要宣布今天的課堂上會有寫練習單和小組遊戲競賽的活動。事先的宣布是很重要的，可讓學生對今天的上課有所期待，以引起他們的興趣和專注力。

3. 喚起舊經驗：當前的教材設計大都是採取螺旋式的設計，同一主題

會重複，所以找到之前相關的單元應該是很容易的事。就此範例而言，五年級上學期就有「民主政治的演變」單元，因此，教師提示舊教材很容易讓學生恢復記憶，再從記憶中引介現在要學習的主題，如此一來，讓學生從舊的認知架構中添加新元素，可以讓新元素得以融入整個認知架構中，更符合學習理論的精神！列出問題，以喚醒舊經驗。

4. 講述內容：講述教學法最重要的就是以教師主導的方式進行單元內容的講解。此處可以將要講的內容予以大綱化，以確定講述的順序與內容不會紊亂，也是讓檢視教案的人員可以很清楚的知道上課的內容。講解的同時可利用電腦的簡報檔案顯示要講的內容，如備註欄所示。在實際講解時也不要滔滔不絕的講，可以穿插一些簡單的師生問答，減緩因講述過久產生的疲勞。另外，教師也可以利用媒體將文字轉化成圖像輔助講解，讓講述變得有趣一些，因此，講述教學法更重視教學媒體的運用。

5. 提供學習指導：本單元是利用圖像組織（graphic organizers）的方式幫助學生記住講述的內容，這也是所謂後設認知的策略之一。因此在這個活動中，教師可以利用教學分析圖作為組織圖，幫助學生確認學習的重點，並且以問題作為手段直接複習重點。此時可以利用下列的圖示3-1（僅以綱要方式表現的圖示），要求學生回答其內容，一方面複習已經學過的政府組織，一方面記住今天上課的人民權益的內容。最後利用「歇後語」五、四、三幫助學生記住五院、四權利、三義務。如此一來，學生要背的困難度就減少很多，也比較不排斥這些艱澀的內容。學得輕鬆、背得容易是符合現代學生的特質。

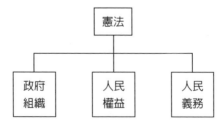

**圖3-1　教師學習指導綱要圖**

6. 提供教學回饋：教師在前項活動（提供學習指導）中提問並且提供後設認知的策略（憲法五、四、三）之後，必須針對學生的回答給予「正確」或「錯誤」的回應，以鞏固學生的學習。另外，教師也要在此時再一次將課文的重點做一點歸納，以強化學生對課文的記憶。

### 三、教學後的收尾

7. 學習評鑑：為了原本枯燥的課文內容，特別設計了合作教學法裡的遊戲競賽活動（TGT），讓學生可以有類似桌遊的活動，可以進行添加一些課堂上的趣味性，是不是也讓教學活動有一些不同呢？另外，習作的部分也讓學生回家獨立完成，當然也可以當作評量的一部分。

不要害怕使用講述教學法，雖然目前大家都流行翻轉教學，但是如果把課文內容講得非常清楚又注意到師生的互動和後設認知策略的提供，講述教學法依然是非常精采的一種教學策略。

# 第二節　練習教學法

要養成學生熟練的習慣和技能，或者要熟記某一種重要的教材時，例如：生字新詞、人名地名、歷史事件、公式法則等，都需要不斷的練習，才能養成。所以，習慣和技能的養成，最適當的教學法就是練習教學法。

練習的重要性可以從桑代克的三大學習律中的練習律（law of exercise）看出，練習有助於刺激反應的連結，所以，練習教學法成為許多教師常用的教學法之一。練習教學法不僅可以應用在體育動作技能方面的練習，也可以應用在認知技能方面，如：程序步驟的熟練、數學公式的運算與解題步驟等，是非常實用而廣泛的教學法。練習教學法的步驟如下：

### 一、引起動機

引起學生練習動機的方法有：

1. 使學生了解練習某種教材的目的和價值，而感覺某種教材有練習的必要，使他自動想去練習，以備將來應用。

2. 使學生練習後可以立即得到結果。例如：用比賽的方式，練習後就可以決定勝負，以引起其興趣。

3. 使學生知道每次練習後的成績。例如：將學生每次練習進步的成績繪成一幅進步曲線圖，使學生能訂下目標，創新自己的紀錄。

4. 利用遊戲、比賽的方式。例如：算術遊戲、國語科造詞遊戲、作文比賽等。

5. 利用展覽的方式，呈現優良的作品，讓學生模仿練習。

6. 利用限定時間的方式練習。例如：用卡片認字、計算問題等。

## 二、解說重點

在此階段，教師要說明學習的目標為何，因為確定練習的意義和目標是從事練習最重要的基本觀點。練習需要有其意義，否則容易淪為機械式的練習，使學習者產生不必要的厭煩。因此，說明練習的目標或是必要性，讓學習者能產生練習的意願，是很重要的一項工作。教師往往會在練習教學法最後的成績考察活動時，利用遊戲、比賽等活動刺激並增強學生練習的興趣。預先說明練習的目標，會使學習者產生練習的意願。

## 三、教師示範

示範的目的在給學生一個正確的榜樣。這個步驟是教師將準備要做的動作或技能先行向學生示範，示範的過程中要進行適當的說明。練習的動作或技能必須按照學生的年齡或是動作的複雜性，事先分解成適當的動作。年齡愈小的學習者，分解的動作愈細；年齡稍長的學習者，可以比較粗略一些。動作比較簡單的可以一次示範完畢，複雜的就要分成數個小部分來完成。因此，分解的動作技能是這個步驟中很重要的設計，特別是重要的動作技能必須能呈現。示範的方式很多，可以藉由一些專門教學的錄影帶或是互動式的媒材，也可以是教師自己做示範。在撰寫教案時，教師應該整理出練習的重要技巧或是練習時應該注意的事項，並且分項列出。過於細節的部分可以稍微簡化，避免太過冗長，精簡的語詞在此處更顯重要。

## 四、學生模仿

教師於上述的步驟中做完示範，緊接著就要學生按部就班的模仿，這也是練習教學法中最重要的事項。學生根據教師所做的示範動作展開練習，過程中，教師也要考察學生模仿的正確性，隨時提出糾正。所以在做這些模仿的練習時，教師應該事先準備好所需的教材，才不至於浪費時間。隨時準備一些練習的學習單是讓模仿更具效率的教學技巧，儘量不要用板書的方式呈現，更不要讓學生為了練習而浪費時間抄題目。教師示範和學生模仿的練習，可以依照動作的簡繁採用集中或分部（段）的實施。動作簡單或自成一體的技能因為無法分割，就採用集中模仿練習；動作或程序複雜的，就採用分布（段）練習模仿以精確達成目標。在學習者進行模仿的時候，教師也要隨時提示動作的重點。

## 五、督導練習

經過集中或分部（段）的模仿經驗後，學習者大致能掌握住重要的動作技能與程序的知識，此時再給予統整的練習是有必要的。藉由課堂上在教師督導下反覆、統整的反覆練習，使學習者剛學會的動作或程序技巧獲得強化和成功的學習經驗。在反覆練習的步驟中，讓學生用比賽或遊戲的方式進行，以增加其趣味性。反覆練習的次數不宜太多，時間也不宜太長，可以採用所謂「分布練習」的方式進行，會比集中長時間的練習要有效許多。所謂「分布練習」是指將練習的次數分配到多個時段中，每次練習的時間縮短，也就是每天或每堂課都進行練習數分鐘，而不是一次花一、兩個小時或是整堂課的時間練習。這種「分布練習」是許多專家們建議比集中練習要有效率的方式。

## 六、評量結果

教學完成後，教師必須運用各種評量工具了解學習者理解的情形和精熟的程度，作為修正教學或進行補救教學活動的依據。

進行練習教學法的時候，教材的選擇很重要。如同其他的教學法一

樣，並不是每一種單元或知識都可以適用練習教學法。練習教學法的真義是協助學習者將各種動作、技能、需要記憶的概念或是程序知識內化成機械式的反應。因此在許多動作技能的學習，例如：投籃球、跳健康操等運動技能；或是算術的基本計算：二位數進位加法、二位數退位減法等都是適用的。以下舉例說明之。

| 教學者： | 學習領域：數學四上（翰林） | |
|---|---|---|
| 單元名稱：十萬以內的數 | 名稱：加減直式算則 | 節數：2 |

單元分析：

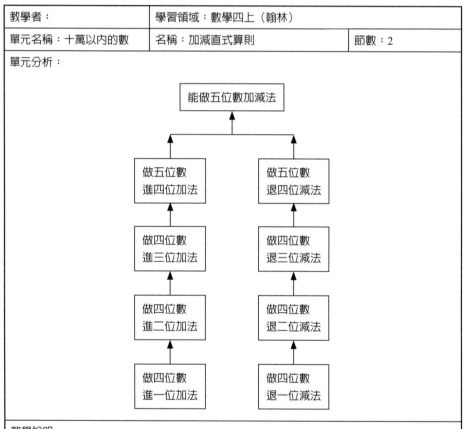

教學說明：
1.本單元為練習教學法。
2.本單元教學的順序步驟為依照上列單元分析採取由下往上、以及由左至右的方向進行。

教學資源：加法學習單、減法學習單

| 單元目標 | 學習目標 |
|---|---|
| 學生能做五位數進位加法 | 學生能做進四位的五位數加法<br>學生能做進三位的四位數加法<br>學生能做進兩位的四位數加法 |

| 學生能做五位數退位減法 | 學生能做進一位的四位數加法 |
| | 學生能做退四位的五位數減法 |
| | 學生能做退三位四位數的減法 |
| | 學生能做退兩位四位數的減法 |
| | 學生能做退一位四位數的減法 |

| 學習目標 | 學習內容與活動 | 備註（資源） |
|---|---|---|
| 學生能注意聽講 | 一、引起動機<br>1. 宣告單元目標與學習目標<br>2. 說明五位數加法競賽遊戲的目的與計分方法 | 板書 |
| 學生能注意聽講 | 二、解說重點<br>說明本單元教學的步驟 | |
| 學生能注意教師的示範<br>學生能指出進位註記的位置 | 三、教師示範與說明<br>㈠進位加法<br>1. 進位一位的加法<br>　a.將橫式算式列成四位數直式算式<br>　b.對齊被加數與加數的位值<br>　c.進位計記於十位位值 | |
| 學生能注意教師的示範<br>學生能指出進位註記的位置 | 2. 進位二位的加法<br>　a.將橫式算式列成四位數直式算式<br>　b.對齊被加數與加數的位值<br>　c.進位註記於十位與百位位值 | |
| 學生能注意教師的示範<br>學生能指出進位註記的位置 | 3. 進位三位的加法<br>　a.將橫式算式列成四位數直式算式<br>　b.對齊被加數與加數的位值<br>　c.進位註記於十位、百位、千位位值 | |
| 學生能注意教師的示範<br>學生能指出進位註記的位置 | 4. 進位四位的加法<br>　a.將橫式算式列成四位數直式算式<br>　b.對齊被加數與加數的位值<br>　c.進位註記十位、百位、千位、萬位位值 | |
| 學生能用直式算式列出加法<br>學生能對齊位值<br>學生能註記加法的進位 | 四、學生模仿練習<br>㈠進位加法<br>1. 進位一位的加法<br>2. 進位二位的加法<br>3. 進位三位的加法<br>4. 進位四位的加法 | |

| 學生能利用進位法做五位數加法 | 五、督導練習<br>1. 進位一位的加法<br>2. 進位二位的加法<br>3. 進位三位的加法<br>4. 進位四位的加法 | 加法練習單 |
|---|---|---|
| 學生能做對95%的加法 | 六、評量<br>五位數進位加法競賽 | （成就區分法，見第六章第一節） |

# 教案說明

## 一、前置作業

1. 教學資料：列出單元的版本、年級、名稱等資料。

2. 單元分析：此單元是做萬位以內數的加減法，目的是學生能表現進位的五位數加法與減法的計算能力，單元的活動是讓學生做五位數的加、減法。加法的部分以進位的方式，逐漸由一位進位、兩位進位……直至四位進位的方式，熟悉一萬以內加法進位的演算；而減法也是由退位一位、退位兩位……直到退位四位的方式，熟悉一萬以內減法退位的演算。整個過程透過循序漸進的方式讓學習者熟悉加減法的直式計算。活動的進行都是以認知心理的動作能力為主，是故利用能力目標的階層分析作為分析的方法，更能夠顯示本單元的特色。

3. 教學說明：列出本單元運用的教學法，並說明教學的順序，除了提醒使用教案教師們準備好行動，未來也可以作為評量教學法是否適合的依據。

4. 單元目標與學習目標：依據教學分析中的結果，將上層的能力目標作為單元目標，下層的次要能力目標作為學習目標。下層目標的完成就是上層目標的基礎，兩者具有上、下階層的關係。學習目標特別注意動詞的用法，必須能表現某一種可見的動作，例如：做加法。

## 二、教學活動

1. 引起動機：引起動機的方式有很多，但是考慮到教師每日都要進行許多的教學，要求教師能發揮創意去引起學生學習的欲望，其實是很困難的。近來有許多教師會以表演魔術等技巧去吸引學生學習的動機。表演的當下也許具有相當不錯的效果，但是如何維持學生的興趣直到教學完成，效果恐怕有限。因此，本教案中直接肯定之前學習的情況是令人滿意的，然後宣布今天要學習的內容。另外，教師也不忘記鼓勵學生要學習的內容是「容易的」，這是符合ARCS理論中所強調要建立學生學習的信心，讓他們相信自己有能力完成學習。最後，教師宣布今天課堂的學習內容，無非是再次提醒學生不要忘記今天的學習內容。增加練習後的競賽活動有助於刺激學生的學習動機，也要在課堂中宣布，以便學生心理上有所準備。只要讓學生清楚的明白今天要學習的內容就可以了。

2. 解說重點：此處要對學生說明單元要注意的要點、教學進行的步驟、最後評量競賽的規則，以及獎勵的辦法。

3. 教師示範與說明：教師邊說要領邊示範要練習的動作。教案的呈現原則以簡要的方式敘述說明即可。因為教師都經過專業的訓練，在撰寫教案時不必太過說明一些不重要的細節，只要將重要的動作或是步驟交代於此即可，備課時只要閱覽教案應該就可以掌握教學的重點。提供教學前的準備，也是教案非常重要的目的之一。上例中教師就分別示範了四種進位加法，每一個步驟都要一邊示範一邊口頭說出重點，重點要寫在黑板的適當位置，讓學生可以看到。此處，只用了比較精簡的語言表示，以節省教案的空間，對於重要的細節則很完整的表現出來，這也是一個專業教案應該具備的特色。

4. 學生模仿：學生需要模仿老師解題的動作必須要列在此處，至於動作的重要步驟則可以省略，因為相關的步驟在教師示範的項目中已經交代清楚了。在實際教學過程中，教師可以隨時矯正學生的錯誤，並且解釋錯誤的產生和修正的方式。教師不但要負責解答學生的問題，更要提示動作的要領。

　　學生模仿的練習必須和教師的示範相呼應，千萬不要各自為政，出現分歧。範例中將此處模仿活動的動作與前面教師示範動作相對應，可以看出它們的關係非常的一致。提供適當的學習單作為學生的模仿練習是很重要的。此處模仿練習題目不必太多，避免占用太多時間，導致沒有時間回饋。

　　5. 督導練習：矯正完學生模仿的失誤後，為了確保學生學習的精熟，必須要讓學生做反覆的練習。此處的練習是在教師的督導下讓學生獨立的練習，不再是教師一邊示範、學生一邊模仿，讓學生就學會的能力進行更精熟的練習，以確保正確的觀念。提供學習單是必須的。如果班級有分成小組的話，也可以讓小組彼此合作、相互學習也是可以的。

　　6. 評量：所有單元都要進行的一項活動。由於本單元活動都是示範與模仿，在學習上也顯得枯燥一些，所以在教學的最後用小組成就區分方式進行小組間的競賽，可以替本單元的活動增加一些趣味性，也可以激起學生相互競爭的刺激與動力，讓單元的活動更顯活潑，使教學與學習除了聽講以外多了一份變化。

　　上述範例的單元內容是源自四上數學（翰林版本）中第一單元「十萬以內的數」的第三個活動「加減直式算則」，並且以練習教學法為基礎所寫的教案。在小學階段中的數學單元都有一些計算，其目的是希望此時的學童能熟練基本的運算，以便奠定未來數學的基本能力。

　　值得注意的是這個活動中包含了加法與減法兩種，而加法又分成了進位一位、兩位與三位的加法（如圖3-1）。同樣的，減法也是分成了退位一位、兩位、三位等的減法。因此，練習教學法中進行教學的順序是以「示範－模仿－練習」的步驟進行，而反覆練習的步驟可以擺在最後做綜合的獨立練習。但是因本單元活動比較複雜，所以在教案撰寫時可以將所有的示範寫在一起，學生要模仿的學習寫在一起，這是為了要將教案簡單化，實際進行教學則是以「進位一位加法示範」、「進位一位加法模仿」；然後進行「進位兩位加法示範」、「進位兩位加法模仿」，並且依此類推，如圖3-2，直至所有進位加法完成後，才進行退位減法的部分，這一點是需要特別留意的！活動的最後是評量，為了要刺激和增強學生的

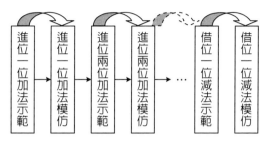

**圖3-2 「加減直式算則」教學進行順序**

練習，此處的評量可以用競賽的方式，或是進行精熟性的測驗。

　　以上的範例中，從教師示範到學生的模仿活動，可以看出光是課本上的練習題目是不夠的，教師在從事練習教學法教學時，應該要準備一些額外的練習題目以便學生在模仿活動中練習。題目不必太多，因為教師必須隨堂矯正學生的錯誤，太多了反而來不及巡視學生的練習。更不要忘記在最後反覆練習活動的時候，也是需要一些事先準備好的題目給學生當堂練習，千萬不要讓學生在黑板上抄題再解題，浪費了許多課堂的時間，導致學生有錯誤時，時間上已經來不及矯正，這樣匆匆的結束學習會延伸許多問題。所以，事先準備好適當數量的題目，讓學生在課堂上模仿、反覆練習，有錯誤則在課堂上直接矯正，不必把問題帶回家。當他在做獨立的練習時，成功的經驗也會增強學生的學習，如此一來，回家的功課就減少許多錯誤的情況。

　　另外，因為練習教學法可以運用在許多學習活動中，以下的範例是以體育活動中的動作技能為主，以練習教學法來設計教案。球類運動的動作往往牽涉大肌肉與骨骼的協調，需要不斷的練習才能達成熟練程度，所以非常適合使用練習教學法作為教學方式。本例中的教學單元來自翰林版一下健康與體育的第二單元中的第二章「跳躍的音符～排球」，說明如下：

| 教學者： | 學習領域：健康與體育 |
|---|---|
| 教學單元：翰林出版 | 跳躍的音符～排球 |
| 教學準備：排球10顆 | 中日女排比賽錄影帶 |

單元活動分析：

| 單元目標 | 學習目標 |
|---|---|
| 認識排球 | 學生能指出排球的外型特徵 |
| | 學生能說出排球規則 |
| 學生能學得拋球技巧 | 學生能做左右手拋接球 |
| | 學生能做雙人拋接落地球 |
| | 學生能用雙手圈接球 |
| 學生能學得傳球技巧 | 學生能做低手傳球 |
| | 學生能做高手傳球 |

| 學習目標 | 教學活動／內容 | 資源 |
|---|---|---|
| | 一、引起動機 | |
| 學生願意觀賞影片 | 觀賞中國與日本排球賽<br>Q1：你看到哪些精采的動作？ | 中日女排球賽影帶 |
| 學生能注意聆聽 | 二、解說重點<br>1. 排球的外型特徵<br>2. 練習的動作<br>3. 教學的步驟<br>4. 評量方法 | |

| 學生能注意教師示範<br>學生能說拋接球的意義<br>學生能說出三種拋接球的類型<br>學生能說出拋接球動作的要領 | 三、教師示範與說明<br>㈠拋接球<br>說明：<br>1. 拋接球的意義<br>2. 拋接球的種類<br>　·個人左右手拋接球<br>　·雙人拋接落地球<br>　·雙人雙手圈接球<br>示範：<br>　·個人左右手拋接球<br>　·雙人拋接落地球<br>　·雙人雙手圈接球 | |
|---|---|---|
| 學生能說出兩種傳球的方式<br>學生能說出低手傳球的動作要領 | ㈡低手傳球<br>說明：<br>1. 手部姿勢<br>2. 預備傳球動作：腳部姿勢、身體姿勢<br>3. 擊球：手臂動作、腿部動作、身體動作<br>示範：低手傳球 | 圖片<br>圖片<br>圖片 |
| 學生能說出高手傳球的動作要領 | ㈢高手傳球（托球）<br>說明：<br>1. 手部姿勢<br>2. 預備傳球動作：腳部姿勢、身體姿勢<br>3. 擊球動作：手部姿勢、身體姿勢<br>示範：高手傳球 | 圖片<br>圖片<br>圖片 |
| 學生能控制球體<br>學生能做左右手拋接球<br>學生能跳接落地球<br>學生能用雙手圍成的圈圈套接球體 | 四、學生模仿練習<br>㈠拋接球<br>1. 個人左右手拋接球體<br>2. 雙人拋接落地球<br>3. 雙人雙手圈接球體 | |
| 學生能做低手傳球 | ㈡低手傳球 | |
| 學生能做高手傳球 | ㈢高手傳球 | |

| | | |
|---|---|---|
| 學生願意練習 | 五、學生反覆練習<br>㈠拋接球<br>1. 個人左右手拋接球體<br>2. 雙人拋接落地球<br>3. 雙人雙手圈接球體<br>㈡低手傳球<br>㈢高手傳球 | |
| 學生能做出正確的接球動作 | 六、評量：喊聲接球<br>1. 分組<br>2. 說明競賽規則<br>3. 增強 | 八人一組 |

# 教案說明

## 一、前置作業

　　1. 單元資料：列出單元名稱、版本、年級、教學準備的媒體、以及教學資源。

　　2. 單元分析：以階層分析（hierarchical analysis）的方式為之。原因是單元中要進行三種動作的示範、模仿、練習。每一種動作都是從簡單的技能到複雜的動作，每一種技能都是階層較高者的基礎，因此利用階層分析的方式呈現單元內容是比較恰當的。另外，分析圖示中標示V者是指該動作在學習的時候，其相關的語文資料。所以不論是教師示範或是學生學習該動作時，其語文資料必須包括在內，而且在示範動作之前先要解釋該語文資料的意思。換句話說，在示範低手傳球的動作之前，教師必須解釋手部的姿勢、身體的姿勢、以及擊球的姿勢是什麼。同樣的，教師在示範高手傳球的動作前，也要說明手部、身體、擊球的姿勢是什麼。

　　3. 單元目標：單元目標與學習目標。在教學分析中，位於上層的技能即形成單元目標，位於下層之技能為學習目標，兩者之間具有上與下之階層關係。本單元為體育技能，故學習目標皆以動作作為目標的動詞描述。

## 二、教學活動

1. 引起動機：本單元擬以日本與中國女子排球賽之錄影帶作為引起學生們學習排球的動機。利用媒體（諸如：錄影帶、VCD、DVD、或是YouTube影片）刺激學生學習的動機是常見的一種手段，也可以藉由該影片暗示學生即將要進行的學習。因此，在「資源」的欄位中盡可能詳細註明使用的媒體，包括它的名稱來源都是有必要的，因為它可以提醒教師教學時要準備播放的場地與影片，這也是教案的目的之一。

2. 解說重點：將本單元要進行的活動，包括要學習的動作、教學、學習活動進行的順序、以及評量的方式都說明清楚。如此一來，學生能知道自己學習的步調以及教師安排的活動，會使教學更順利。

3. 教師示範與說明：此步驟最重要的就是教師示範的進行。教師示範的時候要邊說明動作要領，要說的內容不必一句一句寫在此處，因為教師基本上具有專業知識，知道如何提醒學生該動作的要領與注意事項，比較複雜的動作或要領，再將其重點寫出即可。動作的細節與內容部分則不必在此處列出，等到教師實地上課時，再按照每個動作要領詳細的說明，教案中只要提示教學時要說明的重點，以免教學時遺漏。在本例中，教師要在示範動作之前先說明動作的姿勢或是注意事項。

4. 學生模仿：學生在觀看過教師的示範與詳細的說明後，展開模仿的練習。教案中列出要模仿練習的動作，不可只寫「模仿」。教師在此時的任務是觀察學生練習的狀況，隨時矯正學生錯誤的動作或是提醒練習的重點，並確定模仿的練習已經足夠，可以進行下一個教學活動。有時候也可以指定一些學生當場模仿，教師則在一旁矯正。

5. 學生反覆練習：教師在前一項「學生模仿練習」中確定學生的動作無誤，就可以讓學生自己反覆練習。此時的練習是要讓學生達到熟練的程度，可以分組或是各自練習，類似學生作獨立練習一樣。雖然如此，教師也要盡可能隨時觀察學生是否正確的練習。要將練習的動作記錄在此。

6. 評量：經過學生反覆的練習後，即可展開評量。本單元是以分組競賽的方式進行「喊聲接球」的比賽，教師當然也要先說明競賽的規則以及

獎勵的方式，確定學生了解競賽的方式與規則後，隨即展開小組的競賽活動。

在所有體育科的教學大都需要練習運動的技能，配合體育學科的特質，練習教學法可以說是運用得非常普遍的一種教學法。縱使體育的運動規則也是很重要的學科內容，但是肌肉與骨骼之間的協調恐怕更是學科中的主軸，因此，使用練習教學法是最為適當的教學方法。

以上以數學的基本計算能力和體育學科的球類運動作為練習教學法的範例，主要是澄清「練習教學法」並不是體育科專用教學法的呆板印象。只要是需要特別練習，不論是肌肉骨骼的協調或是基本能力的精熟，都可以藉由「練習教學法」的教學步驟達成。尤其是國小階段，學生對抽象思考的能力尚未成熟，一些基本能力需要多一點的機會去練習和精熟。特別注意的是，練習的細節應該慎選其重要的概念或動作，描述在教案中，在教學的過程中檢討哪些動作會引起學生的疑惑或是混淆，隨時澄清，教學完成後再作檢討，將要改進的部分加註於備註欄中，下一次就能把不清楚的步驟作調整，讓教學更上一層樓。

## 第三節 單元教學法

「單元教學法」一直受到國內教師的青睞，也是編寫教案時最常使用的「格式」。「單元教學法」是民國50年代教學革新運動的產物，可是經過時代的洗禮之後已逐漸喪失其原有的意義，徒具其形式而已。「單元教學法」之所以會流行恆久，主要是當年政府努力的推行。「單元教學法」影響國內的教學形式主要來自民國48年在原臺北師範大學視聽教育館所舉行的十天探究會所獲得的成果。當時與會的學者專家針對當時國內教學普遍以教師「逐句講話語句」的方式上課，造成學生只能用聆聽、背誦被動的學習。因此，當時政府的教育機構認為如果將教案改以「單元教學法」的步驟編寫，就可以改變現有僵硬、呆板的教學方法（瞿述祖，1961，頁2-7）。爾後，再經過當時的教育廳大力推廣，遂在民國50年9月頒布「國民學校充分利用學校場所充實教育設備改進教學方法實施辦法」，以行政

命令的方式要求所有國小遵行新的教學法，同時更利用所謂的「重點指導學校」方式大力推行單元教學法（朱匯森，1963，頁6；饒朋湘，1966，頁204-205）。相較於其他的教學法，單元教學法特別得到政府教育機構的青睞，並以行政命令加以推行，對日後國小的教學，影響特別的深，是歷史非常久的教學法。

　　「單元教學法」主要適用於以生活中重要問題為主的教學。換言之，單元內容以探討生活中的問題為目標者均適用「單元教學法」。因此，「單元教學法」在實施的時候，是以學生探討問題為主，而不同於講述法是以教師講述為主。以今日「統整課程」的觀點來看，由師生共同提出的單元問題而加以探究，「……是打破學科的界限，將有關的知識聯繫成一整體」的教學法（程建教，1991，頁360）。換言之，如果能真正落實「單元教學法」的教學策略，在今日的教育情境下，它依舊是「學習參與」和「主動探究」的最佳教學典範。

　　單元教學法包括三項前置作業與三階段主要教學活動。三項前置作業分別為：(1)單元目標的擬定，(2)探究問題的提出，(3)教學資料的準備。至於主要的教學活動則分成三個主要階段，分別是：(1)準備活動（initiating activities），(2)發展活動（developmental activities），(3)綜合活動（culminating activities）。茲分別說明如下：

## 一、前置作業

### ㈠ 教學目標的擬定

　　將單元所要完成的學習目標列出，盡可能包括認知、情意、技能三個領域的目標。學習目標在單元中除了作為評量的依據外，更重要的是必須引導問題的產生。十二年一貫課程實施之後，教學目標需以「學習內容」或「學習表現」作為基礎擬定，與過去的方式略有不同。

### ㈡ 探究問題的提出

　　「單元教學法」的學習方式是以問題探究為主，取代教師的講述是它最大的特色。透過動態的活動，學習解決問題的方式是它的基本模式，

因此在實施「單元教學法」的時候，「提問」是最重要而且也是首要的工作。

提出單元學習的問題，可分成教師預擬和學生提議兩個部分，最後再由教師歸納整理，決定單元教學所要探究的問題。如果教師沒有事先根據目標擬定問題，全由兒童提出，恐將流於空泛；但是如果全由教師擬定，又恐不符兒童的學習興趣。因此由雙方共同擬出，再由教師統整或是歸納，最後決定要探究的問題，是比較好的方式。目前有許多教科書都是以問題為導向的方式編撰教材，就可以將教科書的問題，以及由學習目標和內容所轉化的問題分別列在此處。但是也要保留一些問題空間給學生們去思考。這些雙方最後共同決定的問題有可能超出實際的單元範圍，教師都需要再三斟酌、補充。

### ⭢ 教學資源的準備

舉凡所有在單元教學或學習中所需的資料或資源，必須在教學開始前就準備妥當。至於誰要準備這些資料或資源，可以視情況由學生或教師準備，也可以由雙方共同準備，更可以在開學前提出所需的資源由學校準備。教學資料或是資源除教科書外，尚包括需要參考的資料、工具書或圖書、視聽教材與設備、申請參觀活動、人物專訪的預約等，都要在此處說明清楚，它們提醒教師在正式教學活動前應齊備這些事項。

### 二、主要教學活動

「單元教學法」主要的教學活動分成三個階段進行：(1)準備活動，(2)發展活動，(3)綜合活動。以下說明之：

### ㈠ 準備活動（initiating activities）

這是單元教學法的開始活動，這一個階段有三個主要的活動，分別為：

1. 引起動機：在正式學習單元前，教師通常都要利用一些策略活動以引起學生對即將學習的內容感到興趣或好奇，舉凡一段影片、一則笑話、或是一個問題，甚至是一個活動等都是常用的方法。另外，引起動機時所

需要使用的資源或設備也通常註明在此，以提醒教師準備。

　　2.決定探究的問題：將教師（依照學期之學習目標以及教科書）預擬的問題和學生想要了解的問題，歸納統整並作成決定，以形成單元要探究的問題。

　　3.分組探究：將單元要探究的問題分組負責，視問題的難度和數量決定分組的組數、各組人數、以及問題的分配等。至於分組探究活動的進行可以歸在此處，有時候也可以列在下一個階段「發展活動」中進行，理論上並無嚴格的限制，端視探究活動在單元中的地位或者探究問題的難度而定（饒朋湘，1966，頁29；朱匯森，1963，頁6）。

## ㈡ 發展活動（developmental activities）

　　又稱為中心活動，是單元中最重要的學習活動。本階段的活動主要是考察學生在前項「準備活動」的學習結果。換言之，學生在前項「準備活動」中對問題探究的結果，必須在此階段向全班作分組報告，教師則利用本階段活動檢視學生對問題的了解。此外，舉凡有關學習單元目標的活動，例如：討論活動、實驗活動、欣賞或觀察活動、探究概念知識、原則或是公式活動等，都在此階段進行。撰寫的時候以活動名稱作為列舉的項目，如果活動的步驟或是情境比較簡單時，則可直接寫出活動的步驟；倘若活動步驟或情境比較複雜時，就在備註欄或其他適當的地方加註「活動單no.＿」，並且另外設計活動單加以詳細說明。

## ㈢ 綜合活動（culminating activities）

　　這是單元最終的活動，又稱為高峰活動。其實這個階段也就是所謂的「整理階段」，所有在這個階段進行的活動其目的就是要結束這個單元。教師在這個階段中所進行的活動，包括學生筆記的整理、作業的練習、學後的證驗實驗與觀察、後設認知的策略、舉辦展覽和分享學生的成品、進行表演活動等，可以幫助學生整理全部學習活動中所獲得的經驗、知識、技能或是能力。另外，單元測驗活動也在此階段實施，以檢驗學生在整個單元問題的學習成效。撰寫的時候也要分別將活動列出，同時將相關的資源加註在教案的備註欄中。

　　下列以六下康軒社會領域之單元為例，說明「單元教學法」實施之步驟與教案之寫法。

| 教學者： | 學習領域：社會六下（康軒） | |
|---|---|---|
| 第三單元：放眼看世界 | 第一課：國際組織 | 節數：2 |
| 教學分析 | | |

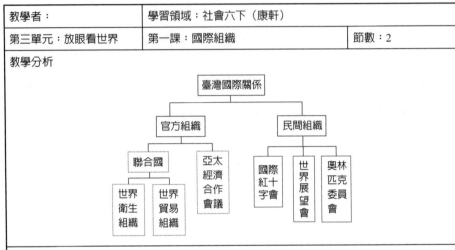

| 說明： | | |
|---|---|---|
| 1. 本單元採用「單元教學法」，配合第一課「國際組織」之內容進行學生的探究學習。<br>2. 本單元學習活動係以小組合作方式共同解決問題，本單元之評量包括：小組製作之資料、口頭報告、以及紙筆測驗，以體現多元評量之實務。<br>3. 本單元之學習包含網際網路的搜尋技巧、圖書資料之查尋技巧、閱讀技巧、以及資料呈現之技巧等之統整。 | | |

| 教學資源：圖書館、電腦教室、臺灣地圖、世界地圖、地球儀、問題條、海報、奇異筆、影印機 | | |
|---|---|---|
| **教學目標** | **詳細目標** | |
| 學生能說出臺灣參與的國際組織 | 學生能說出臺灣參與的官方國際組織的目的與功能 | |
| | 學生能說出臺灣參與國際民間組織的目的與功能 | |
| **學習目標** | **學習內容與活動** | |
| | 壹、準備活動 | |
| 學生能注意聆聽 | 一、引起動機 | 備註（資源） |
| 學生願意回答問題 | Q1：請問小朋友，你除了是光華國小的學生，你還是哪一個組織的成員？（三年甲班的學生、西洋棋的社團……）<br>Q2：你為什麼要加入這些組織？ | |

| | | |
|---|---|---|
| | Q3：所以，我們的國家也要加入世界的各種組織，那麼有哪些組織是我們參加的組織呢？<br>Q4：課本上提了我們國家參加的組織，但是卻沒有說明這些組織是誰成立的，在哪裡，以及它們的主旨還有功能是什麼，因此我們要小朋友查一查資料，了解這些組織到底在做什麼？ | |
| 學生能提出問題 | 二、決定探究的問題<br>Q1：聯合國是什麼單位？成立的主旨是什麼？功能是什麼？它的總部在哪裡？<br>Q2：聯合國包括哪些組織？<br>Q3：世界貿易組織有哪些功能？它的地點在哪裡？<br>Q4：參加世界貿易組織的好處與壞處是什麼？<br>Q5：亞太經濟合作會議要做什麼？有哪些國家參與？<br>Q6：亞太經濟合作會議我國曾經派誰參加過？ | 問題條<br>空白問題條<br>師生共提 |
| 學生能利用百科全書蒐集資料<br>學生會使用地圖<br>學生會使用地球儀 | 三、分組探究活動<br>㈠分組<br>第一組：1、2（問題編號）<br>第二組：3、4<br>第三組：5、6 | 圖書館<br>地球儀<br>問題條<br>記錄紙 |
| 學生能使用搜尋引擎找資料<br>學生能複製資料 | ㈡進行探究<br>利用Google進行搜尋<br>利用百科全書找資料<br>保存資料（影印、下載、列印） | 圖書館<br>電腦教室<br>印表機 |
| 學生能決定資料的使用<br>學生能歸納資料的重點<br>學生將探究結果製作成海報 | 四、製作報告資料<br>㈠閱讀與摘要資料內容<br>㈡製作海報<br>版面配置<br>標題字體<br>資料內容 | 海報<br>奇異筆<br>色筆<br>影印 |

| | | |
|---|---|---|
| 學生能上臺報告探究結果 | 貳、發展活動<br>一、分組報告<br>　　第一組報告問題1與2<br>　　第二組報告問題3與4<br>　　第三組報告問題5與6 | 分五組<br>海報評量<br>口頭報告評量 |
| 學生能注意聆聽 | 二、共同討論<br>Q1：小朋友對各組的報告還有沒有想要問<br>　　的問題？或是不清楚的部分？<br>三、教師歸納補充 | |
| 學生能注意聆聽<br>學生能回答教師提問 | 參、綜合活動<br>一、教師整理歸納報告結果<br>1. 聯合國的組織與功能<br>2. 世界貿易組織的目的與功能<br>3. 亞太經濟合作會議的目的與功能 | 報告評量單 |
| 學生能提出問題 | 二、閱讀課文 | |
| 學生能正確回答問題 | 三、督導練習<br>1. 填寫學習單<br>2. 提供學習單回饋 | ppt1-2 |
| 學生能完成習作 | 四、獨立練習<br>完成習作 | 8-15頁 |
| 學生能答對90%的題目 | 五、單元測驗 | 教師自編測驗 |

# 教案說明

## 一、前置作業

　　教學分析是以叢集分析法進行，將單元的內容組織成架構圖，以利教師規劃教學。其中，對於聯合國的部分以虛線代之，主要是要釐清我國並非聯合國正式會員，也說明國際組織並非承認我國之參與。

　　下方之說明是敘述本單元之教學方法以及範圍，使用的媒體與資源，以及教學前需要準備的資源、設備與場地。另外，對於教學成果的表現與評量方式也都是教學前必須考慮的要素。

　　目標的敘述也是需要預先準備，才能開始規劃所有的學習活動。以上的資料說明都是呈現教師對於整個教學的設計與理念。

## 二、教學活動

### (一) 準備活動

　　1. 引起動機：教師以學生個人平日參加的組織為例，提出問題引起學生的注意，進而推論至國家層級所參與的國際組織。另外，也提醒學生有關課文內資料的不足，藉以引發學生的探究好奇之心。

　　2. 決定探究問題：這是整個教學活動的啟動要素，教師事先準備好問題、呈現問題，呈現的方式可以有「問題條」的形式或是直接板書都可以。經過詢問學生的意見後才能決定最後要探討的問題。本案中，教師可以預先提出問題寫在教案中，因為事前無法得知學生是否會提出額外的問題，因此遇到學生提出額外的題目時，就將它們加註在備註欄裡。

　　3. 分組探究活動：決定好問題，就要將學生分組，事前都要先預想全班要分成幾組，然後才能分配給各小組要探討的問題。此時就可以將事先準備的問題條交給各組，對於學生在課堂上所提出的問題，就可以利用多準備的「空白問題條」寫下來。各組要在哪裡進行探究問題都要事先預定場地，而且也要親自到現場勘查。如果學生是要利用圖書館的資料查詢問題的答案，或是讓小組到電腦教室搜尋網路資料，也都要聯絡學校相關的單位配合。把需要的教學資源，包括：場地、材料等，註記在備註欄。

　　4. 製作報告資料：由於「單元教學法」是以學生為中心的教學法，經過小組合作探究學習之後，必須以各種形式將成果表達出來才符合「單元教學法」的精神。但是，要表達成果就需要給學生機會將成果內容整理好，將小組的答案製作成海報是最常見的形式之一。

### (二) 發展活動

　　1. 分組報告：這個活動完全是學生的活動，每一組學生上臺將小組的發現與問題解決的結果，依照準備好的海報一一向全班報告與說明。此時，教師可以進行海報的成品評量與報告的口頭評量。

2. 共同討論：全班的學生可以就各小組的報告提出問題詢問。如果有不足的部分，此時教師也可以稍作補充或是校正。

### ㈢ 綜合活動

這是教師為準備結束單元時的活動，也是教師將各組的報告作一歸納整理的時刻。切勿輕忽這個活動，因為學生是分組探討不同的問題，對於他組的問題與內容有可能並不完全能掌握得很好，藉由教師有系統地將各組的報告內容清楚的整理，並且歸納重點，有助於學生對整個學習活動有完整的概念，這是一件非常重要的任務。接下來，可能就將課文概覽一下，使學生更清楚探究活動和課文之間的關聯。學習單可以增強學生對重要內容的理解。另外，教師也要馬上提供正確的回饋鞏固學生的概念。最後，習作完成後就可以進行評量測驗。

「單元教學法」是教師最常使用的教學法，可惜的是，時至今日許多教師並沒有體會它真正的涵義，再加上許多教師誤以為只要名稱是「單元」就用它來寫教案，種種的誤解，讓「單元教學法」漸失原味，殊為可惜。「單元教學法」是真正以「學生為中心」的教學法，它可以媲美日本佐藤學所創造的「學習共同體」的理念——「做中學」的教學策略，這樣的教學才是「單元教學法」真正的精神。我國即將進入十二年國教時代，強調知識、能力的生活情境應用，如果能以上述的範例所提及的提問、分組、探究、合作、表達等活動進行，應該就符合「素養」的目標。是故，將「單元教學法」恢復成原來的教學本質是教師專業的一項重要使命。期盼在不久的將來，能真正看到「單元教學法」在十二年國教的教學改革中重新再出發。

# 參考書目

1. 中國視聽教育學會（1988）。**系統化教學設計**。臺北市：師大書苑。

2. 臺灣省國民學校教師研習會（1979）。**國民小學課程標準研習：教師手冊**。臺北市：臺灣省國民學校教師研習會。

3. 朱匯森（1963）。「單元教學活動設計」的理論體系芻議。**國教指導，22，4-6**。

4. 佐藤學（2012）。**學習的革命：從教室出發的改革**。臺北市：親子天下。

5. 林進材（2006）。**教學理論與方法**。臺北市：五南圖書。

6. 林寶山（1988）。**教學原理**。臺北市：五南圖書。

7. 施良方（1996）。**學習理論**。高雄市：麗文文化。

8. 康軒文教事業（2005）。**社會第五冊（五上）**。臺北市：康軒文教。

9. 程健教（1991）。**國小社會科教學探究**。臺北市：五南圖書。

10. 饒朋湘（1961）。單元教學活動設計的運用。**國教指導，2，5-7**。

11. 饒朋湘（1966）。**課程教材及教學法通論**。臺中市：臺灣省立臺中師範專科學校。

12. 黃光雄（1999）。**教學原理**。臺北市：師大書苑。

13. 張新仁政（2003）。**學習與教學新趨勢**。臺北市：心理出版。

14. 張霄亭（1991）。**視聽教育與教學媒體**。臺北市：五南圖書。

15. 瞿述祖（1961）。單元教學活動設計之編製。**國教指導，2，2-4**。

16. 趙中建（1991）。**教學模式**。臺北市：五南圖書。

17. Price, K. M. & Nelson, K. L. (1999). *Daily planning for today's classroom*. Belmont, CA: Wadsworth.

18. Larsen-Freeman, D. (2000). *Techniques and principles in language teaching*. (2nd ed.) New York: Oxford University.

19. Arends, R. I. (1997). *Classroom instruction and management*. New York: Mc-Graw-Hill.

20. Borich, G. (1996). *Effective teaching methods* (3rd ed.). New York: Macmillan.

21. Carnine, D., Silber, J., & Kameenui, E. J. (1990). *Direct instruction reading* (2nd ed.) New York: Macmillan.

22. Engelmann, S. & Bruner, E. *Reading mastery 1/11 fast cycle*. Columbus, OH: Macmillan/McGraw-Hill.

23. Joyce, B. & Weil, M. (1986). *Models of teaching* (3rd ed.). Englewood Cliffs, N.J., Prentice Hall.

24. Gagné, R. (1985). *The conditions of learning* (4th ed.). New York: Holt, Rinehart and Winston.

25. Gagné, M. R., Briggs, L. J., & Wager, W. W. (1992). *Principles of instructional design* (4th ed.). Belmont, CA.: Wadsworth.

26. Ryder, M. (2010). *Instructional design models*. Retrieved October 1, 2010, from http://carbon.ucdenver.edu/~mryder/ itc_data /idmodels.html.

27. Rogers, E. M. (1983) *Diffusion of innovations* (3rd. ed.). New York: The Free Press.

# 進階教學法教案

　　Bruner曾經明白的揭示「任何學科的結構均可用某種方法交給任何年齡的兒童」，本章介紹比較需要教師思考設計的教學法。這些教學法少見於目前教學現場，因為它們需要對教學法本身的理論有相當程度的了解後，才能運用。本章就這些教學法規劃了五種教學法，包括：(1)直接教學法：以數學為例；(2)前階組織法：以社會為例；(3)概念獲得模式：以社會為例；(4)歸納思考教學法：以數學為例；(5)翻轉教學法：以數學為例。這些雖然在國內特別是國小現場罕用的教學法，但是著名學者Joyce和Weil調查發現它們都是備受現今教師推崇的日常教學法。希望藉由此章節的說明，讓教師在創新教學的氛圍中也能夠輕易的上手，享受教學創新的滿意感。

## 第一節　直接教學法

　　直接教學法（direct instruction）是一種普遍運用在每天教學中的方法，有人把它稱為「測驗領導的教學模式」，它的步驟非常簡單，從教師展示到說明教材，然後帶領學生作練習，最後評量學生。在這些步驟中，教師非常小心的指引學生，以便達成特定的目標或技能，是一種以教師為主的教學方法。它對某些目標或能力的達成是非常有效的。

　　直接教學法對年幼的兒童學習特定的技能具有非常好的效果。年幼的兒童很難理解教學的目標是「體會健康的重要」或是「欣賞大自然」。換句話說，直接教學法通常會運用在「認知技能」有關的教學上，而比較少用在「情意目標」有關的教學。教師通常在一開始教課時就開宗明義說明學習目標是什麼，接著，利用範例解釋或是展示要學習的技巧或是知識。學生以小組或配對的方式展開練習，這時教師就仔細的督導和輔導學生，等到學生個別練習的時候就是整個教學結束的時候。學生在教師的監督下練習，可以獲得教師的回饋與指導，而教師在這個階段也要思考是否重教，以及什麼時候給學生最後的評量。

　　直接教學法在實施的時候，通常是將課文內的資料分成小單位來進行教學，等到確定學生對學習內容都已經精熟，再前進到下一個部分學習。

教學最終結果是學生能夠獨立的展現他們已經學會的知識和能力。我們可以說，直接教學法對於教授基本能力、概念、事實、策略、過程等非常適合。以下說明它適用的教學層面：

1. 基本知識：生字、語詞、記敘文的段落組織、四則運算的規則、躲避球的規則。

2. 基本技巧：在段落中加上標點符號、加減乘除計算、抄寫重點。

3. 策略：解決問題的步驟、閱讀理解的策略、算術解題方法、記憶的策略。

4. 概念：三角形的定義、座標、聚落的形成。

5. 社會技巧：如何交朋友、如何抵抗同儕壓力、如何化解別人的誤會。

雖然直接教學法適用於上述的基本學習，但是千萬不要忽略它的重要性，因為深層的思考通常建立在這些基本學習上，沒有這些基本學習，高階的思考能力就無從形成。

直接教學法主要分成三個關鍵：(1)資訊的呈現，(2)示範，以及(3)督導的練習。教材資訊的呈現包括新的教學內容、知識或是技能的介紹性說明，這一段說明主要來自教師對內容所作的分析，它是教案中非常重要的部分，藉由教師對教材資訊的解釋、定義、提供範例、以及反例等，呈現新的知識和技能，以便學生了解。教材呈現資訊的方式是口頭和書寫的方式同時使用，利用圖像組織法呈現教材包括的內容或範圍也是常見的一種策略。然而要注意的是，不要只在教案中寫「教師解釋水的三態之定義」，而要寫出你要解釋什麼。例如：冰－固態、溫度；水－液態、溫度；水蒸氣－氣體、溫度。換句話說，要把重點或是關鍵性的細節條列出來。如果是「定義」的資料，就要把「定義」的名詞寫出來，再把關鍵性的解釋寫出來，這樣學生就會比較清楚。身為教師的我們常常會忽略一個事實，那就是，對教師很簡單的知識，對學生可能是非常難理解的概念。把重點寫出來可以避免此類情事發生，也是提醒教師可能會忽略的小細節，以免發現以後再補救造成學生的混淆。

直接教學法不適合去問學生水的三態是什麼，可以複習之前學生所學的相關知識或技能，例如問：「水可以做什麼？」「水流動的方向是從

高往低還是由低往高？」等到教學結束以後，再問：「水有沒有不同的樣子？」

在示範的部分，呈現教材資訊之前、之中或之後，教師都必須呈現「成果」這個部分。比如說：「1小時25分＋2小時35分＝　」，教師可以先示範將「分」加在一起，如果超過60分鐘則減去60後，寫下餘數，然後進位1小時；如果得數沒有超過60，則直接寫下其「和」。等到這個部分做完，教師才再示範「時」的加法。在示範這個例子時，可以在解釋時間的加法之前先做給學生看，也可以先示範「分」的加法，然後再解釋化成「時」的作法；或是在教完作法後，再舉例示範給學生看。不論是在說明之前、中間或是之後做示範都是可以的，重要的原則是有講解也要有示範，缺一不可。

特別注意的是，在直接教學法中，教師要示範正確而完整的動作之後，才能讓學生依樣照做。所以，教師應該要在事前計畫給學生看範例和作法。切記要提供許多的例子、說明、以及示範，如果沒有這麼做，可能只是給學生「複習」或者是「練習活動」而已，不是「直接教學法」。

在呈現教材以及示範之後，學生應該要有足夠練習的機會，並且是在教師的督導和指導下完成。切記教師要非常用心的控制和監督學生的練習，一有錯誤就要指正，不要讓學生練習錯誤的事。這種練習可以分成三種：(1)全班的練習：教師可以再一次示範練習的技巧，邀請全班的學生一起進行，「讓我們一起練習看看，我應該從那裡開始呢？」這是很適當的邀請對話；(2)小組或配對練習：這是練習的第二個層次，學生的練習是在有同儕協助的情況下進行的；以及(3)個別練習：這是最後、也是最必要的層次，在教師的監督和訂正下，讓學生獨自練習。

如果在呈現教材和示範步驟中已經確定每位學生都會了，就可以直接進行個別練習。但是如果教材或知識是很複雜的，也許就要從全班的練習和小組練習開始，逐漸引導學生，不宜貿然直接做個別練習。

在設計直接教學法的教案中，必須將下列八個過程的項目寫清楚（Price & Nelson, 1999）：

1.計畫前任務：(1)先進行內容分析的工作，以及列出先備的知識或

技能；(2)目標：列出學生在直接教學計畫裡需要表現、演示、舉例、計算、使用的策略等目標；(3)目標的理由：澄清目標的價值。

2. 準備活動：這是第一個寫在教案中的元素：(1)引起注意力的信號：寫出你如何引起學生的注意力，放音樂、拍手示意，還是直接說：「我們現在開始上課了！」或是以手勢表現「眼睛看老師！」；(2)說明對學生行為的期望：「如果你沒有聽懂，就舉手！」或者「如果你答對了，就把大拇指向上舉起來！」其運用桑代克的三大學習律──準備律的策略是很明顯的，集中學生的情緒與專注力準備學習。

3. 開始活動：教學要有效率的開始，在教案中必須寫出：(1)觸動學生興趣的策略是什麼？或是新教材和先前的學習有什麼關係？(2)用什麼方式解釋目標給學生聽，讓他們了解自己要學的是什麼？直接告訴學生在教材的學習裡要做什麼？(3)用一種適當易懂的說法告訴學生，他們要學的知識和技能是有價值的。

4. 教案的主體：在此處，你可以看到一連串不斷重複「說明、示範」的步驟。在教案中要寫出：(1)教師要說明什麼、要示範什麼？在呈現教材之後，再一次示範是必須的，確認學生能學會教材的內容或是技巧。切記，提供多樣的例子有助於學生的學習。(2)檢核學生了解的技巧是什麼？這些技巧包括學生能表現出明顯的反應，例如：讓學生用大拇指向上或向下比出他們對問題答案是對還是錯的看法，這時，教師就可以查核出學生是否了解問題。(3)督導練習的機會：永遠要給學生有練習的機會，提供多一點的練習，可以充分進行全班的練習、小組的練習、以及個別的練習。假如提供六個題目作練習，前面兩題作為全班練習的機會，兩題作為同儕夥伴的練習，最後兩題則作為個別練習。(4)使用不同的策略：在直接教學法裡最重要的是學生的參與，例如：學生和同伴相互比較答案、把答案寫在小白板上，並且把它高高舉起讓老師看，這些都可以讓學生時時刻刻參與學習的過程。

5. 延伸練習：直接教學法裡很重要的元素。學生需要額外的練習，以便發展更純熟的技巧和運用新知識的能力。課堂練習和回家功課無疑是提供延伸練習最好的方式，仔細的檢查這些練習是否都成熟和正確，就會知

道什麼時候該給學生正式的評量了！

　　6.單元結束活動：通常在督導練習後面，單元結束活動會因為其屬性不同而出現於其中一個地方。如果延伸練習是在課堂中做的，教師就可以在這個作業完成以後將單元結束；或者，延伸練習是指定的回家功課，那麼在教案主體活動完成的時候，就結束單元。至於在這個項目中，應該要寫的是教師預備用什麼樣的策略進行結束的活動，最常見的就是複習單元的關鍵重點，或者告訴學生在哪裡、什麼時候他們可以應用他們的知識和能力。讓學生展示他們的作品，或是對照前面的開始活動作說明。如果能讓學生參與這個部分會是很有效的計畫。

　　7.評量：當直接教學法的目標已經定案時，就要進行評量的計畫。評量的目的是決定個別的學生在單元目標上的進步，換句話說，學生在評量的過程中不再接受同儕、教師所給予的幫助，而是獨立的完成評量。特別注意學生在督導練習和延伸練習的進步情況，就可以決定何時學生已經準備好被評量。在此處的教案中，就要敘述什麼時候要進行測驗。

　　8.修訂任務：教案完成後，檢查所有前面所預定的元素是一致的，評量前述活動中對於大班級或個別的學生使用了多元的策略。

**表4-1　直接教學法教案**

| 領域：數學（康軒） | 單元：異分母分數的加減 | | 活動一：擴分和約分 |
|---|---|---|---|
| 年級：五上 | | | |

單元分析

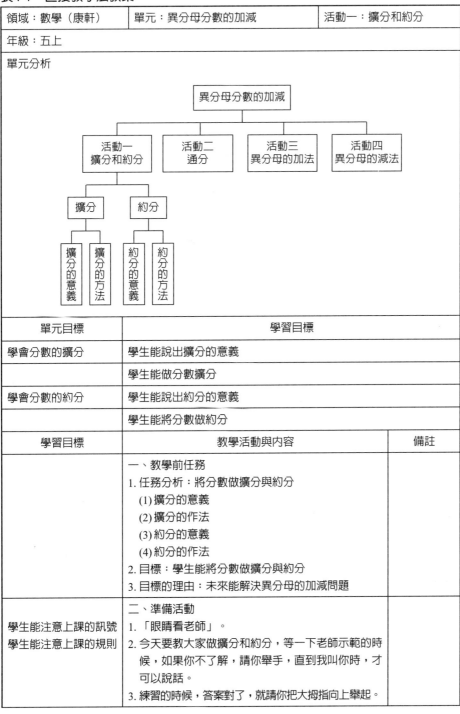

| 單元目標 | 學習目標 | |
|---|---|---|
| 學會分數的擴分 | 學生能說出擴分的意義 | |
| | 學生能做分數擴分 | |
| 學會分數的約分 | 學生能說出約分的意義 | |
| | 學生能將分數做約分 | |

| 學習目標 | 教學活動與內容 | 備註 |
|---|---|---|
| | 一、教學前任務<br>1.任務分析：將分數做擴分與約分<br>　(1)擴分的意義<br>　(2)擴分的作法<br>　(3)約分的意義<br>　(4)約分的作法<br>2.目標：學生能將分數做擴分與約分<br>3.目標的理由：未來能解決異分母的加減問題 | |
| 學生能注意上課的訊號<br>學生能注意上課的規則 | 二、準備活動<br>1.「眼睛看老師」。<br>2.今天要教大家做擴分和約分，等一下老師示範的時候，如果你不了解，請你舉手，直到我叫你時，才可以說話。<br>3.練習的時候，答案對了，就請你把大拇指向上舉起。 | |

| | | |
|---|---|---|
| 學生能注意聆聽 | 三、開始活動<br>1.「我們之前做分數的加法或減法，都是分母相同的，但是如果分母不同的話怎麼加或減？」<br>2.「我們今天要學的分數加減都是分母不一樣的情況。」<br>3.「如果你學會了擴分和約分的話，那所有分數的加減法你都會了，那以後分數的加減法再也不會難倒你了！」 | |
| 學生能說出等值分數的意義<br><br><br><br><br><br><br><br>學生能利用倍數做分數的擴分<br><br><br><br><br><br><br><br><br><br>學生能模仿教師做異分母加法 | 四、說明與示範<br>(一)擴分<br>1.揭示第一題：<br>　(1)說明：<br>　　「這些分數代表同一張紙的部分面積，注意到它們的分母有沒有一樣？」<br>　　「它們有沒有一樣大？」<br>　　「它們是等值的分數嗎？為什麼？」<br>　　「6/10，9/15和3/5的分子、分母之間有什麼樣的數序關係？」<br>　(2)解釋擴分的原則<br>2.揭示第二題：<br>　(1)說明：<br>　　「3/4，6/8，9/12代表同一塊披薩的大小，分母有沒有一樣？」<br>　　「它們代表一樣大的披薩嗎？」<br>　　「它們是等值的分數嗎？」<br>　　「6/8，9/12和3/4的分子、分母之間有什麼樣的數序關係？」<br>　(2)說明擴分的原則<br>3.揭示第三、四、五題<br>　示範：<br>　(1)擴分練習<br>　(2)核對答案 | 題目一3/5，<br>6/10，9/15<br><br><br><br><br><br><br><br><br>題目二3/4，<br>6/8，9/12<br><br><br><br><br><br><br>題目三～五 |
| 學生能做分數之擴分 | 五、督導練習<br>1.發下練習單、教師巡堂督導<br>2.全班一起練習擴分<br>3.小組練習擴分<br>4.個人練習擴分 | <br><br>練習單#1～2<br>練習單#3～4<br>練習單#5～6 |
| | 六、結束活動<br>1.重述單元目標 | |

| 學生能獨立做分數擴分 | 七、評量<br>個人獨立練習擴分<br>完成習作 | 練習單<br>習作 |
|---|---|---|

# 教案說明

## 一、前置作業

　　1. 單元分析：在直接教學法裡，教學前的任務分析和單元分析一樣，只是用圖解的方式列在此處，更能了解整個單元的完整架構。本教案只列出活動一的「擴分」部分作為範例。有關「約分」的部分其作法一樣。此處雖然是「活動」所組成的單元，但它也具有「單元」的性質。

　　2. 單元目標、學習目標：根據活動一的「教學分析」，將上階的概念寫成「單元目標」或是「活動目標」，下階的次要概念作為「學習目標」。彼此之間仍然具有上階與下階的關係。

　　3. 教學前任務：其實就是教案中有關「教學分析」、「單元目標」與「學習目標」的準備工作，不過多了「目標的理由」。主要是由教師提出目標的價值，讓學生能夠知道學習這個活動的意義，有助於提升其學習的動機與專注力。

## 二、教學活動

　　1. 準備活動：教案中要寫出教師要做什麼動作來引起學生的注意力，不要只寫「引起學生的注意力」，特別注意要有「動作」的表示才好。另外，也要在此處說出對學生行為的期望，例如：學生不懂的時候要如何向老師表示？如果練習時有錯誤或是完成練習的時候要如何表示？若學生在老師講解途中插嘴，或是沒有得到老師的允許就說話，都是不宜的行為。因此在一開始上課的時候就先說明哪些行為是被允許的，是維持班級秩序的重要作法。

2. 開始活動：在這裡，教師先說明新教材和先前的學習有什麼關係，將新教材和原有的認知開始連結，有助於新教材的學習。此處也直接告訴學生今天要學什麼，學習新教材是具有意義的。

3. 說明與示範：這是教案的主體，所有單元（活動）中的說明與示範都在此處。這裡用課本裡第一和第二個問題說明擴分的意義，讓學生明白擴分的道理。然後準備三題作為教師示範擴分的題目，也可以讓學生跟著一起做，檢查答案是否正確。

4. 督導練習：指學生在教師的督導下練習更多的題目，通常是在課堂上做練習，先讓全班同學一起做一、兩題，然後和隔壁座的同學一起做，彼此檢查答案，最後再留一、兩題讓學生自己單獨做。做出來的答案，教師可以立即給予回饋。

5. 結束活動：學生有了正確的練習後，教師再一次重述今天上課學習的目標和能力，加強學生的印象。

6. 評量：此處是要學生自己獨立練習，通常回家的功課就是最好的獨立練習。如果有習作，也是在這裡要求學生回家做完。

直接教學法是以基本技能與知識為直接的教學目標，所有的活動由「說明—示範」反覆進行，是既清楚又有效率的教學法。但是如何將這種教學法訴諸於教案中以突顯它進行的步驟，則是另一種教師必須習慣的教案樣貌。

## 第二節 前階組織法

前階組織法（advance organizers）是來自D. P. Ausubel（奧斯貝爾）的教學理論，有時也被稱為「智識鷹架法」（intellectual scaffolding），它是用來組織教材裡的概念和事實。Ausubel提出前階組織法的目的是要捍衛以講述和閱讀為主的教學法——講授式的教學法。他認為學生必須精熟學術性的教材才是教學的目的，對於當時風行的發現式教學法以及學生經驗本位的教學非常不以為然，只承認傳統講述法的教學有必要作一些改進。

Ausubel以認知心理學的觀點提出對認知架構的看法。所謂的認知架

構就是我們腦海中對某一個領域具有什麼樣的知識？它的量有多少？以及它是如何組織的？他強調認知架構的發展來自於學習者對訊息的重整，並且與原有的認知架構結合（或稱為同化）而產生新的認知架構。認知架構的概念不僅在教材的組織中占有非常重要的地位，對學習者而言也是非常重要，因為人類對訊息的處理與儲存方式也具有組織化的架構。當教材的組織結構符合學習者的認知架構時，兩者更容易相融合，學習才會更有效。

　　他認為學習者對新知識或教材的學習有效與否，最重要的因素是學習者原來所具有的認知架構。如果我們要有效的教導學生新知識，就要強化學生先備知識的穩定度與清晰度。只要能強化學習者的認知架構，就能促進對新知識的吸收和維持。Ausubel在有意義的學習理論中提出三個重要的觀念，分別為：(1)知識是如何組織的？也就是課程內容如何組織架構？(2)學習者的腦海中如何處理新的資訊或知識？(3)教師如何應用這些知識到教學中？亦即要如何教學？

　　Ausubel認為影響學習者的認知架構有兩項要素：(1)學習者已具備知識結構的數量、清晰度和組織的情形；以及(2)新的概念內容特性。使用前階組織法的目的主要是強化認知架構，以及增加新知識的保留。前階組織是一種介紹性的教材，在呈現教學內容之前，以更高的、更抽象、包含更廣的架構呈現。其教學過程是以演繹法的方式進行，解釋、統整新教材與先備的相關知識，是一種以教師為主的講解式教學方法。

　　Ausubel的認知架構理論包含了學習者已具備的認知架構，以及新教材的知識架構，如何使兩者能夠銜接並且擴大則是教學最重要的任務。前階組織的教學主要分為三個階段：

## 一、呈現前階組織的階段

　　此階段涵蓋三個主要活動：

　　1.澄清教學目標：澄清目標可以幫助學生集中注意力，也可以讓學生認識學習的任務，這兩者對於促進意義學習非常重要。

　　2.呈現前階組織：前階組織固然有多種形式，但是它絕對和開場白不

一樣。它必須具有知識的本質，而且是建立在各領域中主要的概念或是命題上，它的廣度和抽象度通常超過教材本身。如果只是呈現教材本身，那麼它只能算是對教材作檢視而已，不能稱為前階組織。不論是說明式或是比較式的前階組織，都要將重要的概念或是命題特徵指出來，以便作詳細的解釋。換句話說，教師要陳述這些特徵、解釋特徵、並且提供範例，特別是當新的類別出現時，重複出現前階組織作為新舊教材的連結，對於學習者的認知架構的組織是很有幫助的。

3. 喚起相關知識：在這個活動中要統整發展的認知架構，喚起學生對教材或是前階組織中有關的先備知識和經驗，以便和即將要學的教材產生關聯。

## 二、呈現教材的階段

此階段中首先要保持學生的注意力，其次是要讓教材的組織非常的明確，使學生清楚的知道他們要往那個方向。換句話說，就是教師要將呈現教材的順序予以邏輯化，讓學生能清楚的知道彼此間的概念關係。

## 三、強化學生的認知架構

此階段的目的在於將新教材固定於學生原有的認知架構上。

Ausubel提出教師可以實施四個活動以強化學生的認知架構：

1. 促進統整的和諧：教師可以藉著下列的作法達成此項活動：

(1) 教師提醒學生有關的概念。

(2) 要求學生對新教材作摘要。

(3) 教師精準的複誦定義。

(4) 要求學生比較差異之處。

(5) 要求學生說明教材中作為分類的概念。

2. 促進主動的學習：教師可以

(1)要學生說明新教材和他們原有的知識之間的關聯。

(2)要求學生舉出更多例子。

(3)要求學生說明教材中的主要本質。

(4)要求學生從不同的觀點角度去檢視教材。

(5)將教材和對立的教材、經驗、還有知識作連結。

3. 發展出學科中的重要方法：可以要求學生對教材的假設或是參照的標準提出批判和挑戰，並且在異中取得協調。

4. 學生也許會有不清楚的地方要問，教師應該提供更多的資訊，或複習教材中所給予的資訊，把概念再應用到新的問題或範例中。

根據前階組織的原理，下列是來自六年級社會科之第三單元第一課的教材，進行前階組織教學法教案的設計。

**表4-2　前階組織教學法教案**

| 單元：康軒版本 | 六年級（上）國際關係 |
| --- | --- |
| **學習資源**：前階組織圖、教材分化圖 | |

教學分析：

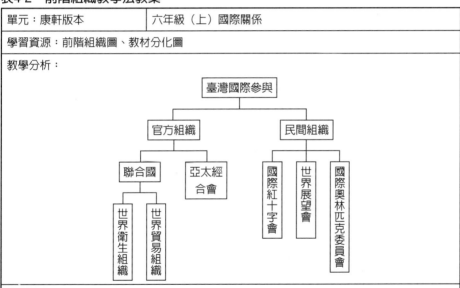

教學說明：
1. 本單元之教學法為Ausubel之前階組織教學法
2. 本單元之活動依照前階組織教學法共分為三個階段
3. 本單元以教師講述為主要之形式

| 單元目標 | 學習目標 |
| --- | --- |
| 了解臺灣參與國際的組織 | 說出臺灣參與的國際官方組織及其功能<br>說出臺灣參與的國際民間組織及其功能 |

| 學習目標 | 教學活動／內容 | 備註 |
|---|---|---|
| | 壹、引起動機 | |
| 學生願意回答問題 | 一、單元說明<br>Q1：說說看，什麼叫做國際？<br>Q2：說說看，什麼叫做組織？<br>Q3：臺灣最近被拒絕參加國際的組織「世界衛生組織」到底是什麼機構？為什麼臺灣要加入呢？ | |
| 學生能注意聆聽 | 二、說明教學目標<br>1. 呈現教學目標<br>2. 解釋教學目標 | |
| | 貳、呈現前階組織階段 | 前階組織圖 |
| 學生能指出單元的主題架構<br>學生能回憶舊知識 | 1. 呈現前階組織圖<br>2. 確認本單元在前階組織圖上的位置<br>  Q1：本課的內容應在前階組織圖的哪個位置？<br>3. 喚起本單元與其他舊經驗的相關性<br>  Q1：上學期臺灣的政治制度學過什麼？<br>  Q2：在圖中的「聚落」學過哪些生活環境？<br>  Q3：在圖中，臺灣的「地形」學過哪些種類？它和今天要學的主題有什麼關係？ | |
| | 參、呈現分化組織階段 | |
| 學生注意聆聽 | 1. 呈現國際組織分化圖-1<br>2. 說明：<br>官方組織定義<br>民間組織定義 | 分化圖-1 |
| 學生能說出臺灣參與的官方組織<br>學生能分辨出官方組織的意義與功能 | 3. 呈現教材分化圖-2, 3, 4<br>4. 說明官方組織與比較：<br>聯合國之組織、功能與目的<br>世界衛生組織、功能與目的<br>世界貿易組織、功能與目的 | 分化圖-2<br>分化圖-3<br>分化圖-4 |
| 學生能說出臺灣參與的民間組織<br>學生能分辨出民間組織的意義與功能 | 5. 呈現國際組織分化圖-1, 5, 6, 7<br>6. 說明民間組織與比較：<br>國際紅十字會之組織、功能與目的<br>世界展望會組織、功能與目的<br>奧林匹克委員會組織、功能與目的 | 分化圖-1<br>分化圖-5<br>分化圖-6<br>分化圖-7 |

| | 肆、強化學生的認知架構 | |
|---|---|---|
| 學生能記住上課的內容 | 1. 呈現國際組織分化圖-2<br>Q1：臺灣參與哪些官方組織？它們的功能是什麼？<br>Q2：臺灣參與哪些國際民間組織？它們的功能是什麼？ | 分化圖-2 |
| 學生能回答練習單的問題 | 伍、指導練習<br>完成學習單 | |
| 學生能獨立完成練習 | 陸、獨立練習<br>社會習作 | 習作35頁 |
| | 柒、評量測驗 | 自編測驗 |

# 教案說明

## 一、前置作業

1. 教材資訊：列出教材的資料，以及單元名稱、課別名稱、版本。

2. 教學準備：列出教學要準備的設備、材料、資源等。

3. 教學說明：列出本課應用的教學法，在此處特別提示教學過程中應注意事項，這樣的動作可以幫助教師本身作教學準備，也容易作同儕間的分享。如果由臨代教師來上課時，亦可以提醒他們注意。

4. 單元目標與學習目標：透過單元分析，將上層的概念列出成為單元的目標，將其下屬的次要概念或是事實列為學習目標，兩者具有上層與下層的關係。撰寫這兩類的目標時，特別注意學習目標的動詞應該要符合本書第二章中所提到的目標格式和動詞的規範。

5. 單元分析：根據單元的內容特性，其屬於Gagné學習成果中的語文資料，因此採用叢集分析。

## 二、教學活動

1. 引起動機：

(1) 單元說明：從課文的標題引發教學的脈絡，這是一種「開門見山」的方式，很直接的提問。第三個問題就從新聞事件當中提出，以便讓學生好奇所謂「世界衛生組織」是什麼樣的機構，加入它有什麼好處。

(2) 說明教學目標：根據Ausubel的理論，這是教學第一階段的開始，其中包含三個活動，第一個活動就是澄清單元目標。最簡單的方式就是向學生說明單元目標與學習目標，可以藉助電腦與投影機的設備，也可以用板書，讓學生聽到、看到，如此一來，學生能夠專注於學習，知道自己的方向。

2. 呈現前階組織階段：

(1) 這是前階組織教學法第一階段的第一個活動，在正式講述內容之前，必須先呈現高於或廣於教材的前階組織，以便學生能對即將要學的內容方向有所了解。組織圖架構所呈現的是過去學過的知識內容，以及今天要學習的知識，如前階組織圖-1（見表4-3）；對於尚未學習的內容，不宜呈現在前階組織圖裡。

(2) 本單元內容是以討論臺灣所參與的國際組織，所以先在前階組織圖中，要求學生找到其主題在前階組織圖中的位置，確認新知識是在架構中的位置。然後利用提問的方式：「本課的內容在前階組織圖中的哪個位置？」幫助學習者在社會科知識架構中找到「國際組織」內容可能存在的位置。其次，教師還要提示它是屬於上層「政治制度」的支流。

(3) 喚起本單元與其他舊經驗的相關性：利用前階組織圖複習舊經驗，教師可以指著前階組織圖隨口問：「之前學過的臺灣地形有哪些？」「臺灣的氣候是哪種型態？」「這些都是談臺灣的自然環境」等。然後再轉向：「臺灣形成的聚落有哪幾種？」「臺灣的習俗談過什麼？」「這些都是談臺灣的人文環境內涵」。複習的目的是鞏固學生已經建立好的知識架構。

3. 呈現分化組織階段：

　　(1) 所謂分化組織圖是指新知識的架構圖，在本單元中即是將教材組織架構化，如分化組織圖-1（見表4-3）。依照圖示，先說明國際組織的兩大類型，分別為「官方組織」和「民間組織」。

　　(2) 分化組織圖-2出現「聯合國」，教師按照書本上介紹「聯合國」相關的內容。

　　(3) 分化組織圖-3出現「世界衛生組織」，教師按照書本上介紹其相關的內容，強調它屬於「聯合國」之下的機構。

　　(4) 分化組織圖-4出現「世界貿易組織」，教師按照書上的資料介紹其相關的內容，再次強調它是附屬於「聯合國」之下的機構。

　　(5) 分化組織圖-5（同分化組織圖-1）將前述的內容概要隱藏後，複習教材的內容，提問學生：「剛剛在官方組織中提到哪些組織機構呢？它們的功能是什麼？它們之間有什麼關係？」

　　(6) 分化組織圖-6講解的內容轉到「民間組織」的部分——「國際紅十字會」。教師可以按照教科書的內容介紹該會的功能、目的等。

　　(7) 分化組織圖-7呈現之後，教師即可按照書上的內容說明「世界展望會」的資料。

　　(8) 分化組織圖-8呈現後，接著按照書上的資料介紹「國際奧林匹克」。

　　4. 強化學生的認知架構：

　　(1) 分化組織圖-9（同分化組織圖-1）呈現後，要求學生回憶「官方組織」和「民間組織」兩者的內容、差異等，等於再次複習教材的內容組織綱要，並且利用教材的分化組織圖，鞏固學生對新學習教材的認知架構。

　　(2) 分化組織圖-10呈現給學生完整的教材組織架構，確認學生能記住新學習的內容。

　　(3) 再次呈現前階組織圖-1，再次詢問學生新學習的內容在圖中的位置，強化新、舊教材的連結與架構。

　　前階組織教學法的最重要方法是在前階組織圖和教材分化組織圖之間操作，表4-3利用電腦簡報（PowerPoint）方式，將前階組織和分化組織在本單元上課實際操作的步驟與講述的方式做對照，以明白它的運用方法。

表4-3 利用電腦簡報軟體製作之前階組織與分化組織交互操作的過程

| | |
|---|---|
| 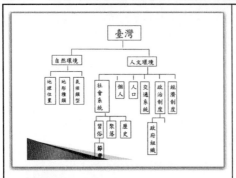前階組織圖-1　課文內容在社會科知識架構中的位置 | 1. 呈現前階組織圖-1<br>2. 提問：<br>Q1：本課要學的臺灣參與的「國際組織」會是在哪裡？（利用動畫） |
| 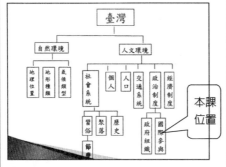前階組織圖-2　課文內容在社會科知識架構中的位置 | 1. 教師回饋：<br>　小朋友說得很對！臺灣參與的「國際組織」在臺灣、人文環境底下的臺灣政治制度的位置。<br>2. 提問（複習前階組織的內容架構，連結舊經驗與新知識）：<br>Q1：先前學過的臺灣地形有哪五種？說說看。<br>Q2：之前討論過的臺灣節慶是在圖上哪裡談的？大概分成哪兩大類？<br>Q3：從圖上，地形、節慶和國際組織之間有什麼關係？（地形是臺灣的自然環境，節慶和國際組織是臺灣的人文環境，兩者都是談臺灣的。） |
| 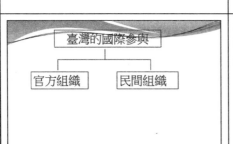分化組織圖-1 | 1. 呈現分化組織圖-1<br>2. 提問：<br>Q1：臺灣參與的國際組織有哪兩大類？ |

| | |
|---|---|
| 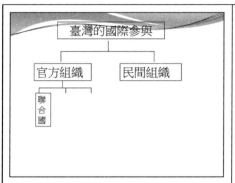<br>分化組織圖-2 | 1. 呈現分化組織圖-2<br>2. 教師提問：<br>Q1：「聯合國」是課本上第一個提到的國際組織，課本上還說了哪些有關「聯合國」的事呢？說說看。（回到課本講述）|
| 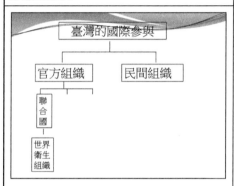<br>分化組織圖-3 | 1. 呈現分化組織圖-3<br>2. 提問：<br>Q1：課本提到的第二個國際組織是「世界衛生組織」，它是誰的附屬機構？<br>Q2：課本上說它的功能是什麼？（回到課本講述）|
| 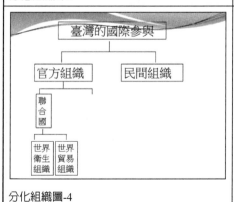<br>分化組織圖-4 | 1. 呈現分化組織圖-4<br>2. 提問：<br>Q1：課本提到「世界貿易組織」，它是誰的附屬機構？<br>Q2：「世界貿易組織」是做什麼的？（回到課本講述）|

| | |
|---|---|
| 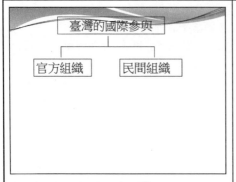<br>分化組織圖-5（同分化組織圖-1） | 1. 呈現分化組織圖-5（同分化組織圖-1）<br>2. 提問：<br>Q1：複習一下剛剛講的國際組織有哪些？<br>Q2：它們之間的關係是什麼？（強化認知架構） |
| 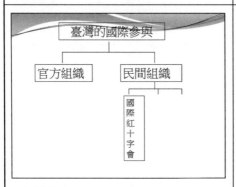<br>分化組織圖-6 | 1. 呈現分化組織圖-6<br>2. 提問：<br>Q1：屬於民間的國際組織有哪些呢？課本上提到「國際紅十字會」，它是什麼性質的組織？課本上提到它有哪些功能呢？（回到課本講述） |
| 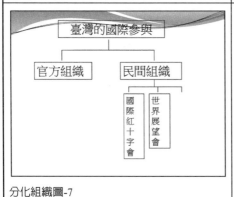<br>分化組織圖-7 | 1. 呈現分化組織圖-7<br>2. 提問：<br>Q1：「世界展望會」是什麼性質的組織？課本上提到哪些？（回到課本講述） |

| | |
|---|---|
| 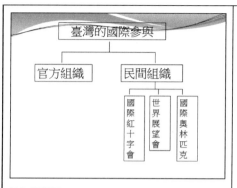<br>分化組織圖-8 | 1. 呈現分化組織圖-8<br>2. 提問：<br>Q1：「國際奧林匹克」是什麼性質的組織？<br>　　課本上提到它是做什麼的？（回到課本<br>　　講述） |
| 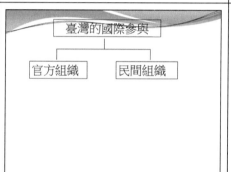<br>分化組織圖-9（同分化組織-1） | 1. 呈現分化組織圖-9<br>2. 提問：（複習）<br>Q1：屬於官方或政府的國際組織，課本上提<br>　　到有哪幾個組織？「國際奧林匹克」是<br>　　什麼性質的組織？課本上提到它是做什<br>　　麼的？<br>Q2：課文提到的國際民間組織有哪些？它們<br>　　各有哪些功能？ |
| 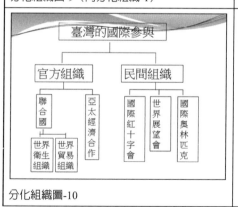<br>分化組織圖-10 | 1. 呈現分化組織圖-10<br>2. 教師歸納說明整體內容綱要 |

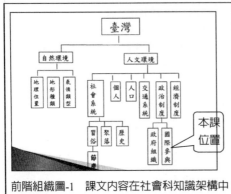

前階組織圖-1　課文內容在社會科知識架構中的位置

1. 呈現前階組織圖-1
2. 提問：
Q1：今天上的臺灣參與的「國際組織」是在哪裡？
Q2：它是屬於哪一個概念下的知識？（強化認知架構）
Q3：「政治制度」是屬於臺灣哪一類別的知識？（新、舊知識的連結）

5. 指導練習：這是指在教師的監督下，完成有關本單元的練習。在備註欄裡註記有「學習單」，意即教師會準備有關上述兩種國際組織的學習單在課堂上使用，確保學生沒有錯誤或是不了解的地方。如有錯誤，教師即可在課堂上糾正或給予回饋。

6. 獨立練習活動：指定學生的回家功課或是作業。由於學生已經在指導練習的時候練習過，此時他們已經具備獨立完成練習的能力。這樣的練習成果才會增強學生的學習效果。

7. 評量活動：教師如何評量學生有沒有達到學習目標。此處描述教師要使用的評量方式是紙筆測驗。

前階組織圖是讓學生先有知識整體的架構，再進入新教材的架構，然後兩者融入整體架構中，形成新的認知架構。換句話說，新的認知架構因為加入新學習的知識後成長、擴大，對於認知心理學而言，這就是基模的成長，也就是「學習」。對於Ausubel而言，藉由前階組織圖複習舊知識也具有新知識建立在舊知識上的意義，這種學習他稱為「有意義的學習」。

前階組織教學法與傳統講述教學法，最大的不同點是多了前階組織圖以及教材分化組織圖。依照前階理論，教材呈現的順序必須依照「漸進分化」的原則，這也是學生學習的原則。換句話說，學生學習的順序要從前階組織最上層的概念開始，逐漸分化成具體事實的方式學習。

Ausubel的前階組織教學法，其目的簡單的說就是藉由前階組織將新學習的教材融入原有認知架構當中產生關聯，一旦腦海中的知識彼此之間產生關聯的時候，就不會有遺忘的事情發生。Ausubel相信教材如果能夠以組織架構的方式先呈現給學生看，然後再進行學習，有助於學生整理思緒。當教材和學生的認知架構相符時，有意義的學習才會發生，新教材才能融入學習者的腦海中。

所以，教學不僅是要教學科知識，也要教導學科知識架構。學習者一旦有了知識的架構，即表示他具有統整性的知識，如此才有利於學習遷移。

# 第三節　概念獲得模式

長久以來，實施有效的教學讓學生獲得學習成果，是所有從事教育工作的教師一直想要達成的課題。但課堂中常常碰到的狀況是，明明才講完的內容，學生卻忘記了，或是問了一個令人為之氣結的問題：「老師，你剛剛講的是什麼？我忘了！」換言之，當學生處在被動的狀態下時，如果沒有採取一些認知的行動，他們對於來自教科書、上課聽講內容、或影片觀賞的訊息，便無法轉成意識、知識、情感、甚至是記憶的事實。

針對學生缺乏主動處理新學習的知識內容，Bruner認為是因為教學的過程中沒有提供學生處理訊息的機會。Bruner指出，個體要轉換訊息成為有意識的歷程，就是「知覺的過程」，在這個過程中需要的是轉換的行動，包括對訊息採取選擇和歸類的動作。換言之，個體對訊息唯有透過轉換的行動，才能將其納入他的認知架構當中（施良方，1996）。因此，在認知的學習歷程中，Bruner主張應該提供個體訊息並且做超越訊息的學習；而所謂超越訊息的學習，對Bruner而言，就是將提供的訊息予以歸類。所以，後人將訊息歸類認為是Bruner「最重要的認知學習觀」（施良方，1996，頁201）。因此，「類別是人類認知的工具。學習和利用類別，是一種最基本、最普遍的認知形式。人類即是通過這種認知形式來適應環境的。」（施良方，1996，頁203）

　　Bruner將「概念」的學習分成「概念形成」和「概念獲得」兩個歷程。「概念形成」主要是指個體知道物體屬於某一類別，而非屬於其他類別時，就形成概念；而「概念獲得」是指個體能具體的區別出物體是屬於某一類別的屬性。

　　Gagné也提出類似的理論。他把「概念」（concepts）定義為「分類的原則」（rules for classifying）（Gagné, 1985, p.115），它目的是用來「組織及架構各種事實」。這和Bruner認為的「歸類」行動具有同等意義，都是主張將訊息歸類的一種行動。不過，Gagné根據「概念獲得」所需要的智識過程，將它分為四種層次：(1)具體層次（the concrete level）：個體根據外形和品質分辨物體；(2)確認層次（the identity level）：包括個體在不同情況或從不同角度認出物體；(3)分類層次（the classificatory level）：個體可以將新事物分入類別中；(4)形式層次（the formal level）：個體可以定義出歸屬於特定類別的屬性（Gagné, 1985, p.99）。

　　此外，Gagné在學習與記憶的理論中指出，個體要能記憶來自環境中的訊息，必須將訊息予以編碼後才能進入「短期記憶」，並且藉由反覆練習成為「長期記憶」。唯有「概念」以及「概念和概念之間的關係」能夠讓學習者「編碼」儲存在長期記憶當中，可想而知他對「概念」學習的重視（Gagné, 1985, p.171）。「編碼」在Bruner看來就是「有層次結構的類別」，對Gagné而言則是「任何具體的概念學習是未來學習抽象觀念的先備能力」，兩者具有相同的理念（施良方，1996，頁209；Gagné, 1988, p.59）。因此，唯有習得「類別」或是「概念」才是最省時、省力和有效率的學習，也是最能夠達到「學習遷移」的效果。概念的學習不僅有助於學習的遷移，更有助於學習的記憶。但是概念的學習無法由學習者自己去字典裡查資料就可以獲得，更無法以口語的方式由教學者提供給學習者；它必須是由學習者本身「習得」，在適當的時機能夠藉著回憶而應用（Gagné, 1988, p.13）。

　　Bruner的「歸類」和Gagné的「概念」實指同一件事物，而且也都認為它們在學習領域中占有極大的重要性。在Bruner眼中，「概念是思維過程的核心」（施良方，1996，頁203）。但是他也指出，學校在教導學生

學習「概念」這方面，並不具有很高的成效。

　　既然學習「概念」是如此重要，而學校卻沒有有效的教導學生這樣的能力，乃肇因於教師沒有實施恰當的策略所導致的結果。因此，B. Joyce和M. Weil重新整理Bruner和Gagné的理論，並且構築成一個有系統步驟的教學模式，稱之為「概念獲得模式」（the concept attainment model）。本文即是根據此模式，以國小社會領域的單元作為範例，提出教學實施的步驟與呈現的方式，並提供詳細的說明，給教師作為教導「概念」的參考，期待本文的範例能讓教師體認到概念教學的效果，願意關注此一教學議題，更期望未來能實施於教室中，以獲得更有力的實證效益。

　　「概念獲得模式」是資訊處理類別中的一項教學法，根據Bruner對思考（thinking）的研究所提出，其目的是幫助學生更有效的達成概念的學習（Joyce & Weil, 2008）。「概念獲得模式」是藉由不斷的要求學生比較和對照具有關鍵屬性和無關屬性的例句，以澄清他們腦海中的想法，終能習得分辨的能力，以及定義該概念的屬性，和其他重要但非屬於定義的屬性。在這個模式中，Joyce和Weil把「概念」重新定義，每一個「概念」必須具有四個要素：(1)名稱（a name）；(2)例子（examples）；(3)屬性（attributes）；(4)屬性程度（attributes values）。名稱，是我們給予類別的稱呼。例子，是指概念要能夠舉出數個範例，正例是指符合「概念」的正確範例，反例則不是符合「概念」的範例。屬性，是範例中所具備的特性，這些特性當中有一部分是用來決定分類的關鍵，正例包含的關鍵特性是分入類別中最重要不可缺的條件；而反例也包含和正例相同的特性，但是不包含關鍵特性，以至於無法分入概念所屬的類別。

　　「概念獲得模式」包括下列三個階段的教學活動與學習歷程（Joyce & Weil, 2008, pp.34-35）：

　　1. 第一階段：呈現資料與確認概念。在此階段，教師呈現已經標示為正確的範例與不正確的範例（以下簡稱反例），學生比較與對照這兩者。學生從標示正確的例句中找出假設，並且逐一測試他們的假設。學生從正例中找出必要的屬性，並且陳述這些屬性。

　　2. 第二階段：測試概念的獲得。教師在此階段中再度呈現正例與反

例，但是不再標示哪些是正例和反例。學生根據上述階段，經過測試所得的最後假設，再從未標示的例句中一一選擇符合假設的範例，分出正例與反例，直到學生確定為止。然後，學生自己再舉出同樣符合假設的範例，教師與學生共同證實他們的假設，或者修訂他們的假設。教師在確認學生的假設之後，就可將概念予以命名，並且根據關鍵屬性重述概念的定義。

3. 第三階段：思考策略的分析。學生分析並描述過程中他們的想法，特別是他們將焦點放置在屬性的部分、還是概念的部分。他們是一次只聚焦在一個屬性、還是一次多個屬性？當他們的假設不正確的時候，他們會怎麼辦？他們改變策略了嗎？漸漸的，學生能夠比較出不同策略具有不一樣的效率。

本文以康軒版之社會四上的第五單元「家鄉的節慶與節日」為例，說明如何進行「概念獲得模式」的教學過程。該單元共分成兩課，分別為「傳統節慶」與「現代的節日」。課文的內容主要是認識：(1)傳統節慶：農曆春節、清明節、端午節、中元節、中秋節、重陽節等這些以農曆為主的傳統節慶，及其活動內容與節慶來源；以及布農族播種祭、阿美族豐年祭、排灣族五年祭、卑南族大獵祭等原住民節慶與活動內容。(2)現代節慶：各種行業的節慶、不同的個人節慶、以及國家的節慶等這些以陽曆為主的節慶，以及萬聖節、聖誕節等外來文化的節慶。根據課文中的描述，總共分成五大類別。這五大類的節慶均包含日期、意義與習俗等。雖然課文中沒有列出各種節慶的日期，但是大部分的教師會依照節慶日期的先後教導這些節慶的資訊，所以，節慶的日期也會包含在這些教學的內容裡。綜觀整個單元中的節慶，至少可以分成五大類，那麼進行節慶的分類就成為「概念獲得模式」的主要任務。整個教學模式要進行的步驟如表4-4教案所示（本教案僅呈現兩類節慶，餘者類推）。

**表4-4 概念獲得模式之教案**

| 社會領域 | 康軒版四上第五單元 | 第一課 傳統節慶 | 第二課 現代的節日 |
|---|---|---|---|

教學資源：課文、月曆、節慶圖片、範例PPT檔

教學分析

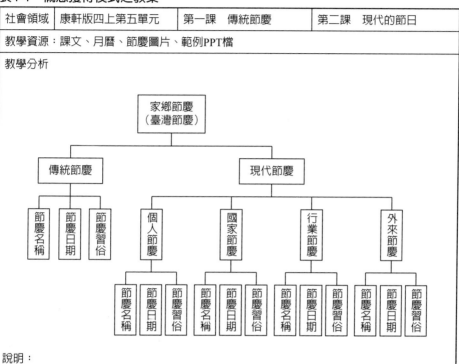

說明：

1.本單元教學之內容為學生生活情境中所熟悉之社會活動，因此將學習的重點置於概念獲得的學習。

2.本單元使用概念獲得模式教學法進行活動，其主要目的是建構認知的概念，並且能掌握不同概念的構成，是以思考為主的學習。

| 單元目標 | 學習目標 | 備註 |
|---|---|---|
| 學生能認識傳統節慶 | 學生能指出所有傳統節慶的名稱 | |
| | 學生能指出所有傳統節慶的日期 | |
| | 學生能說出所有傳統節慶的習俗 | |
| 學生能認識現代節慶 | 學生能指出個人節慶的名稱 | |
| | 學生能說出個人節慶的意義 | |
| | 學生能說出個人節慶的活動 | |
| | 學生能指出國家節慶的名稱 | |
| | 學生能說出國家節慶的意義 | |
| | 學生能說出國家節慶的活動 | |

| | | |
|---|---|---|
| | 學生能指出行業節慶的名稱 | |
| | 學生能說出行業節慶的意義 | |
| | 學生能說出行業節慶的活動 | |
| | 學生能指出外來節慶的名稱 | |
| | 學生能說出外來節慶的意義 | |
| | 學生能說出外來節慶的活動 | |
| 學習目標 | 教學內容與活動 | 備註 |
| 學生能指出節慶的特徵 | 一、引起動機<br>Q1：你認不認得照片中的活動是哪一個節慶才有的？ | 節慶圖片 |
| 學生能指出節慶的日期 | Q2：請你在月曆上找到節慶的日期？ | 月曆 |
| 學生能組織節慶的概念 | 二、目標說明<br>將目標提示於黑板上<br>1.學生能說出節慶的類別<br>2.學生能辨別節慶的屬性特徵 | |
| | 三、概念獲得活動 | |
| | 第一階段呈現資料與確認概念 | |
| | 第一組：<br>1.呈現第一個例子<br><table><tr><td>對</td><td>錯</td></tr><tr><td>1.中秋節</td><td>勞動節</td></tr></table> | PPT-1 |
| 學生能提出假設 | 2.比較標示為「對」的正例與「錯」的反例，請你提出一個「假設」或是「原因」讓正例是「對」而反例是「錯」的？ | |
| 學生能測試假設 | 3.請寫下第一個例子的「假設」或是「原因」。 | |
| | 4.呈現第二個例子<br><table><tr><td>對</td><td>錯</td></tr><tr><td>2.春節</td><td>元旦</td></tr></table> | PPT-2 |
| 學生能測試假設 | 5.依照第一個例子的「假設」或是「原因」，測試第二個例子中標示為「對」的正例，其結果是否為「對」；測試「錯」的反例，其結果是否為「錯」？ | |
| | 6.如果測試的結果都符合「對」的例子為對，「錯」的例子為錯，就繼續測試第三和第四個例子。 | |

| | | |
|---|---|---|
| 學生能修改假設 | 7. 如果你發現用第一個例子的「假設」或是「原因」，去測試第二個例子，其結果不對，就要找其他可能的第二個「假設」或是「原因」，然後再從頭開始測試，直到第三個與第四個例子為止。 | |
| | 8. 呈現第三個例子<br><br>| 對 | 錯 |<br>|---|---|<br>| 3.端午節 | 兒童節 | | PPT-4 |
| 學生能測試假設 | 9. 你假設的「假設」或是「原因」都對嗎？要不要更改？ | |
| | 10. 呈現第四個例子<br><br>| 對 | 錯 |<br>|---|---|<br>| 4.重陽節 | 母親節 | | |
| 學生能測試假設 | 11. 你的假設「假設」或是「原因」還是正確的嗎？要不要更改？<br>12. 你有沒有發現剛剛四個例子中屬於「正例」的節慶：中秋節、春節、端午節、重陽節等，基於什麼樣的「假設」或是「原因」會讓它們同屬於「正例」的節慶？ | |
| 學生能說出傳統節慶的定義 | 13. 教師公布答案<br><br>| 傳統節慶 |<br>|---|<br>| 1.中秋節 |<br>| 2.春節 |<br>| 3.端午節 |<br>| 4.重陽節 |<br><br>14. 要求學生說出傳統節慶的定義 | |
| | 第二組：<br>1.呈現第一個例子<br><br>| 對 | 錯 |<br>|---|---|<br>| 1.兒童節 | 春節 | | |
| 學生能提出假設 | 2. 比較標示為「對」的正例與「錯」的反例，提出你的「假設」或是「原因」，讓正例是「對」而反例是「錯」的？把它寫下來。 | |

| 學生能測試假設 | 3.呈現第二個例子 | |
|---|---|---|
| | 對 錯 | |
| | 2.母親節 軍人節 | |
| 學生能修改假設 | 4.用第一個例子的「假設」或是「原因」，測試第二個例子，結果是否符合？需要更改嗎？ | |
| | 5.呈現第三個例子 | |
| | 對 錯 | |
| | 3.父親節 警察節 | |
| 學生能測試假設 | 6.用前面例子的「假設」或是「原因」，測試第三個例子，結果是否符合？需要更改嗎？ | |
| 學生能認出個人的節慶 | 7.呈現第四個例子 | |
| | 對 錯 | |
| | 4.婦女節 律師節 | |
| | 8.用第三個例子的「假設」或是「原因」，繼續測試第四個例子，結果是否符合？需要更改嗎？ 9.你有沒有發現這一組的四個「正例」：兒童節、母親節、父親節、婦女節，都可以因為哪一個「假設」或是「原因」讓它們可以同屬於「正例」的節慶？ | |
| 學生能說出個人節慶的定義 | 10.教師公布答案 | |
| | 個人節慶 | |
| | 1.兒童節 | |
| | 2.母親節 | |
| | 3.父親節 | |
| | 4.婦女節 | |
| | 11.要求學生說出個人節慶的定義（其餘類推） | |
| 第二階段測試概念的獲得 | | |

| 學生能依照節慶的概念分類 | 1.呈現例一： | |
|---|---|---|
| | <table><tr><td>國慶日</td><td>警察節</td></tr><tr><td>春節</td><td>聖誕節</td></tr><tr><td>元旦</td><td>兒童節</td></tr></table> | |
| | 2.將例一的節慶分類，分出「正例」與「反例」，並說出「正例」的節慶是屬於哪一類的節慶？ | |
| 學生能將節慶分類 | 3.教師公布答案 | |
| | <table><tr><td>現代節慶</td><td>傳統節慶</td></tr><tr><td>國慶日</td><td>春節</td></tr><tr><td>警察節</td><td></td></tr><tr><td>元旦</td><td></td></tr><tr><td>聖誕節</td><td></td></tr><tr><td>兒童節</td><td></td></tr></table> | |
| | 4.教師重述「現代節慶」、「傳統節慶」的定義 | |
| 學生能提出假設 | 5.呈現例二： | |
| | <table><tr><td>兒童節</td><td>青年節</td></tr><tr><td>母親節</td><td>國慶日</td></tr><tr><td>元旦</td><td>婦女節</td></tr></table> | |
| 學生能將節慶分類 學生能產出自己的範例 | 6.將例二的節慶分類，分出「正例」與「反例」，並說出它們各屬於哪一類的節慶？ 7.教師公布答案 | |
| | <table><tr><td>個人節慶</td><td>國家節慶</td></tr><tr><td>兒童節</td><td>元旦</td></tr><tr><td>母親節</td><td>國慶日</td></tr><tr><td>青年節</td><td>光復節</td></tr><tr><td>婦女節</td><td>行憲紀念日</td></tr></table> | |
| | 8.教師重述「個人節慶」、「國家節慶」的定義 9.學生依照上例，產出自己的範例給同儕作練習 | |
| | 第三階段思考策略的分析 | |

| 學生能指出自己的思考策略<br><br>學生能分享自己的思考策略 | Q1：你在尋找正例中節慶的類別時，只看標示「對」的那一組節慶？還是「對」與「錯」兩兩相比較？<br>Q2：你是假設第一個「對」的節慶的類別，再去測試「錯」的那一組嗎？<br>Q3：你是假設第一個「對」的節慶的類別，再去測試其他「對」的那一組的節慶嗎？ | |
|---|---|---|
| | Q4：你是假設第一個「對」的節慶的類別，然後去測試「錯」的那一組的第一個節慶嗎？<br>Q5：你將節慶分類成「對」與「錯」的類別時，是把其中一個節慶的類別作為假設，去測試能不能把它們分類嗎？<br>Q6：你是先假設一個「類別」，再去測試它能不能成功的把節慶分類嗎？<br>Q7：過程中，你在哪一個步驟的範例中有更改你的「類別」？為什麼？ | |

# 教案說明

## 一、前置作業

1. 教材來源：本教案利用康軒版社會領域四上第五單元作為設計，將單元按照叢集分析法分析如表4-4。

2. 按照教學分析之結果，將上層之概念作為單元目標之對象；其下層之概念因為包含的範圍較小，寫成學習目標。

## 二、教學活動

1. 引起動機：本單元是學生非常熟悉的主題，故利用圖片和月曆將課文內所提到的節慶一一說明。而引起動機活動所需的資源，在備註欄中皆有註明。

2. 目標說明：本單元是利用該課文內容進行「概念」的訓練，因此有必要向學生加以說明。

3. 第一階段呈現資料與確認概念：教師首先將節慶以兩個一組的方式呈現給學生看，上面分別列有「○」與「×」（對、錯）之字樣。學生針對「○」的例子進行思考，將「×」的例子作為測試比較之用。要求學生寫出「○」的例子所屬的節慶類別，並且將它和「×」的例子比較，是否「○」者為對，「×」者為錯。如果是的話，把這個「假設」寫下來，準備測試第二個例子；否則就修改，直到測試結果正確為止。

4. 將剛剛的假設作第二個例子的測試，看結果如何，符不符合「○」者為對，「×」者為錯的原則。符合的話就保留，否的話就修正「假設」。

5. 繼續測試第三和第四個例子。

6. 教師公布答案，並要學生說出該節慶類別的定義。

重複前面的「提出假設」、「測試假設」、「確認假設」、以及「重述定義」。

7. 第一階段測試概念的獲得：這個階段是將沒有標示「○」、「×」的節慶範例，要求學生將它們以「○」、「×」的方式分類。等學生確定好他們的分類以後，教師公布答案，並且重述該「類別」節慶的定義和屬性。

8. 重複進行「提出假設」、「依假設分類」、「確認假設」。

9. 學生經過練習以後，對於「類別」（概念）應該很清楚了。嘗試自己做類似的範例，提供班上練習，可以更加深對於「類別」（概念）的掌握。

10. 進行思考策略的分析：詢問學生在前面兩個階段中如何思考，藉此讓學生反省自己思考的策略，也聆聽同儕思考的策略，兩相比較之下，可以有機會分享到他人的策略。

下列表4-5中呈現實際在教室內操作概念獲得模式教學的情況，如果以PPT檔案方式操作的話，可以收事半功倍的效果。當然也可以利用其他的方式，例如：使用魔鬼氈或是磁鐵等工具將節慶的字卡黏貼或移動，都是可行的方式。

表4-5　概念教學法之概念教學操作

| | PPT畫面 | 操作與提問 |
|---|---|---|
| 第一組資料 | | |
| 第一例 | 猜猜看為什麼？<br><br>○　　　　X<br>○中秋節　·概念1　○勞動節 | Q1：銀幕上有「○」、「X」兩個記號。其中「○」代表對的例子，「X」代表錯誤的例子。<br>Q2：請你在紙上寫下一個理由為什麼中秋節是對的？而這個理由使得勞動節變成是錯誤的例子。 |
| 第二例 | 猜猜看為什麼？<br><br>○　　　　X<br>○中秋節　·概念1　○勞動節<br>○春節　　·概念2　○元旦 | Q3：用剛剛你寫下的理由，測試第二個例子。這個理由是不是也讓春節成為對的例子，而元旦成為錯誤的例子？<br>Q4：如果你的理由不成立，那你要改成什麼理由？寫在紙上。你必須重新測試第一和第二個例子。 |
| 第三例 | 猜猜看為什麼？<br><br>○　　　　X<br>○中秋節　·概念1　○勞動節<br>○春節　　·概念2　○元旦<br>○端午節　·概念3　○兒童節 | Q5：把你的理由測試第三個例子。它成不成立？你還要不要修改呢？如果有修改，請你從第一個例子再重新測試。 |
| 第四例 | 猜猜看為什麼？<br><br>○　　　　X<br>○中秋節　·概念1　○勞動節<br>○春節　　·概念2　○元旦<br>○端午節　·概念3　○兒童節<br>○重陽節　·概念4　○母親節 | Q6：用你寫下的理由再測試第四個例子，它是不是可以成立？ |

| | | |
|---|---|---|
| | 猜猜看為什麼？<br><br>○ X<br>○中秋節 ．概念1　○勞動節<br>○春節　 ．概念2　○元旦<br>○端午節 ．概念3　○兒童節<br>○重陽節 ．概念4　○母親節 | Q7：你可不可以說一說什麼樣的理由讓中秋節、春節、端午節、重陽節都是對的例子？ |
| | 漢人傳統節慶<br><br>○農曆　　　○中秋節<br>○漢民族　　○春節<br>　　　　　　○端午節<br>　　　　　　○重陽節 | 教師呈現答案。讓中秋節、春節、端午節、重陽節成為對的例子的理由是它們都屬於「傳統節慶」的類別。 |
| 第二組資料 | | |
| 第一例 | 猜猜看為什麼？<br><br>○ X<br>○兒童節　◆概念1　○春節 | Q1：寫下來一個理由，它會讓兒童節成為對的例子，而春節變成錯誤的例子？ |
| 第二例 | 猜猜看為什麼？<br><br>○ X<br>○兒童節　◆概念1　○春節<br>○母親節　◆概念2　○軍人節 | Q2：用剛剛寫下來的理由，測試第二個例子，結果是不是母親節是對的，而軍人節是錯的？如果你的理由不對，你要改成什麼？如果你需要改，就要再用新的理由重新測試一下第一和第二個例子。 |

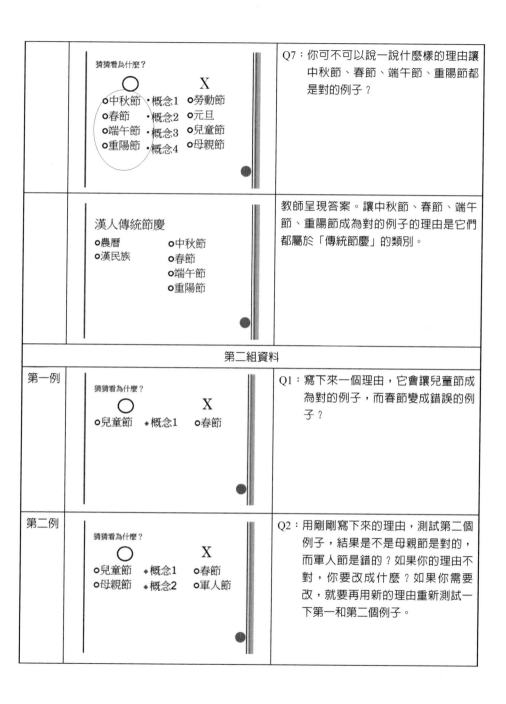

| 第三例 | 猜猜看為什麼？<br><br>○ 兒童節　◆概念1　○春節<br>○ 母親節　◆概念2　○軍人節<br>○ 父親節　◆概念3　○警察節 | Q3：用你的理由再測試第三個例子，父親節是對的，而警察節是錯的？如果是，就進行下面的測試；如果不是，就要改成什麼，才能讓第一例到第三例是符合畫面中的結果？ |
|---|---|---|
| 第四例 | 猜猜看為什麼？<br><br>○ 兒童節　◆概念1　○春節<br>○ 母親節　◆概念2　○軍人節<br>○ 父親節　◆概念3　○警察節<br>○ 婦女節　◆概念4　○律師節 | Q4：最後，用你的理由再測試一下，你的理由會讓婦女節是對的節日，而律師節是錯誤的節日。 |
| | 猜猜看為什麼？<br><br>○ 兒童節　◆概念1　○春節<br>○ 母親節　◆概念2　○軍人節<br>○ 父親節　◆概念3　○警察節<br>○ 婦女節　◆概念4　○律師節 | Q5：說說看，兒童節、母親節、父親節、婦女節都有什麼共同的條件才能讓它們分在同一類呢？ |
| | 個人節慶<br><br>○ 社會中之個人依照年齡、性別、身份而慶祝之節慶<br><br>　　○兒童節<br>　　○母親節<br>　　○父親節<br>　　○婦女節 | 教師呈現答案。讓兒童節、母親節、父親節、婦女節成為對的例子的理由是它們都屬於「個人節慶」的類別。 |

| 第二階段測試概念的獲得 | |
|---|---|
| 你可以把它們分成哪兩大類？<br><br>| 國慶日 | 警察節 |<br>| 春節 | 聖誕節 |<br>| 元旦 | 兒童節 | | Q1：你可以把它們分成兩大類嗎？ |
| | 現代節慶 | 傳統節慶 |<br>| 國慶日 | 春節 |<br>| 警察節 | |<br>| 元旦 | |<br>| 聖誕節 | |<br>| 兒童節 | | | 教師呈現答案 |
| 你可以把它們分成哪兩類嗎？<br><br>| 兒童節 | 青年節 |<br>| 母親節 | 國慶日 |<br>| 元旦 | 婦女節 | | Q2：你可以把它們分成哪兩大類？ |
| | 個人節慶 | 國家節慶 |<br>| 兒童節 | 國慶日 |<br>| 母親節 | 元旦 |<br>| 婦女節 | |<br>| 青年節 | | | 教師呈現答案 |

　　以上的操作，不論是投影片中所列的「概念」、或是教師以口頭方式提問「理由」、還是「假設」，都是指向同一件事，那就是知識類別的名稱也就是Bruner所稱之「概念」。其過程是學生必須根據不同的事實歸納出共同的特徵，作為知識分類的條件，將知識予以分類，形成架構組織。它整個過程就是提出「假設」－「驗證」，獲得「概念」的循環。由於過程中教師不斷的提問「為什麼？」，學生因此被要求思考與回答，此時可以說學生就是在「參與學習」當中。整個教學過程完成後，學生已然「自行」建構了單元內知識的架構，而非教師強行灌輸的，因此能夠容易融入學生原有認知架構當中，形成認知的成長。

　　以此單元為例，傳統的教學方式大都以教導各種節慶的活動為主，也就是是以「事實」為教學的內容，也因為如此，往往忽略對於知識的「概念」的重視。以認知心理學對學習的主張而言，知識的「概念」才是組織學習者腦海中「認知架構」或是「基模」成長的重要關鍵。因此，Bruner認為，學習者能了解概念與概念、事實與事實、事實與概念之間的相互關係，才是教學主要的任務。因此，教師必須不斷的提供事例讓學生透過直覺思考、比較分析、對照等方法獲得概念。

　　教師在進行「概念獲得模式」的教學前，應該先選擇、組織資料，分別組成正例與反例，並且將它們按照順序排列。除了課本內容中萃取出正例以外，需要多準備適當的正確例子以及錯誤例子，以便在教學過程中對照、比較使用。本教學模式是藉由大量的例子，不論是正例或反例，透過學生的認知操作，根據「概念」的原則辨認出其類別。教師則在過程中記錄學生的假設、導正他們的假設，同時不斷的呈現新資料。

　　「概念獲得模式」的教學歷程不斷的以教師的提問：「為什麼？」為引導，學生則不斷的思考、回答，整個學習的歷程也就在「假設、驗證、再假設、再驗證」的循環中進行，最後獲得理解的概念。

　　在整個教學的過程中必須對學生的假設給予支持，而且要在測試假設的過程中不斷製造和學生對話的機會，鼓勵他們對於自己的假設進行測試。在最後的階段，教師特別要鼓勵學生分析自己在整個分類過程中如何思考、使用何種策略，並找出其優點，而不是指出哪一種策略是最好的。

另外要注意的是，在這個過程中，學生並不是要去創造或發明新的「概念」，而是獲得教師選定的「概念」。

　　「概念獲得模式」是為教導特定「概念」、以及「概念」本質的教學，它不僅提供學生練習歸納的推理活動，而且提供改變或改進學生建構概念策略的機會。特別當「概念」是非常抽象的，學生對於「分類」策略的經驗可以培養對他類的「分類」、自我察覺，以及對「邏輯」推理的敏銳和對模糊性（ambiguity）的容忍。

# 第四節　歸納思考教學法

　　培養學生的思考能力一直是我國的教育目標，思考能力的培育也可能是教育史上討論最長久的課題之一（Joyce & Weil, 1986）。雖然許多的教學理論和模式的設計其最終目標便是透過知識概念的學習，達成思考能力的培育。但是在教學的過程中，教師如何提供正確的策略與方法卻是最困難的。因此，本文的目的是根據塔巴（Taba）的歸納式思考模式，以「國小四年級之數學單元：圖形」為例，設計出三階段的教學，每一個階段代表著一種教學步驟，每一個教學步驟再以三個原型問題（prototype questions）為中心，邏輯的、循序的發展出一系列之教學策略與問題，提供教師未來作為思考能力之教學範式。本文將以實例配合理論，清楚而簡要的說明在該單元中所設計的每一個策略與步驟，以及其該模式中各個步驟的教學策略對學習者所培育的思考能力。在本文中所設計的教學步驟，將可以見到如何在教室中將「學習權」交回給學習者，卻不會讓學習者有負擔的感受；而教師在教學的過程中真正能擔任起「學習引導」的角色，卻不會感到理論的沉重。

　　數學的教學法有許多，不過目前常見於國小的大概有「建構主義教學模式」、「輔導發現法」、以及「直接教學法」（劉秋木，1996，頁198）。雖然建構主義教學對於教學的貢獻甚大，對於學習者的建構知識幫助最大，但是因其未有特殊的模式或是步驟可以依循，使教師可以遵循其既定的方式，設計其教學的活動，基本上只有原則性的概念可以幫助教

師在與學習者互動的過程中執行其引導的角色。因此對一般使用建構主義教學的教師而言，其困難度甚大。輔導發現教學法基本上與Taba的歸納有些共同點，兩者均強調學習者需要以問題的方式引導。但是卻沒有強調問題的層次與學生思考能力之關係，因此也使得教師在設計問題時，無法確定學習者運用的是何種思考能力，更遑論其與解決問題能力之間的關係了。

歸納思考教學模式是資訊處理類別中的一種，根據其特點是適合教授以概念、事實、智識技巧為主的內容。其中智識技巧包括了「解決問題、分析狀況、推論起因、預測結果」等四種（Kemp, 1985, p.62）。歸納思考教學模式是由H. Taba所設計發展出來的，其基本的設計理念是藉由教師引導的方式，使學習者發現與組織資料，發展出資料間的關係，建構其概念，並且藉由推論證明有關之假設。在這一模式中，學習者由教師的引導，進行一系列有關分辨、分類、組織、推論、證明等活動，以培養學習者從事邏輯性的思考。就此點來看，新課程中有關「培養獨立思考能力和解決問題能力」的培育，運用此種教學模式應該是非常可行且具有效用的。Taba的歸納思考教學模式不僅適合各種不同學科的概念建構，而且沒有年齡的限制，相當適合於所有的概念學習，當然也包括數學概念的學習。除了概念本身的建構，歸納思考教學模式也使得學習者可以經由其間的每一個步驟所設計的活動而獲得從事邏輯思考的能力與經驗，如此一來，更可以加強學習者在運用資訊、獨立思考與解決問題等能力的訓練。

Taba的歸納思考教學模式基本上有三大策略（strategies），每一策略代表著一個階段（stage），分別是：(1)概念形成（基本教學策略）的階段，(2)資訊解釋的階段，(3)運用原則的階段。在第一個概念形成的階段中包含了三大活動：(1)辨認和列舉與問題有關的資料，(2)根據資料間的共通性組合資料，(3)發展類別與名稱。Taba為了要使學生在過程中充分的參與這些學習活動，設計了以問問題的方式來進行第一階段的形成概念的活動。每一個問題都有其特殊的形式，以便符合各類型活動的目的。因此在Taba的模式當中，問題的形式變得很重要，因為它必須以能引導學生從事特定的思考能力為其目標。另外，Taba也對學生在回答這些問題時提出

建議，那就是學生所有的答案都必須記錄下來，直到學生回答的答案包括了所有或是大部分涵蓋發展概念所需要的資料為止。在這一個階段中的所有步驟，都是要求學習者開始對資訊作一些分類和集合的工作，這些活動主要的目的是引導學生擴展或是改變其處理資訊的能力。換言之，學習者必須要建構其概念，以便將來在面對新的資訊時可以運用。

Taba認為，在解釋資訊的階段中所引導的思考能力，有解釋、推論、歸納等能力。這個階段中進行的有三個基本的活動：(1)辨認出類別中重要的特點，(2)發展類別間的關係，(3)推論。在推論的過程中，可能發生的情況是，沒有人可以確定是否有「正確的答案」時，學生可以根據他們對問題的推論作出一些猜測來共同達成某些結果。

最後，在運用原則的階段中，從已知的情境去預測新的現象。學習者必須是經歷過前面的兩個階段後，才有可能進行這一個階段的學習。學習的活動主要是從事讓學習者提出假設、預測結果、解釋新的資料。其次是學習者提出對這些假設、結果的支持的原因或是論點。最後，學習者也必須提出事實以證明其理由或論點的正確性，或是指出適用的情境等。

本文取「幾何圖形」為例，說明「歸納思考之教學模式」之實施，如何能於「幾何圖形」的主題教學過程中加上「推理」的性質。所以，由圖形組成要素認識圖形，是藉由歸納的推理能力學習圖形，而非以圖形學習其組成的要素的演繹法。從演繹法到歸納法的教學策略說明了新課程的主張，也暗示了歸納思考在學習數學的重要性。

就「幾何圖形」的單元而言，其目標是了解幾何圖形的特徵。因此就此單元而言，一方面要建構數學的概念——「幾何圖形」，但是其所蘊含的邏輯與推理能力也很重要。此外，針對數學領域的要求，例如：解題能力、生活與其他領域中對數學的察覺等能力，數學素養、數學式的思維等都是數學領域中的目標。因此在「幾何圖形」的單元教學中，也必須能符合上述的要求。

以南一版二下數學第六單元「平面圖形」中，主要的概念為「三角形」與「四邊形」。本文以「三角形」為例，闡述其在歸納思考教學法中各階段的策略運用的方式。其餘有關圖形的教學均可以此為範例，加以修

改，即可逕行教學，可謂「舉一反三」。就「三角形」而言，兒童初次接觸到所謂「數學的」三角形，有別於生活中「類三角形」的經驗。多數的兒童都具有認識生活中三角形的能力，也能在不同的圖形中辨認出三角形。教學上可以不必從圖形中辨認出三角形，換句話說，兒童的起點行為已經是可以認出三角形、甚至是四邊形了！但是必須注意的是，數學中的「三角形」是具有數學上的意義，它必須符合數學上「邊、角、面」的構成條件，兒童就未必能具有數學定義的認知，因此教學就要從此處開始。在下列的階段中即是設定由三角形的構成元素開始。在「概念形成」的階段中的主要活動是藉著回答問題而引起學童反應，所提出的問題是以視覺可以察覺到的具體現象作為思考的標的，這也是歸納思考法的特性。Taba認為，「概念形成的教學活動」的每一個階段都有三個活動，每一個活動都利用一個原型的問題來引發學童的智能活動，不同的問題所引導出的思考的心智活動是不同的。而每個原型問題則是可以根據教學的需求套用成實際的問題，以便教師能在自己的情境中利用。表4-6說明代表每一個階段的原型問題與它們所引發的心智活動的關係。

**表4-6　問題與教學活動、心智運作之關係**

| 概念形成的教學活動 | 內在的心智活動 | 原型問題 |
|---|---|---|
| 1. 辨識與問題相關的資料 | 1. 分辨（辨認各別的物體或項目） | 1. 你看到什麼了？ |
| 2. 分類 | 2. 辨認共同特性、抽象化 | 2. 你可不可以將它們分成幾個群組？根據什麼標準？ |
| 3. 命名 | 3. 概念化 | 3. 你可不可以將群組命名？ |

　　歸納思考模式的教學步驟與階段如下：

## 一、概念形成階段

　　以下分別列出「概念形成階段」中的原型問題與實際情境所提的問題。依照表中的實際問題，要呈現可以讓學童在視覺上做出具體比較的圖像。在「概念形成階段」的問題中，各組成員開始彼此之間做出數學方面

的溝通，同時學習者也會以舊有的概念系統做分類、辨認的心智活動。例如：學童可能初次分類會朝向以線條的「色彩」作為分類的條件，但是很快的他們就會發現在例子中有三種顏色，無法分成兩個類別，因此必須放棄以「色彩」作為分類的想法。然而，「色彩」是學童分類的最優先順序，此時，學童必須放棄原有的習慣，開始思索其他分類的可能性，例如：長短。換言之，從生活上的「習慣」，轉換成趨進於數學的「邊」定義。但是此時教師還不用將「正確的定義」作為結論。至於「角」也是一樣。基本的範例也是學童必須放棄以「色彩」作為分類的原則，藉以導向其他的條件。學童可能以「大小」、「封閉、開放」、「尖角、圓角」、或是「角的邊」等特徵作分類的思考。至於「面」的問題也是一樣，數學上對三角形的面也是必須符合它是一密封的平面的定義。原則上，只要學習者能夠說出分類的原因，教師都必須接受任何可能的分類，其原因是利用同儕不同的觀點，讓學習者能察覺到自己和他人不同的認知，藉由這種相互學習，可以擴大自己的認知系統。至於學習者的分類原因只要是符合理性的原則，基本上必須給予認同。儘量鼓勵學習者分類，直到可能的分類接近於教學的目標。有時候，教師也可以給予一些引導，使學習者意識到在新的情境中，舊有的概念系統必須要做改變。但是這些引導必須是幫助學習者思考的，而不是答案。教師在初期時要有較多的耐心，並且給予學習者足夠的時間進行辨認、溝通和思考的活動。

**表4-7　三角形的邊**

| 原型問題 | 實際問題 | 學習活動 |
|---|---|---|
| 一、概念形成 | | （分組進行）*第一組圖卡*第二組圖卡 |
| 1. 你看到了什麼？ | 1. 你看到了什麼樣的線條？ | 記錄學生答案 |
| 2. 你可不可以將它們分成兩個群組？根據什麼理由？ | 2. 你可不可以將這些線條分成兩組？你根據什麼樣的條件將它們分組？ | 小組報告、記錄學生答案 |
| 3. 你可不可以將群組命名？ | 3. 你將這兩組各取一個什麼字最能代表它們的特性？ | 小組報告、記錄學生答案 |

表4-8 三角形的角

| 原型問題 | 實際問題 | 學習活動 |
|---|---|---|
| 一、概念形成 | | （分組進行）*第三組圖卡*第四組圖卡 |
| 1. 你看到了什麼？ | 1. 你看到了什麼樣的角？ | 記錄學生答案 |
| 2. 你可不可以將它們分成兩個群組？根據什麼理由？ | 2. 你可不可以將這些角分成兩組？你根據什麼樣的條件將它們分組？ | 小組報告、記錄學生答案 |
| 3. 你可不可以將群組命名？ | 3. 你將這兩組各取一個什麼名字最能代表它們的特性？ | 小組報告、記錄學生答案 |

表4-9 三角形的面

| 原型問題 | 實際問題 | 學習活動 |
|---|---|---|
| 一、概念形成 | | （分組進行）*第五組圖卡*第六組圖卡 |
| 1. 你看到了什麼？ | 1. 你看到了什麼樣的面？ | 記錄學生答案 |
| 2. 你可不可以將它們分成兩個群組？根據什麼理由？ | 2. 你可不可以將這些面分成兩組？你根據什麼樣的條件將它們分組？ | 小組報告、記錄學生答案 |
| 3. 你可不可以將群組命名？ | 3. 你將這兩組各取一個什麼名字最能代表它們的特性？ | 小組報告、記錄學生答案 |

## 二、解釋資料階段

在此階段中，即可出示具正確和不正確定義的三角形兩組圖形（第七組圖卡），並且以表4-10中的問題作為提示，讓學童藉由兩組的對照，將先前對「邊」「角」「面」的經驗運用於這一組的圖卡中作為基礎，找出將圖形分入「正確」圖形的條件。換句話說，學童開始自我察覺決定是否為正確圖形的唯一「決定性的」條件。而學童對解釋這些決定性的條件就是往後要發展成「具體定義」的前趨。在整個階段的過程中，學童都要透過不斷的相互討論、嘗試錯誤、提出假設、決定假設和歸納，這樣的過程，依據Taba的觀點，就是思考了！

表4-10　三角形的構成要素

| 二、解釋資料階段 | | 第七組圖卡（分組） | 學習活動 |
|---|---|---|---|
| 原型問題 | | 實際問題 | 第七組圖卡 |
| 1. 你在同一組的圖形中看到它們有什麼相同的性質？你如何證明？ | | 1. 你在顯示的圖形中，根據對「線」「角」「面」的特徵，你能不能說出圖形的特徵是什麼？ | 分組討論、報告記錄 |
| 2. 兩組之間的圖形有什麼相同與不同的性質？ | | 2. 你能不能說出這兩組圖形最大的不同點？ | 分組討論、報告記錄 |
| 3. 你可不可以就這兩組圖形作成結論？ | | 3. 你能不能找出將圖形分入這兩組圖的最重要條件？ | 分組討論、報告記錄、教師整理 |

　　解釋資料的階段是歸納思考教學模式的第二個階段。學習者開始辨認出概念的基本事實，經由再次的分類事實而予以通則化和形成架構，成為概念系統中的因素。這樣的過程符合了Taba對於思考必須具備有合法性（lawful）的次序原則。學習者利用舊有的概念系統，將許多資訊或事實經過第一階段的分類之後，透過第二階段的解釋，而賦予新的意義與架構，在原有的概念系統中逐步的擴張，使得學習者將來面對新的情境，依然可以依照同樣的思考步驟進行對新資訊的處理。這是在Taba教學模式中一項重要的意義！Taba將第二個階段中所建立的重要概念，在不同的情境中用以解釋新的現象，視為原則之應用。在每一個階段中，最重要的工作就是擴充學習者的處理資料能力。依循科學化、理性的步驟，逐步的建立與熟悉運用自己的概念系統。在第三個階段中的第一個活動是要求學習者預測結果、解釋不熟悉的資料、或是形成假設。接著，學習者必須提出解

表4-11　解釋資料階段、心智運作與原型問題之關係

| 解釋資料的教學活動 | 內在的心智活動 | 問題類型 |
|---|---|---|
| 1. 辨認重要的關係 | 分辨 | 1. 你在同一組的圖形中看到它們有什麼相同的性質？你如何證明？ |
| 2. 發展關係 | 發展類別之間的關係或是因果關係 | 2. 兩組之間的圖形有什麼相同與不同的性質？ |
| 3. 作推論 | 找出隱含的關係 | 3. 你可不可以就這兩組圖形作成結論？ |

釋預測或是支持假設。最後，學習者必須證實這些預測或是指出可以證實這些預測的可能情況。

## 三、運用原則階段

在這個階段，運用數學的概念觀察生活的周遭，使學習者意識到原來生活中處處是數學。在上述的例子中，學習者必須思考生活中與數學的連結。然而在整個教學設計中，學習者的語言表達更顯得重要，因為藉著所提出的假設「假如我們沒有三角形的概念，會發生……」，兒童必須開始思考可能的推論結果，以實驗或是蒐集資料的方式，推理出原因。Taba建議，所有的推論或解釋都必須按照學習者所蒐集的資料進行推理或是解釋，因此，語言的邏輯性在這樣的情境中是非常重要的。

表4-12　運用原則階段

| 原型問題 | 實際問題 | 學習活動 |
| --- | --- | --- |
| 1. 如果……，什麼事會發生？ | 說出如果三角架的三支腳變成四支腳的話，會發生什麼事？ | 分組討論、實驗、報告記錄 |
| 2. 為什麼你認為它會發生？ | 你認為有沒有可能改變三角架的腳數會更好？ | 分組討論、報告記錄 |
| 5. 你認為它一定會發生，還是可能會發生？ | 你可不可以證實你的推論？ | 分組討論、報告記錄、教師整理 |

列出問題的形式與兒童應用心智的關係。在「運用原則」階段，兒童不僅將「三角形」的概念運用於生活中的情境，同時更進一步的連結其他的知識一起運作，以解決問題。因此在兒童的原有知識系統中，融入了新的知識概念，並且也在其系統中產生運作的機制。在此階段，教師觀察兒童處理資料的過程，適時的以問題引導兒童，幫助他們處理大量的資訊。而問題的目的是發展兒童的思考能力，讓兒童消化其所學到的知識，並且培養其處理大量資訊的能力。根據已知的概念在新的情境中預測結果或是解釋現象，都是思考能力的一種表現。

表4-13　運用原則階段原型問題與教學活動、心智運作之關係

| 運用原則的階段 | 內在的心智活動 | 原型問題 |
|---|---|---|
| 1. 預測結果、解釋未知的現象與假設 | 分析問題的本質與搜尋相關知識 | 如果……，什麼事會發生？ |
| 2. 解釋或支持預測與假設 | 決定預測與假設的因果關係 | 為什麼你會認為它會發生？ |
| 3. 澄清預測 | 運用邏輯原則或事實知識決定其必須與充分的情境 | 你認為它一定會發生，還是可能會發生？ |

　　在這樣的範例中，顯示了教師如何以問題的方式作引導，學習者又如何因引導而思考，而其所思考的能力又是哪一些？這些問題都在這個教學模式中呈現。另外，透過範例中的步驟，學習者逐漸熟悉理性、邏輯思考的步驟，也會因為學習者適應其過程，而更容易處理未來學習者在其生活中面對許多不熟知的資訊。換言之，將來學習者都可以運用同樣的模式去處理新的資訊。

　　影響教育品質的因素固然很多，但是良好的課程理念與適當的教學設計卻是影響層面最大的因素之一。九年一貫的課程帶給教育界一個全新的世紀，但是缺乏適當的教學設計卻也會使課程無法達成其目標。因此，本文也重申在注重課程改革的同時，更應該關心教學的品質，因為那是課程成功不可或缺的要素之一。

表4-14　教學過程中以圖像方式呈現並提問

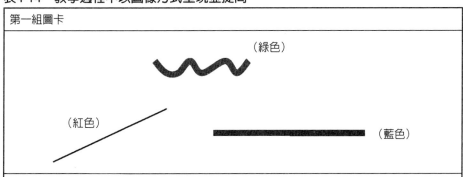

第一組圖卡

（綠色）

（紅色）

（藍色）

問題1.　你看到什麼了？
問題2.　你如何將這些線條分成兩類？
問題3.　你怎麼命名這兩類線條？

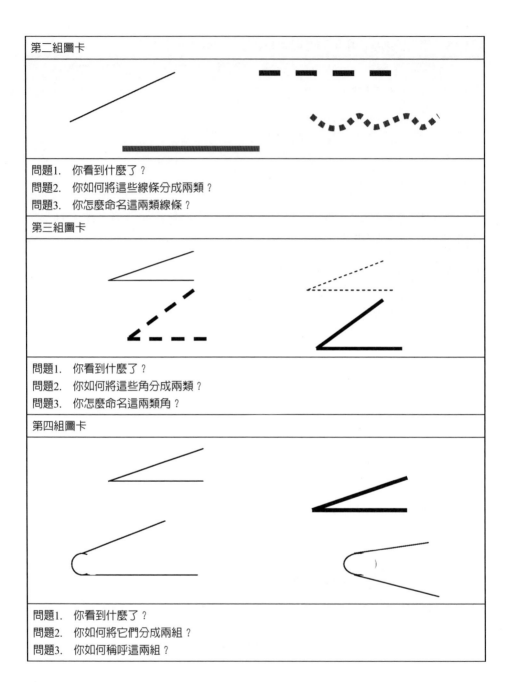

第二組圖卡

問題1. 你看到什麼了？
問題2. 你如何將這些線條分成兩類？
問題3. 你怎麼命名這兩類線條？

第三組圖卡

問題1. 你看到什麼了？
問題2. 你如何將這些角分成兩類？
問題3. 你怎麼命名這兩類角？

第四組圖卡

問題1. 你看到什麼了？
問題2. 你如何將它們分成兩組？
問題3. 你如何稱呼這兩組？

第五組圖卡

問題1.　你看到什麼了？
問題2.　你如何將它們分成兩組？
問題3.　你如何稱呼這兩組？

第六組圖卡

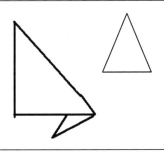

問題1.　你看到什麼了？
問題2.　你如何將它們分成兩組？
問題3.　你如何稱呼這兩組？

第七組圖卡

A

B

問題1.　A組中的圖形有哪些特徵？
問題2.　A組和B組圖形最大的不同點是什麼？
問題3.　請說出任何圖形能區分成為A組的條件是什麼？

## 第五節 翻轉教學法

翻轉教室（flipped classroom）教學模式是近幾年在臺灣掀起的教學改革，國內學者如：葉丙成、張輝誠與王政忠等，紛紛提出他們的教學策略，似乎這股改革的風潮正瀰漫在臺灣的教育界中。其實，翻轉教室的教學模式是混合完全E化學習和傳統教室學習的一種學習型態，稱為混合式學習（blended learning）。亦即，它是把傳統學習的方式和網路化學習方式結合在一起。換句話說，這種學習方式，教師要發揮引導、啟發、監控教學過程的主導方式，更要充分體現學生在學習過程中的主動性、積極性與創造性。此種教學的型態特別是在1993年A. King發表〈From Sage on the Stage to Guide on the Side〉一文，強調在課堂上用來建構知識的意義比傳播知識更形重要的觀念，開始有翻轉教室的意涵。根據此種讓課堂成為學生主動學習場所的想法，促使哈佛教授E. Mazur提出所謂的「同儕教學」（peer instruction）策略，把資訊的傳授移轉到課外，把資訊的吸收移到課堂上，可以讓他更能夠指導學生。Lage、Platt和Treglia發表一篇名為〈翻轉教室：創造全面學習環境的方法〉的文章。J. W. Baker在2000年發表一篇教育研討會的論文，其使用了「教室翻轉」（classroom flip），大概是史上第一次在媒體上提到「翻轉」這個字眼。

然而，真正讓「翻轉教室」得以實踐其理想的是「可汗學院」（Khan Academy）的建立。2004年Salman Khan成功的將錄影的影片上傳到網路上供所有的學生學習，提供課堂外學生預習或補救學習之用，自此，「可汗學院」幾乎等同是「翻轉教室」的同義。

2007年，兩位美國科羅拉多州洛磯山林地公園高中的化學老師J. Bergmann和A. Sams，將他們上課的教學以影片的方式傳給缺課的學生作為在家學習之用，讓學生在課堂上寫作業，結果沒想到成績大幅改善。他們將結果公諸於世，遂引發學界的討論。他們認為學生在看影片的時候，能夠自己掌握教材內容和學習步調，在課堂上則透過實作學習，將教材內容轉化為應用，而老師的角色也從教導者轉為引導者。引發後來許多教師的模仿，漸漸的他們也發現學生在家可以先觀看教師的講述，然後到課堂上再

接受教師指導的「概念學習」。

　　進行「翻轉教室」的教學模式，教師需要準備下列事項：

　　㈠ 準備影音資料的製作或蒐集：如果無法找到合適的影音資料，就必須自行錄製。如果是網路上的影音資料，例如：YouTube，就必須提供超連結的網址。如果是現成的網路平臺資料庫中的影音資料，也必須詳細註明單元名稱或是主題等資料，供學生進行課前的自學，例如：均一教育平臺。目前網路上的平臺大都可以利用手機連結。

　　㈡ 規劃課堂上活動與討論題目：這是小組協同的學習機會，在課堂的活動是應用、同化、吸收基本知識。

　　㈢ 規劃學生與學生、教師與學生線上溝通管道：除了觀看影片自我學習與評量之外，最好是還有學生與學生和教師可以討論的平臺。經常使用的是班級臉書（facebook）或是通訊軟體，例如：Line，增加彼此溝通的管道。

　　翻轉教室教學模式的步驟可以歸納為：(1)課前：先看教學影片，強化學習動力；(2)課中：透過測驗討論，補充不足；(3)課後：建立班級社群，促進交流。如何實際規劃翻轉教室教學模式的詳細步驟如下：

　　1. 引起動機：雖然引起動機的方式很多樣（詳見第二章第三節），根據ARCS的理論，教師改變教學法即是引起動機的一種策略。將新學習方式告知學生以引起動機。

　　2. 複習舊經驗：利用教學分析將學習者已經具備先前學習過的知識、經驗列出，特別是與新教材或單元有重要關係的概念或事實。

　　3. 課前預習：此處為翻轉教室教學模式中進行單元基本知識的學習階段，翻轉的意義在於把傳統教師教導的基本知識轉為在家自習的功課，在課堂上才能進行深度的應用與同化。預習的方法和範圍、評量結果等，均需在此階段中告知學生。

　　4. 課堂小組討論與協同：在課前預習單元中基本的知識內容，教師必須設計可以讓小組在課堂上共同討論或解決的問題，以往這是學生回家的功課。但是，翻轉教室教學模式將這兩者順序對調，基本的知識傳遞變成學生回家的功課，進階的、複雜的、困難的內容則在課堂上以小組協同的

方式解決。這個階段可以算是整個翻轉教室教學模式最重要的部分，是學生能否參與學習、主動學習、或是協同學習的關鍵。如何設計、提出好的問題是教師最大的考驗，因此教師必須謹慎為之。

　　5. 結束：相當於教師歸納整理整個單元學習的重點與結果。

　　6. 後測評量：在整個翻轉教室的教學模式完成後，還是必須進行個別學生的測驗，以充分了解個別學生學習的狀況。

**表4-15　數學翻轉教室教學模式教案**

| 數學領域：第九冊第五單元 | 單元名稱：異分母分數的加減 |
|---|---|

教學分析：

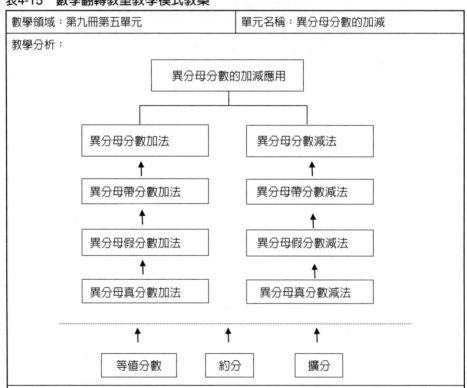

說明：

1. 本單元採用翻轉教室教學模式，學生課前自學部分以均一教育平臺上選擇康軒、小五數學、異分母分數的加減基礎影片進行基礎學習，並完成「計算異分母加法練習」。學習的進度請用班級Line報告學習的情況。

2. 教學分析圖的虛線以下為進行本單元的先備知識。

3. 課堂上將以小組方式進行異分母分數應用的協同學習，完成之後並進行後測。

教學資源：均一教育平臺、Pad或手機、Line、網際網路、學習單（課堂用）

| 學習目標：<br>1.學生能運用翻轉教室之教學模式進行自我學習<br>2.學生能應用異分母分數解決問題<br>3.學生能與小組成員合作與協同學習 |||
| :-- | :-- | :-- |
| 學習目標 | 教學活動／內容 | 備註 |
| 學生能接受新的學習任務 | 壹、引起動機<br>一、告知學習目標<br>二、說明本課之教學活動以及任務<br>三、確認學生使用網路工具（本次活動以手機方式連結均一教育平臺）<br>四、發給家長通知書 | |
| 學生能找出兩數的最小公倍數、最大公因數、等值分數的表示 | 貳、複習舊經驗<br>一、計算兩數最小公倍數<br>二、計算兩數最大公因數<br>三、等值分數 | |
| 學生能做異分母分數的加減計算<br>學生能透過均一平臺完成預習 | 參、課前預習<br>一、教師說明預習活動<br>1. 示範連結均一教育平臺<br>2. 指定預習的活動範圍<br>3. 完成預習後以Line傳送截圖的畫面<br>二、說明預習的內容綱要<br>1. 異分母真、假、帶分數加法<br>2. 異分母真、假、帶分數減法 | 網際網路<br>均一教育平臺<br>Line截圖功能 |
| 學生能合作解決問題<br>學生能做綜合應用異分母加減法<br>學生能小組合作<br>學生能上臺分享解題過程 | 肆、課堂小組討論與協同<br>1. 小組進行學習單練習<br>2. 小組報告解題過程<br>3. 教師提供回饋與輔導 | 小組學習單<br>小組報告 |
| 學生能說出單元重要的內容 | 伍、結束<br>1. 歸納整理本單元重要內容<br>2. 表揚小組 | |
| 學生能完成本單元測驗 | 陸、後測評量 | 紙筆測驗 |

# 教案說明

## 一、前置作業

1. 教學分析：利用階層分析，將本課的主題分析成組織架構的形式，另外也將先備的知識列出。唯有如此，才能決定哪些是課前預習的範圍。

2. 教學資源：將本課學習必須具備的網路搜尋引擎（Google）、均一教育平臺、Line等電腦軟體、課堂小組討論或協作的學習單列出，並於備課時設計完成。

3. 說明：由於本課使用新興的學習方法，因此有必要加以說明所有的活動內容。

## 二、教學活動

1. 引起動機：使用翻轉教室之教學模式對於學生而言就已經具有引起動機的功能，因為本單元提供有別於平常傳統式的教學方式，意即提供ARCS理論中教學方法的「變化性」。有關新的學習方式，教師必須說明清楚，以免影響它的成效。本單元因為使用均一教育平臺的資料以及通訊軟體Line，因此有關均一教育平臺和Line的使用和操作都必須向學生示範或說明清楚，另外也藉此機會確認學生有適當的工具可以使用（如圖4-1）。此外，家長需要配合的事項也一併在此告知。

2. 複習舊經驗：本單元計算異分母分數的加減，其先備知識包含算出異分母的最小公倍數或是最大公因數、擴分與約分、等值分數等分數概念，因此將它們一一列為先備知識，在教學分析圖形中列於虛線下方，表示前述的概念都是在已經教過的範圍內。

3. 課前預習：翻轉的意義在於把層次較低的知識轉為在家自習的任務，在課堂上則探討深度的知識應用。本單元將異分母分數（包含真分數、假分數、帶分數的基本加減法），列為課前預習的範圍。換言之，這些基本的計算將會是課堂上協同解決問題的基礎，將課前預習的重點以綱要的方式提供給學生，這樣一來，學生就會很清楚自己被要求預習的範

圍。

4. 課堂小組討論與協同：在課前預習的結果，教師可以隨時透過網路或通訊軟體獲知學生的狀況，所以在課堂上就不需要再講解，只要設計可以讓小組在課堂上共同討論或解決的問題，給每一組進行協同學習的機會。討論的時間必須加以控制，因為此階段不能放任學生無限制的討論與自由活動，否則難以獲得有效率的結果。對於每一組的結果，小組可以上臺說明自己的策略與過程，提供給其他小組參考。教師最後再提供回饋，增強小組的協作。

5. 結束：在小組完成協同的學習、報告分享、教師回饋之後，課程即將進入尾聲。此時將單元整個活動與各小組的報告歸納，再一次增強學生的表現是有必要的，並且表揚表現優異的小組更是將課堂帶到高潮。

6. 後測評量：學生所經歷的單元活動，包含課前預習、課堂小組協作，之後進行後測的評量，以了解個別學生學習的狀況。

對於翻轉教室的教學模式而言，教學分析的工作更是需要有嚴謹的分析。如何界定哪些能力或是知識是屬於課前自我學習的範圍、哪些是應用的延伸，都需要教師能分配得當，才不會讓教師在課堂上又要重新講解或示範，那就失去了翻轉的意義。

翻轉教室的教學模式讓教師的角色從知識的傳播者轉換成引導學習者，教室中看不到教師滔滔不絕的講課，反而是學生小組的熱鬧討論聲。因為電腦科技與網際網路平臺的發展，讓長久以來學校教育與教師教學要求學生在課前必須要預習的主張得以實現，此舉不僅讓學習者找到學習權並回歸到學習的本質——自我建構，更讓學習者感受、察覺知識應用的可能性。E化和傳統的混和是翻轉教室教學模式的特色，雖然課前預習的方式不一定要使用科技的工具，但是不可否認的是，電腦科技是翻轉教室教學模式中重要的一環，也是不可或缺的因素，成為影響翻轉教室教學成效的因素之一。

| 異分母分數的加法 | |
| --- | --- |
| ▷【基礎】異分母分數的加法<br>▷【基礎】先換帶分數再通分的異分母分數加法<br>▷【基礎】計算異分母分數的加法練習<br>★【基礎】異分母分數的加法<br>✪【基礎】先約分再通分的異分母分數加法 | |

**圖4-1　均一平臺單元畫面**

| |
| --- |
| 1.$1\frac{20}{30}-\frac{36}{28}=$ |
| 2.妹妹的餅乾棒原本比哥哥的餅乾棒長$2\frac{2}{3}$公分，妹妹吃掉一些餅乾棒後，剩下的部分反而比哥哥的餅乾棒短$1\frac{3}{4}$公分。妹妹吃了幾公分的餅乾棒？ |
| 3.甲數的12倍是7，乙數的8倍是9，甲、乙兩數的和是多少？差是多少？ |
| 4.有一條彩帶，冠宏剪掉$2\frac{1}{3}$公尺，建甫剪掉$1\frac{4}{5}$公尺，剩下$2\frac{1}{3}$公尺。這條彩帶原來長幾公尺？ |
| 5.媽媽買了一瓶2公升的牛奶，哥哥跟弟弟都喝了牛奶，哥哥喝掉$\frac{1}{3}$公升，弟弟比哥哥多喝了$\frac{1}{12}$公升，弟弟喝了幾公升？牛奶還剩下幾公升？ |

**圖4-2　異分母分數加減學習單（課堂協同）**

# 參考書目

1. 王文科（1994）。**課程與教學論**。臺北市：五南圖書。

2. 中國視聽教育學會（1998）。**系統化教學設計**。臺北市：師大書苑。

3. 教育部（1993）。**國民小學課程標準**。臺北市：教育部。

4. 教育部（2000）。**國民中小學九年一貫課程（第一學習階段）暫行綱要**。臺北市：教育部。

5. 國立臺北師範學院附設實驗國民小學（1998）。**親師手冊：國小高年級數學新課程**。臺北市：國立臺北師院實小。

6. 國立編譯館（1999）。**國民小學數學第九冊**。臺北市：國立編譯館。

7. 黃炳煌（1999）。**談「課程統整」──以國民教育九年一貫課程為例**。在新世紀中小學課程改革與創新教學學術研討會論文彙編（頁49～55），高雄：高雄師範大學。

8. 劉好（1998）。**平面圖形教材的處理**。在國民小學數學科新課程概說（頁194～213），臺北縣：臺灣省國民學校教師研習會。

9. 劉秋木（1996）。**國小數學科教學研究**。臺北市：五南圖書。

10. American Psychological Association. (1994). *Publication manual of the American Psychological Association* (4th ed.). Washington, D.C.: American Psychological Association.

11. Gagné, R. M., Briggs, L. J., & Wager, W. W. (1988). *Principles of instructional design* (3rd. ed.). New York: Holt, Rinehart.

12. Joyce, B. & Weil, M. (1986) *Models of Teaching*. (3rd. ed.). Englewood, Cliffs, N. J.: Prentice-Hall.

13. Kemp, J. E. (1985). *The instructional design process*. New York: Harper & Row.

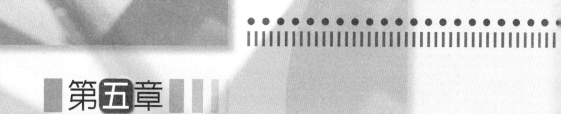

# 第五章

# 學習領域特定教學法

　　本書第四章所呈現的教學法大都是屬於一般通用的教學法，意即它們可以用在各學科的教學而絲毫沒有違合。但是，特定的學科領域仍然有自己獨特發展的一些教學法。本章即是介紹一些各領域中特別適合某一學科使用的教學法，培養進階的教學能力。其分別為：(1)數學：Polya解題歷程法；(2)國語：講述教學法；(3)自然：觀察教學法；(4)資訊融入學習：大六教學法；(5)英語：聽說教學法；(6)閩南語：聽說教學法；(7)統整課程設計：跨領域。

## 第一節　數學：Polya 解題歷程法

　　數學的教學除了可以運用「練習法」作為數學基本計算能力和簡單解題的教學外，對於想要培養學習者更上一層樓的有系統的邏輯思考能力，或是解決複雜的數學問題，就必須運用其他更有效的教學方法。目前常見於數學解題的教學模式有Polya模式、Schoenfield模式、Mayer模式等，其中以Polya四步驟解題模式最受到學者們的注意。Polya在1945出版《怎樣解題》（*How to solve it*），此書即快速成為有史以來最成功的數學書籍。本章即以Polya解題歷程的教學模式為例，說明教師如何在學生解題過程中以問題作為引導思考的方法，協助其發展有系統邏輯的解題。雖然小學的數學很少有非常複雜的解題，但是透過有目的之提問，在師生交互作用下，學生未來逐漸可以模仿教師引導提問的技巧進行自我提問、自我思考、以及自我解題。

　　如果能夠教導學習者養成習慣思考、梳理問題脈絡、形成解決問題策略的能力，將是數學教學的另一種高層次成果。一旦學習者習慣由教師提出有系統的問題作為思考解決問題的引導，依據社會心理學互惠教學（reciprocal teaching）的理論，學習者便可以進一步將整個歷程慢慢移轉到由學習者自己提問、自己解答，因此，培養學生獨立思考並進行有系統的解決問題的能力，更是數學教學另一項重要的任務。

　　「思考能不能教？」恐怕是許多人心中的疑問。Polya解題歷程即是代表教師如果有系統的提問，就可以教導學生進行思考的最佳教學範例

之一。Polya（1985）強調，解題歷程模式其最終目的是協助學習者透過複雜的問題解決歷程，作有系統的、邏輯的思考，這是數學教學的重要任務。它的基本形式是以「提問」的方式引導學習者思考、釐清、設定計畫、解決問題，因此，教師如何「提問」便成為實施解題歷程關鍵的任務。綜觀Polya的解題歷程主要分成四個階段：(1)了解問題（understanding the problem），(2)擬定計畫（devising a plan），(3)執行計畫（carrying out the plan），(4)回顧（looking back）。以下分別說明之：

㈠ 了解問題：首先，學習者必須了解題意。教師必須以問題引導學生思考：

1. 題目未知的資訊是什麼？題目有提供哪些資訊？題目提供的條件是什麼？

2. 題目提供的資訊是否滿足解題所需的條件？題目所給的條件可不可以決定題目未知的資訊？或者，題目的資訊是不足的、多餘的，還是相反的？

3. 畫出解題的圖示，並且在圖示上使用適當的註記。

4. 將題目的條件分為數個小部分，你可以寫出它們嗎？

㈡ 擬定計畫：找出題目所給的和未知資訊之間的關係。如果這種關係不是馬上可以找出來的，你就必須考慮到還有附屬的問題。最後，你應該獲得解決問題的計畫。教師要提問的問題如下：

1. 你曾經看過這樣的題目嗎？或者，你曾經看過和題目有些微不同的題目嗎？

2. 你知道有哪個類似或相關的題目嗎？你知道有哪個命題或原理可能有用嗎？

3. 仔細看題目的未知，試著回想有哪個類似的題目跟這題一樣或是很類似？

4. 這裡有一題是和你現在的題目有關，或者它和你以前解過的題目有關。你能不能利用之前的題目呢？你能不能運用它的結果？你能不能運用這一題的方法解題？你能不能再將其他附屬的要素帶入這一題，讓你可以運用它解題？

5. 你能不能用自己的話再解釋題目？你能不能再用不同的方式解釋題目？回到定義去。

6. 如果你無法解題，試著解決一部分相關的問題。你是否可以想像更容易的類似題？一個更一般的問題？或者一個更特定的問題？一個類似的問題？你能解決一部分的問題嗎？先保留一部分的條件，放掉其他的，看看距離題目不知道的還有多遠，然後決定如何變化？你能從題目的資訊找出有用的部分嗎？你能想起來有哪些資訊有助於決定題目的未知嗎？你能改變未知的或是題目的資訊，讓新的未知和新的資訊彼此能更靠近嗎？

7. 你用了所有的題目資訊了嗎？你用了所有的條件嗎？你考慮了問題的所有的概念嗎？

㈢ 執行計畫：執行解題的計畫，教師可以提問的問題如下：

1. 用你的計畫解題，仔細檢查每一個步驟。

2. 你能不能清楚的看到這個步驟是對的？

3. 你能證明它是對的嗎？

㈣ 回顧：檢查獲得的解答，教師要提問的問題如下：

1. 你檢查了解題的結果嗎？你檢查了解題的理論嗎？

2. 你能用不同的方式解題嗎？你可以一眼就看出題目怎麼解嗎？

3. 你可以將解題的結果或是方法運用到其他的問題嗎？

下列表5-1以六年級的數學有關圓周率與圓面積計算解題的單元為例，說明如何應用Polya解題的策略，提出四個層次的問題，引導學生逐步發展解題策略的思考。本單元藉由階層分析，將整個單元的內涵區分為三個主要的區塊：計算圓周長、計算圓面積、計算扇形面積。其中計算圓面積題目如下，即是本教案的主體，以下分別說明之。

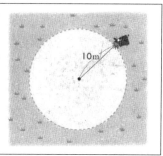

① 如右圖，一頭牛綁在草地的木椿上，繩子的長是 10 公尺，這頭牛所能吃到的草地面積大約是幾平方公尺？

## 一、引起動機

本課捨棄以實物或是其他「有趣」的方式引起學生的注意力，而是以直接「開門見山」的方式向學生宣告學習主題的重要性，同時也將之前的學習與本節課做一關聯，讓學生知道這是延續前一節課的內容。

## 二、教師引導解題

教師依照Polya解題歷程的四步驟問題開始一一詢問學生，讓他們可以遵循問題逐步走向解題的歷程。

1. 了解問題：過去教師們在此步驟中最常問的是：「小朋友看看題目，有哪裡不懂的？」殊不知，這樣的問法其實是沒有效率的，因為學生可能覺得題目的字句都看得懂，但是不知道如何計算與解題，這兩者其實有著天差地遠的不同。因此，這個步驟先要提問有關「題意」的問題。

1-1 詢問學生有關題目要解的是什麼，也就是題目「未知」的資料，題目給的資訊是什麼（如圖5-1）？

1-2 詢問學生有關題目「未知」需要的條件是什麼（如圖5-2）？

1-3 確定題目「已知」的條件（如圖5-3）。

1-4 比較「已知」和「未知」的條件，確認解題所需要的資訊（如圖5-4）。

圖5-1　列出題目已知、未知的資訊

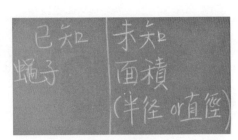

圖5-2　列出求未知的條件

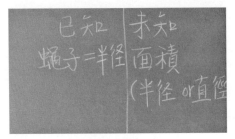

圖5-3　列出已知的條件

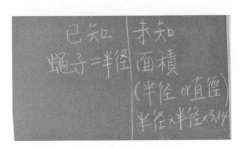

圖5-4　列出已知和未知的關係

　　2. 擬定計畫：利用之前的解題經驗，詢問學生是否解過類似的題目，或是借用之前的策略幫助現在要解決的問題。

　　2-1 詢問學生有哪一種原理可以使用？也要確認學生是否可以找出題目所提供的和未知資訊之間的關係。

　　2-2 詢問學生是否可以利用以前解題的經驗幫助目前題目的解決？

　　3. 執行計畫：讓學生依照前項步驟所得到的初步策略嘗試去解題。

　　3-1 執行解題的計畫，然後要再檢查步驟或程序是否正確無誤。在此例中即是讓學生使用電算器計算。

　　4. 回顧：讓學生檢查獲得的結果，然後再思考是否有其他的路徑也可以解決問題？

　　4-1 詢問學生確定使用了對的策略嗎？

　　4-2 要求學生驗算結果是否合理？

　　4-3 要求學生再次檢查答案的合理性。

## 三、學習回饋

當教師以問題引導學生走向解題後，由學生自行解題與計算，並且公布正確答案，給予回饋。

## 四、獨立練習

教師在課堂上以問題引導學生解題之後，由學生自行練習，此時給予學生作業或是練習單，讓學生有單獨解題的機會。

## 五、評量

在教學完成，學生也有足夠機會自行練習之後，教師就可以進行後測的評量。

Polya的解題歷程中，教師並不將解題過程實際的演練給學生觀看，這是和「練習法」最大的不同。相反的，教師將解題歷程中的資料和條件以文字敘述的方式寫下來供學生思考。值得注意的是，教師在黑板上所寫的並不是算式的本身，而是思考的重點。藉由這樣的過程讓學生得以將思考的重點化成數學的語言，進而解題，這樣的教學其實幫助了學生未來能夠看到題目的資料與條件後思考解題的步驟，相信對學生日後的思考是有幫助的。

以下利用南一版六上活動3圓面積的應用示範，如果教師想要運用Polya解題歷程的教學法的話，要如何進行？

表5-1 單元4、圓周率和圓面積

| 南一版數學：六上（第11冊） | | 班級：605班 | |
|---|---|---|---|
| 活動3：圓面積的應用 | | 教案設計：任慶儀 | |
| 教學者： | | | |

教學分析：

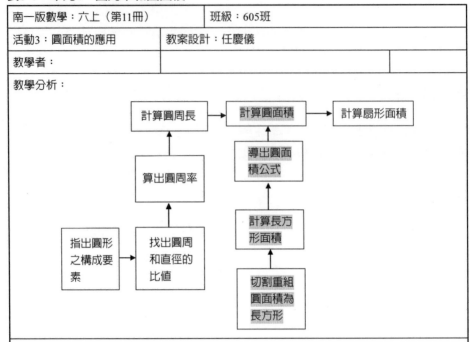

說明：

1. 對於「圓」圖形的認識，圓心、圓周、半徑與直徑的構成要素始於三年級分年細目中3-s-03。

2. 四年級分年細目（4n-18，4-s-09）為長方形與正方形面積公式。

3. 五年級分年細目則是以長方形面積推導三角型、平行四邊形、梯形面積公式，以及運用切割與重組圖形方式，將此三種圖形重組成長方形以計算其面積（5-n-18，5-s-05）。

4. 六年級分年細目（6-s-03，6-n-14）包含有「圓」面積與周長之計算，以及扇形面積之計算。

5. 扇形面積之計算不在本單元中。

| 學習目標 | 教學活動／內容 | 備註 |
|---|---|---|
| | 壹、引起動機<br>1. 學會了圓面積的公式和算法，我們如何利用它解決問題呢？ | |
| 學生能注意聆聽<br>學生能回答問題 | 貳、教師引導解題：<br>①如右圖，一頭牛綁在草地的木樁上，繩子的長度是10公尺，這頭牛所能吃到的草地面積大約是多少平方公尺？<br>㈠了解問題<br>1-1題目是要算什麼？（面積） | 電算器<br>課本62頁1 |

| | 1-2題目裡的繩子在右圖中代表什麼？（半徑） | |
| | 1-3所以，半徑是多少？ | |
| | 1-4要算面積，你需要什麼資料？題目有給這個資料<br>　　嗎？（半徑、圓周率） | |
| | (二)擬定計畫 | |
| | 2-1除了半徑、圓周率，你還知道什麼是算這一題答案<br>　　需要的資料？（面積公式） | |
| | 2-2要算面積的題目你在哪裡遇到過？（前一個活動，<br>　　活動2） | |
| | (三)執行計畫 | |
| | 3-1用電算器算算看題目中的牛可以吃草的面積。 | |
| | (四)回顧解答 | |
| | 4-1你確定用對了公式？ | |
| | 4-2你怎麼知道答案是對的？（用除法驗算） | |
| | 4-3你怎麼知道自己沒有按錯電算器的按鍵？（用估算<br>　　檢驗） | |
| | 參、學習回饋<br>教師公布上述題目之答案<br>對學生錯誤之題目，教師示範正確之解題 | |
| 學生能解決有關面積<br>問題 | 肆、獨立練習<br>完成習作 | 習作53-54頁 |
| 學生能答對85%題目 | 伍、評量<br>單元測驗 | 教師自編測驗 |

　　Polya解題的步驟是以問題引導的方式，讓學生以思考為主的教學有別於「練習法」教學的方式。教師並不示範如何計算，而是由學生自行找出可行的方式解題。Polya的理論提供給教師如何「提問」的明確指示，提出的問題也必須依照不同的步驟而有層次之差異，他的理論有助於教師找出好的、適當的問題幫助學生進行思考。所有教學的重點就在於教師是否能依照邏輯的步驟提出問題，逐步引導學生做有系統的思考，而不是胡亂的提出毫無章法的問題，攪亂學生的思維。

## 第二節 國語：講述教學法

　　教育部對語文領域中的國語科教學在實施要點中均有明確的規範，在九年一貫國語課程的實施要點中直指語文教學以閱讀為核心，而十二年一貫則是在實施要點中教材選編的部分強調以「閱讀」為軸心。從九年一貫課綱開始，及至十二年國教對於國語科而言，均是以「閱讀」為「軸心」，可見其重要性。另一個重視「閱讀」的原因大概脫不了近年來一些國際教育評比的影響，如：PISA、PIRLS等，使得政府不得不重視閱讀。再加上社會的變遷，例如：學前教育的普及率全國平均大約為70%，讓幼兒提早接觸文本，也間接提高認字與識字率，也使得識字的教學降低其急迫性，在此情況下，閱讀理解的重要性隨著政府的政策以及社會進步的現象逐漸提高，教學的策略也在兩次的課程改革中調整為以閱讀為中心。

　　國語文的教學與社會、自然、數學等領域不同，其原因在於國語文本身的課文內容並不是最重要的焦點，反而是在課文中文本語言表現的部分。因此，本案例根據教育部十二年一貫課程綱要中對國語文學習表現項目，將教學的表現活動分成：聆聽、標音符號與運用、閱讀、識字與寫字、口語表達、以及寫作等六類（如表5-2）。綜觀其類別，其實離不開傳統的國語文教學的範圍。學習內容則分成文字篇章、文本表述、文化內涵等三大類主題，以及十二項主題內容（如表5-3）。以下分別列出十二年國語文之學習重點。

**表5-2　學習表現分類**

| 學習表現 | 編碼 |
|---|---|
| 聆聽 | 1 |
| 口語表達 | 2 |
| 標音符號與運用 | 3 |
| 識字與寫字 | 4 |
| 閱讀 | 5 |
| 寫作 | 6 |

表5-3　學習內容分類

| 主題 | 主題代碼 | 項目 | 項目代碼 |
|------|----------|------|----------|
| 文字篇章 | A | 標音符號 | Aa |
| | | 字詞 | Ab |
| | | 句段 | Ac |
| | | 篇章 | Ad |
| 文本表述 | B | 記敘文本 | Ba |
| | | 抒情文本 | Bb |
| | | 說明文本 | Bc |
| | | 議論文本 | Bd |
| | | 應用文本 | Be |
| 文化內涵 | C | 物質文化 | Ca |
| | | 社群文化 | Cb |
| | | 精神文化 | Cc |

　　大體上來說，十二年國教的國語文教學內涵較傳統的教學，差異在於多強調了文本中「文化內涵」的部分，其餘者大致相同。

　　根據國內學者陳弘昌的分析，國語文特有的教學內容如下：

　　1.內容深究：指課文涵義的方面，宜用字義（30%）、推論（30%）、預測（30%）等比例問題引導學生探討課文及課文的主旨。

　　2.形式深究：指課文結構方面，包括探討課文的文體、層次布局、分段大意、大綱結構等。

　　3.課文特色：指課文中句型、標點符號、文法、修辭等。

　　4.生字語詞：指語詞的詞性、定義，以及生字的字音、字形、字義等。

　　然而，在教學順序上，相較於過去傳統國語文的習慣是以生字、語詞作為教學的開始，從九年一貫開始到十二年一貫課程則因為強調課文的閱讀理解的重要性更勝於生字語詞，將課文的閱讀理解作為教學的開始，才能符應新課綱的實施要點中的精神。以下就以三上國語文單元為例，利用講述教學法所呈現的教學內容、步驟、以及順序，以教案方式呈現。

　　由於國語科整個教學使用講述教學法的機會很高，為避免學生感覺枯燥，宜以問答的方式取代講解，讓學生有「參與」學習的機會。因此，以下的範例即有講解與問答兩種形式共存，這也是講述教學法普遍的形式。另外，下列之教案是以全單元之教學為例，並非以「節」為單位撰寫，此舉的目的是將國語文的教學以整體的方式呈現，而非片斷的過程，使用時可斟酌其中的要項自行調整。

表5-4　國語文教學教案

| 國語科康軒版三上 | 第一單元　時間的腳步 | 第二課：小鞋子 |
|---|---|---|
| 教學資源：嬰兒鞋、PPT檔 | | 節數：5節 |

教學分析：

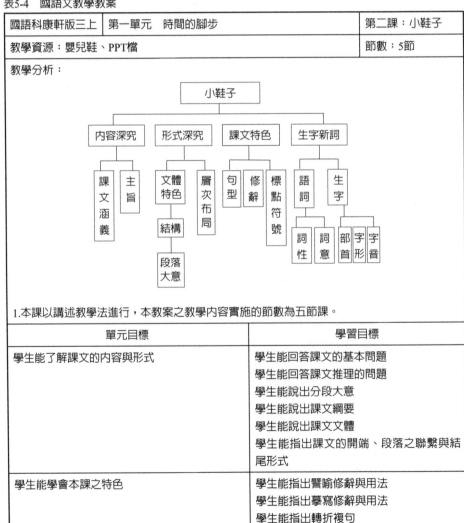

1.本課以講述教學法進行，本教案之教學內容實施的節數為五節課。

| 單元目標 | 學習目標 |
|---|---|
| 學生能了解課文的內容與形式 | 學生能回答課文的基本問題<br>學生能回答課文推理的問題<br>學生能說出分段大意<br>學生能說出課文綱要<br>學生能說出課文文體<br>學生能指出課文的開端、段落之聯繫與結尾形式 |
| 學生能學會本課之特色 | 學生能指出譬喻修辭與用法<br>學生能指出摹寫修辭與用法<br>學生能指出轉折複句<br>學生能說出句型之文法 |

| 學習目標 | 教學活動 | 備註 |
|---|---|---|
| | 學生能用句型造句<br>學生能使用刪節號 | |
| 學生能辨明語詞 | 學生用語詞造句<br>學生能指出語詞的詞性 | |
| 學生能認識生字 | 學生能說出生字的形、音、義<br>學生能用生字造詞 | |
| 學生能分享對時間消失的感想 | 學生能分享自己的經驗 | |
| 學習目標 | 教學活動 | 備註 |
| 學生能回答教師所提問之問題<br>學生能注意說話時的禮貌<br>學生能專心聆聽 | 壹、引起動機<br>Q1：老師手上的小鞋子和小衣服是誰會穿的呢？<br>Q2：你們小時候有沒有穿過這麼小的鞋子？<br>Q3：多久以前穿的？<br>「我們今天來看看有關小鞋子的故事。」 | 嬰兒鞋 |
| 學生能注意聆聽 | 貳、明示大綱（目標）<br>說明與呈現目標 | PPT檔（目標） |
| 學生能回答問題 | 參、喚起舊經驗<br>Q1：小朋友記不記得上學期上的國語課「門牙掉了」？門牙掉了代表什麼意思？<br>Q2：長大了，小時候的衣服、鞋子穿不下了，怎麼處理它們？<br>Q3：你們有留下一些小時候的紀念品嗎？你怎麼保留它們的？說說看。 | |
| 學生能說出課文大略的意思 | 肆、講述學習內容<br>(一)概覽課文<br>1. 全班默讀 | |
| 學生能回答課文問題 | (二)內容探究<br>Q1：主角和媽媽整理房間的時候拿出了一堆什麼？<br>Q2：這些小鞋子是誰的？<br>Q3：有一雙小布鞋上面的小白兔只剩一隻，為什麼？<br>Q4：有一雙鞋很像小船，是誰送的？<br>Q5：看到這些已經穿不下的鞋子，作者想到什麼？ | PPT檔（深究問題） |

| | | |
|---|---|---|
| | Q6：你覺得作者應該是什麼時候整理鞋子的？（推論）<br>Q7：你覺得作者應該是位男生還是女生？為什麼？（推論）<br>Q8：這篇課文是說明時間過得很快？還是我長大了？還是鞋子的故事？說說看你的理由。（推論） | |
| 學生能分辨出段落中的關鍵句<br>學生能根據前後文擴寫和縮寫關鍵句<br>學生能說出段落大意<br>學生能統整所有段落大意<br>學生能將各段落大意縮寫成課程大意 | (三)形式深究<br>1. 分段大意<br>Q1：第一段裡面最重要的是哪一句話？能不能根據這句話的前後文擴寫或縮寫它呢？<br>Q2：第二段裡面哪一句話最重要？能不能把這兩句話縮寫成一句？<br>Q3：第三段最重要的一句話是什麼？能不能把它縮寫一下？<br>Q4：第四段裡面最重要的是哪一句話？ | PPT檔（課文段落） |
| 學生能說出課文大意 | 2. 課文大意<br>Q1：小朋友可不可以將各段大意再縮寫成一句話？ | |
| 學生能建構本課大綱 | 3. 大綱：<br><br>Q1：小朋友能不能把各段大意的句子再縮簡為更短的語詞列在樹狀圖中？ | PPT檔（綱要架構） |
| | 4. 文體<br>Q1：根據剛剛寫的大綱，本課敘述了作者的什麼事？所以應該是什麼文體？ | |
| 學生能說出本課的層次布局<br>學生能說出課文的開端形式<br><br><br><br>學生能說出段落之間的聯繫方式<br><br><br>學生能說出課文結尾的方法 | 5. 層次布局<br>(1)記敘文的篇章結構<br>Q1：根據大綱的樹狀圖，說說看課文中怎麼寫「整理出小鞋子」這一段的？是直接說呢？還是用問題問的？<br>Q2：有關「三雙小鞋子」的故事，課文中是如何寫的？是用物還是時間作為整個故事聯繫的方式？<br>Q3：最後的「體會」是如何寫的？是用啟示嗎？還是用對話的方式寫的？ | PPT檔（段落）<br>PPT檔（段落）<br>PPT檔（段落） |

| 學生能說出譬喻修辭的特性<br>學生能辨認出譬喻修辭 | ㈣修辭技巧<br>1. 譬喻修辭<br>　(1)定義與特性<br>　(2)課文範例<br>　(3)正反例 | PPT檔（譬喻修辭）<br><br>修辭學習單（上課練習用） |
|---|---|---|
| 學生能說出摹寫修辭的特性<br>學生能辨認出摹寫修辭 | 2. 摹寫修辭<br>　(1)定義與特性<br>　(2)課文範例<br>　(3)正反例 | PPT檔（摹寫修辭） |
| 學生能說出轉折複句的特性<br>學生能辨認轉折複句 | 3. 轉折複句<br>　(1)轉折複句的形式<br>　(2)課文範例<br>　(3)正反例 | PPT檔（轉折複句）<br>學習單 |
| 學生能運用常用的句型來進行造句<br>學生能分析句型之文法<br>學生能依照句型與文法照樣造句 | ㈤句型及文法<br>1. 句型與文法分析<br>2. 範例：正確範例與錯誤範例<br>3. 照樣造句<br>　(1)「奇怪，這麼……怎麼……？」<br>　(2)「……這表示……」<br>　(3)「由……到，＋句子。」（詞性相對）<br>　(4)「好的……」（好＋形容詞的＋名詞）<br>　(5)「悄悄的……」（名詞＋悄悄的＋動詞） | PPT檔（句型）<br>習作 |
| 學生能說出語詞之意義<br>學生能正確的運用量詞<br>學生能念出語詞 | ㈥語詞<br>【鞋子、整理、一堆、一雙、飛盤、眼睛、跌倒、疼愛、表示、年級、一隻】<br>1. 意義<br>2. 量詞的用法<br>3. 音<br>4. 破音字：一<br>5. 語詞造句 | 習作（語詞簿） |
| 學生能指出語詞的破音字<br>學生能用語詞造句<br><br>學生能念出部首的音 | ㈦生字（依部首分）<br>1. 列出本課生字部首，歸類生字<br>　【阜、止、系、示、田、广、舟、口、足、宀、貝、目、皿、隹、臼、土、玉、攴、革】 | 部首卡<br>生字卡 |

| | | |
|---|---|---|
| 學生能指出課文中生字的字義<br>學生能分析出生字部首<br>學生能直接拼讀出字音<br>學生能認出本課之象形字<br>學生能用生字造詞<br>學生能按照字體結構書寫生字 | 2. 依部首列出生字與錯別字<br>3. 簡易六書：<br>　　象形（跌）、形聲、會意<br>4. 筆劃（書空）<br>5. 生字（音）<br>6. 生字（義）<br>7. 生字造詞<br>8. 字體結構 | |
| 學生能說出刪節號之意義<br>學生能正確的使用刪節號<br>學生能於段落中標示刪節號 | (八)標點符號<br>1. 刪節號……<br>2. 定義<br>3. 用法 | PPT檔（刪節號） |
| 學生能注意學習的重點 | 伍、學習指引<br>Q1：你學會了怎樣分析記敘文的組織架構了嗎？<br>Q2：你學會譬喻、摹寫、以及轉折複句的用法了嗎？ | 口頭 |
| 學生能完成學習單 | 六、督導練習<br>標點符號學習單<br>修辭學習單 | 綜合學習單 |
| 學生能獨立完成習作 | 七、獨立練習<br>習作練習 | 習作 |

# 教案說明

## 一、教學前準備

　　1. 教學資源：從整個教案的備註欄裡可以很清楚的知道所有上課要準備的資源，其中包括在引起動機的活動中要使用一雙「嬰兒鞋」、呈現教學目標、教學內容等要事先準備電腦簡報檔案。

　　2. 教學分析：此處的教學分析仍然以「叢集分析」方式進行，但是冠上國語文教學特有的教學項目名稱，如：內容深究、形式深究等。另外也指出本課是運用講述教學法進行教學。

3. 目標：由於國語文的教學內容相當複雜，因此將分析的架構中上層的項目內容列為「單元目標」，位於下層的內容則列為「學習目標」。

## 二、教學活動

1. 引起動機：此課引起動機的方式是以「實物」──一雙嬰兒鞋作為媒介，讓學生注意到物品，藉以引發好奇。接著，教師就以三個問題作為引導，進行引起動機的活動，然後把學生的注意力轉向課文。所以，備註欄要填上教師要準備的物品。

2. 明示大綱／目標：把目標告訴學生，可以讓他們有學習的重點，也是教學的提示，對於學習的方向有清楚的認知，是會提高學習效率的。此課是利用電腦PPT檔案形式呈現目標，備註欄註有PPT檔字樣。

3. 喚起舊經驗：利用學過的課文或是主題讓學生回憶是最好的方式，因為這是全班學生一起學過的。教師利用三個問題進行舊經驗的回憶，所以提問很重要。更要在編寫教案時先想好，教學時才能問出好的問題。

4. 講述內容：首先要求學生以默讀的方式先概覽課文，以便接下來接受教師的提問。

「內容深究」是教師將課文中的文義以提問的方式詢問學生。提問的問題，依據學者陳弘昌的說法必須能提出有關課文中事實的問題，也就是可以在課文中找到明顯答案的問題，例如：編號Q1、Q2、Q4。「推論的問題」是需要就課文中的文義進行合理解釋的問題，但是課文沒有明說的部分，例如：Q3、Q5、Q6、Q7，至於評論的問題則見Q8。意即，教師不能只問事實的問題，必須提升問題到推論或預測的層級。

「形式深究」是就課文中的段落開始要求學生做段落的摘要，這裡切記，摘要的方法有很多種，可選擇其中一種教學生做摘要。你必須教導學生如何摘要段落的大意，而不是只問學生大意是什麼。此處是以「刪除法」進行摘要的學習，並且以問題引導學生進行，然後要學生把最重要的一句話利用「縮寫」的方式簡化段落大意。

「課文大意」是直接從段落大意中再次濃縮的寫法。

　　「大綱」或是「課文結構」都可以利用段落大意，依據文章結構組織的原則：起、承、轉、合，將段落歸入，此時就可以察覺課文的寫作組織與架構。

　　「文體」的辨別最忌諱是教師直接說明，應該就前項「大綱」或是從「課文結構」的結果辨認出文體的特性。

　　「層次布局」主要是探究段落的寫法要如何開頭（有七種開頭的方式和十一種結尾的方式）？還有段落與段落之間聯繫的方式是什麼（時間、空間、人物、景物、心境等）？教案中亦是以提問的方式引導。

　　「修辭技巧」是將課文中的修辭方法提出，讓學生寫作時可以加以模仿。此處是以「概念獲得模式」教學法進行（有關該模式的教學方式請見本書第四章第三節）。同樣的，教師在教修辭的時候，可以運用比較、對照正例和反例的方式逐步建構修辭的概念。所以在教案中會有課文範例、正反例等字樣。

　　「句型」與「文法分析」的教學，除了示範正確的造句以外，錯誤的造句也是很重要的。如果以第一個句型來看，學生造的句子是：「奇怪，這麼胖的人怎麼吃得這麼多？」就是語意錯誤的例子。因此，教學上將錯誤的句子提出來，對於學生可能更有幫助。

　　「語詞」的部分，每一課都有為數不少的語詞要教，在教案中簡單的寫就可以了。從教案中可以看到教師會就語詞的意義、量詞、音、破音、以及語詞造句等內容進行。這個部分的教學，大部分教師會以課前預寫生字與語詞的方式進行，在課堂上僅就學生錯別字或難字的部分提出教學。

　　「生字」的部分，在教學時將部首先列出，然後將生字依照部首分類。有關生字的教學有六書、筆畫、造詞、字體結構等內容。大多數教師會將預寫生字方式進行，課堂上僅就學生錯誤或不恰當的寫法或是難字提出說明或示範。因為每一課都一樣的內容與教法，因此就生字的部首、六書、筆畫等列出即可。

　　「標點符號」到了四年級，大概所有的標點符號應該都出現過了，但是有時候碰到較少見的符號還是要隨機教學。如果課文中沒有特殊的標點符號就不用寫在教案中。

　　「學習指引」主要提示學生本課的學習內容有哪些重要的技巧或知識必須記住，這時也是以問題的方式提問學生，讓他們不會遺忘重要的內容或知識。

　　「督導練習」是教師設計一些重要的內容或知識，讓學生可以在課堂上練習，以確定學生的學習是正確的。如果學生的回答很模糊，可能就要再次提示引導。所以從備註欄的註記就可以看出教師要以「學習單」的方式測驗學生的學習，以便了解學生的學習狀況。

　　「獨立練習」指教師不在場的情況下，學生獨自完成練習。通常會利用習作等讓學生回家練習。

　　以上就國語科的內容示範如何用講述教學法的方式進行教學，以及如何呈現在教案中。雖然本課是以講述教學法進行教學，但是你有沒有發覺整個教學的進行並不是完全是教師在「講述」，而是以「問題」的提問為主呢？所以，「講述」或是「問問題」交互使用是講述教學法中可以應用的技巧，如此一來，講述教學法就不會缺少師生的互動，也減低了它呆板枯燥的一面。所以，這些問題都要在教學前一一想清楚，並且把它們記下來，這也就是為什麼我們要寫教案的原因了。

## 第三節　自然：觀察教學法

　　觀察教學法是指在教學的過程中，學生透過教師的指導，利用自身的視覺、觸覺、嗅覺等五感，以親身的經驗完成學習的活動而獲得知識，達成學習的目標。此種方法適用於任何一種學習領域，其目的很簡單，就是將學習實物化，藉以了解抽象的知識。因此，妥善規劃觀察的方法與步驟是達成觀察教學目標的重要工作。如果規劃不適當會使觀察的活動一團混亂，也會讓教師留下有如夢魘般的痛苦經驗。觀察教學法在教學上一直受到重視，主要在於它具有下列的優點：

　　1.使學生獲得直接的經驗：俗話說：「百聞不如一見」、「行萬里路勝讀萬卷書」，就是說明了親眼觀察、親身經歷的重要性。教學時利用觀察可以打破教科書的限制，讓學生直接接觸事物的真實情況而獲得具體的

經驗。

2. 使學生獲得完整的印象：學生在觀察時，所接觸到的事物為真實情況，可以見到事物的整體而獲得完整的印象。

3. 訓練學生的觀察能力與技巧：由於學生觀察的事物是真實的，許多細節可透過學生的觀察而發現，這些細節往往超過文字可以敘述的範圍。學生要藉由觀察去發現或是證實所學的知識，就必須仔細的觀察，促進他們觀察的能力。

4. 啟發學生思考的能力：思考的基礎在於具體的經驗、具體的事物，憑空思考是不會有效果的。觀察可充實學生思考的材料，啟發其思考能力。

5. 刺激學生研究的興趣：觀察不僅可使學生了解原來一知半解或是模糊的知識，同時真實的事物對兒童來說，會比課文中的文字或圖片來得有趣，無形中也可養成其發現事物問題及研究問題的興趣。

6. 培養學生惜物、愛物的正確態度：觀察的進行大都在生活的情境之中，在觀察歷程中會接觸各種人、事、物，有助於他們在觀察中養成愛物、惜物的態度，以及待人接物的禮節。

觀察教學法具有以上的好處，但是它需要詳細而謹慎的事前規劃，進行觀察的活動時也必須考慮突發的狀況與處理，事後更要整理歸納，否則將影響觀察的效率。觀察教學法的步驟如下（林進材，1999）：

## 一、擬定教學目標

教師在進行觀察活動之前，除了擬定觀察活動的目標以外，更應該就擬定的目標充分向學生說明，以便讓學生了解為何要觀察？觀察的目的何在？觀察的標的是什麼？

## 二、揭示觀察的要點

在學生進行觀察之前，應該向學生說明觀察步驟是什麼？觀察活動如何進行？要如何評量？觀察要點是什麼？如何觀察？要了解的訊息是什麼？以便學生能具體而清楚的知道觀察重點聚焦在哪裡。

### 三、教師指導說明

為了讓學生的觀察活動能夠確實，教師宜準備一些「問題單」或是「觀察單」，讓學生在觀察活動中有所依據。如何完成這些「問題單」或「觀察單」，都必須在觀察活動前一一說明並給予適當的指導。

### 四、教師回答疑難問題

教師在指導學生觀察時，對於學生疑難的問題應該給予回應，如：觀察的步驟、方式等。

### 五、教材內容應與教學目標一致

教師應該在觀察活動進行時，向學生說明該活動與學科領域的單元目標一致，避免學生或是家長覺得該活動是無關的或不重要的，而讓舉辦的活動失去其意義，那麼該活動的成效就會大打折扣了。

### 六、依據程序與步驟進行觀察

最好在活動開始前就將程序與步驟詳細的向學生說明，以便學生能依序進行。教師可以利用板書的方式，清楚的羅列這些步驟或是程序。如果要詳細一些，則可以利用「活動單」作條列，以便學生能依序進行觀察。

### 七、教學輔助器材的運用

觀察活動時，除了利用眼、手、鼻等器官進行接觸性的觀察外，有時候也要利用顯微鏡、放大鏡、望遠鏡等器具才能觀察。因此，需要的器材或設備都應該在活動前說明並且準備妥當。

### 八、觀察的活動

觀察活動的進行最好不要在教室內進行，盡可能在校園或其他生活的地方進行，讓學生可以在真實環境裡觀察到生活中具有的知識，引發他們對周遭事物的興趣。

### 九、討論與評鑑

　　許多觀察活動在結束之後，草草了之。至於觀察了什麼或是發現了什麼，都隨著觀察活動的結束而煙消雲散，這樣的觀察事實上不能算是好的觀察教學。觀察活動的結束代表討論與評鑑的開始，此時，教師最好將前面第三項所提出的問題以及觀察期間的疑問一一列出來，重新討論與釐清。所有的問題都獲得釐清之後，當然也要做一些評量，確認學生學習到正確的知識和態度。

## 壹、校園中的觀察

　　觀察教學法教學是學校中常用的教學法，下列以自然科技領域的單元為例，說明教案的寫法。本例是以歸納法原則去設計觀察教學法教學的步驟。歸納法原則是由事實、事物的細節觀察開始，導引至概念及原理的形成，而後至應用及問題解決，如圖5-5所示（中國視聽教育學會，1988，頁55）：

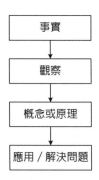

**圖5-5　歸納法教學**

　　所以，整個教學的過程依照觀察事實開始，透過小組報告的活動與教師歸納的行動形成概念。

表5-5　觀察教學法教案（歸納法）

| 領域：自然科技（康軒） | 第一單元：植物的身體 | 活動一：認識植物的葉子 |
|---|---|---|
| 年級：三年級（上） | | |
| 教學資源：PPT檔、觀察單、色筆、信封（每組五份）、3×5卡片、膠帶 | | |

單元分析：

| 單元目標 | 學習目標 |
|---|---|
| 學生能認識植物的葉子 | 學生能說出葉子的位置<br>學生能說出葉子的特徵<br>·學生能指出葉柄的位置<br>·學生能說出四種葉序<br>·學生能說出葉子的形狀<br>·學生能說出葉脈的種類<br>·學生能說出葉緣的特徵 |
| 學生能學會植物葉子的分類<br>學生喜歡觀察自然 | 學生能按照葉子的特徵分類 |

| 學習目標 | 活動與內容 | 備註 |
|---|---|---|
| | 一、說明目標<br>呈現、解釋單元目標、學習目標 | PPT檔 |
| 學生能注意聆聽 | 二、說明觀察的重點<br>1. 植物名稱<br>2. 葉子的位置<br>3. 葉子的特徵<br>　·葉序<br>　·葉緣 | PPT檔 |

| | ・葉形<br>・葉脈<br>・葉色 | |
|---|---|---|
| 學生能注意聆聽 | 三、指導說明<br>㈠說明觀察單的寫法<br>1. 發給每位學生一份觀察的觀察單<br>2. 觀察時填答的問題<br>3. 完成觀察單的自我評鑑表 | 觀察單（ＰＰＴ<br>檔）、筆 |
| 學生能注意示範的動作 | ㈡說明拓印葉子的方法<br>1. 拓印的材料<br>2. 示範拓印葉子 | 色鉛筆、紙張、葉<br>子 |
| 學生願意參與觀察活動<br><br>學生能指出植物葉子的位置<br>學生能填寫觀察單<br>學生能認出植物的種類<br><br>學生能拓印葉子 | 四、觀察程序與步驟<br>1. 各小組到校園中指定的地點集合<br>2. 每組選擇五種植物觀察<br>3. 觀察五種植物的葉子並填寫觀察單<br>4. 每組採集五種植物的落葉，放入信封<br>　並標上植物名稱<br>5. 拓印葉子（教室）<br>將採集的葉子拓印於觀察單並註明名稱 | 每四人一組<br>觀察單 |
| 學生能說出四種葉序<br><br>學生能指出葉緣的種類<br><br>學生能指出植物的葉形<br><br>學生能指出植物的葉脈<br><br>學生能指出植物的葉色 | 五、討論與評鑑<br>㈠報告活動：葉的特徵<br>Q1：對照課本圖片，你所採集的植物的<br>　　葉子是哪幾種葉序？<br>Q2：對照課本圖片，你所採集的植物的<br>　　葉子是哪幾種葉緣？<br>Q3：對照課本圖片，你所採集的植物的<br>　　葉子是哪幾種葉形？<br>Q4：對照課本圖片，你所採集的植物的<br>　　葉子是哪幾種葉脈？<br>Q5：對照課本圖片，你所採集的植物的<br>　　葉子是不是都是綠色的？ | 3×5卡片、膠帶<br>（依據各組採集的<br>葉子，黏貼於卡片<br>上，對照課本的圖<br>片，上臺報告下列<br>問題之觀察結果） |
| 學生能指出葉子分類的方式 | ㈡分類活動<br>各組報告：<br>Q6：分分看，你有幾種葉子分類的方<br>　　法？<br>Q7：你根據的分類標準是什麼？<br>Q8：對於不同的分類，你能不能做一個<br>　　結論？ | |

| | ㈢歸納整理<br>歸納觀察活動<br>歸納分類活動<br>歸納葉的特徵 | |
| --- | --- | --- |
| 學生能完成觀察單<br>學生能答對85%的題目 | 六、評鑑<br>觀察單評鑑<br>紙筆測驗 | |

# 教案說明

## 一、前置作業

1. 教學資源：此處將本課進行觀察活動時所需要製作的檔案、材料等一一列出。

2. 單元分析：本例之單元是由三個活動所組成的，這是一般教科書常見的現象。雖然是三個活動，其實也就是三課。在單元分析中將三個活動列出，是為了方便教師注意三個活動的關聯性。透過自然觀察的手段，在本例中習得植物（葉）的相關知識，因此採用「叢集分析」的方式。

3. 單元目標與學習目標：利用單元分析的結果，將分析圖裡最上層的概念「葉的特徵」作為「單元目標」，其下的次要目標作為「學習目標」。單元的目標採用的動詞是比較廣泛的寫法，例如：認識、學會、了解。從單元目標中細分成學習目標或是具體目標，就需要用動作形式的動詞來描述。也要注意情意目標的敘述。

## 二、教學活動

1. 說明目標：觀察教學法的教學是以觀察為主，在實施觀察活動前應該向學生說清楚目標。備註欄裡註明的是「PPT檔」，亦即教師準備利用電腦簡報檔的方式呈現單元目標和學習目標。

2. 說明觀察重點：此處要將觀察重點一一列出來，並且用電腦簡報檔方式呈現給學生看。對於學生不明白的觀察要點要詳細說明。例如：「葉

緣」或「葉脈」等。

3. 指導說明：觀察單要如何填寫，除了觀察單以外，還要填寫評量單，另外還有拓印的作業要完成。換句話說，觀察活動裡的作業有哪些、要做什麼，都要在此說明清楚。

4. 觀察程序與步驟：在敘述觀察程序時，應該事先想好程序與步驟，甚至是活動的轉換，最好把它們寫出來以免遺漏。如果觀察的程序與步驟比較複雜，就要考慮用「活動單」來呈現會比較適當。特別是包括在哪裡集合，要如何分組、分隊，要不要帶帽子、課本、文具等，最好交代清楚，避免在轉換活動的時候出現紊亂的情形。

5. 討論與評鑑：在本教案中有三個活動要在這個階段實施，說明如下：

(1) 報告活動：觀察小組將觀察的結果做成報告向全班說明，此時，教師應列出各組報告要回答的結果是什麼，切勿只寫「討論葉子的特徵」，因為太籠統地描述會導致活動不清楚要做什麼。教師最好將問題顯示在銀幕上，讓各小組依照問題去回答。學生報告時可以有問題的依據，其內容自然容易聚焦，因此事先把問題設計好，會是比較好的策略，同時也比較容易獲得成功的經驗。

(2) 分類活動：在設計教案的時候，題目就要想好，並且把它們記載在教案中，才不會遺漏細節，而且未來修正或改變這些問題時，可以作為檢討的基礎。本課中拓印葉子的目的是要做分類活動之用，除了拓印葉子的植物名稱以外，還必須寫下本課觀察時的重點：葉序、葉緣、葉形、葉脈等的特徵。

(3) 歸納整理：在觀察活動與分類活動結束時，教師宜就活動表現、填寫的觀察單與小組報告等做一個歸納整理的工作，同時將單元活動的重要內容大綱重述一次，有助於學生認知架構的整理。

6. 評鑑：這裡的評鑑有觀察單評鑑和紙筆測驗兩項。觀察單評鑑可以視為在教師督導下完成的練習，紙筆測驗則視為獨立練習。

這是一份在校園（或其他場所）進行的觀察活動，一部分是在觀察時必須在觀察單寫下的資料，然後比對課本上的資料填答觀察單，最後利用

拓印的葉子完成記錄（如表5-6）。整個活動在精心規劃之下，學生觀察的學習就可以聚焦在本課的重點、而不是「逛校園」的活動。

表5-6　植物葉的特徵觀察單

| 活動一：認識植物的葉子 | 主題：葉的特徵 |
|---|---|
| 目標：學生能認識植物的葉子 | 觀察地點： |
| 植物名稱： | 葉的特徵： |
| （拓印葉子） | □葉柄： |
| | □葉序： |
| | □葉緣： |
| | □葉形： |
| | □葉脈： |
| | □葉色： |

# 貳、實驗室的觀察

十二年國教的重要政策之一是強調自然科學領域中「實驗課程」的實施，未來可能掀起另一波科學實驗的熱潮。「實驗課程」的興起其實也是呼應了聯合國所提出的「動手做」的學習理念，可以預見的是108學年以後這一類的課程將受到矚目。因此，下列即是以在實驗室裡進行觀察和試驗活動的教學步驟，以及如何將這些觀察和實驗寫成專業的教案作一示範，提供教師參考。以下的範例是在自然專科教室作為觀察與實驗的場所，利用樣本進行觀察的教學法。在教室的觀察通常會觀察標本或模型，適合以演繹法的方式進行。演繹法是從概念或原理開始，導引到事實，再至觀察、應用與解決問題，如圖5-6所示（中國視聽教育學會，1988，頁55）：

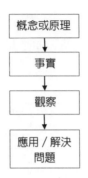

**圖5-6　演繹之步驟順序**

　　本例（如表5-7）即是根據演繹法的原則，將觀察教學法的教學活動安排為：先講述概念，再進行觀察或實驗，最後歸納統整。這樣做的好處是，學生觀察前已經具備了基本的概念與事實，透過觀察去印證，對於知識的掌握就比較確實。

**表5-7　觀察教學法教案（演繹法）**

| 單元名稱 | 六上第二單元：大地的奧祕（康軒） | 活動二：岩石與礦物 |
|---|---|---|
| 教學資源 | 岩石樣本：石灰岩、花岡岩、安山岩（麥飯石）、放大鏡、礦物標本、稀鹽酸 | |
| 單元分析 | 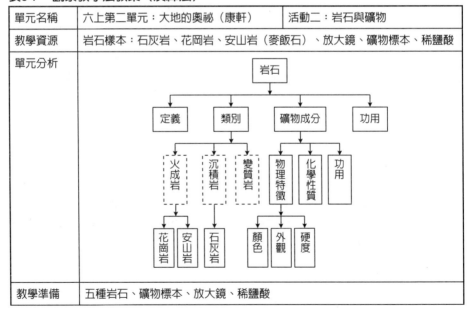 | |
| 教學準備 | 五種岩石、礦物標本、放大鏡、稀鹽酸 | |

| 單元目標 | 學習目標 |
|---|---|
| 學生能認識岩石 | 學生能說出三種岩石的類別 |
| | 學生能說出岩石的名稱 |
| | 學生能說出岩石的成分 |
| | 學生能說出岩石的功用 |
| | 學生用化學法測試岩石成分 |
| 學生能認識岩石中礦物的成分 | 學生能說出礦物的物理特徵 |
| | 學生能說出礦物的化學性質 |
| | 學生能說出岩石的礦物成分 |
| 學生能從事實驗 | 學生能注意實驗安全 |
| | 學生能按照步驟進行實驗 |
| 學生能注意實驗的安全 | 學生喜歡實驗活動 |
| | 學生注意實驗安全 |

| 學習目標 | 學習活動與內容 | 備註 |
|---|---|---|
| 學生能注意上課的訊號 | 一、準備活動<br>1. 學生分組<br>2. 安排小組座位<br>3. 提示：「上課了！」 | |
| 學生願意回答問題 | 二、引起動機<br>Q1：老師手上拿的是什麼？<br>「它們（岩石）有什麼好研究的呢？」<br>「今天我們要扮演柯南，找出岩石可以告訴我們有趣的事喔！」 | 分組<br>岩石樣本（石灰岩、花崗岩、大理石、玫瑰石） |
| | 三、明示目標<br>呈現並講述單元目標、學習目標、觀察注意事項 | 板書 |
| 學生能注意聽講<br>學生能說出岩石的定義<br>學生能指出臺灣岩石分布區域<br>學生能說出岩石的特徵<br>學生能說出岩石成分的測試方法 | 四、講述內容<br>1. 岩石的定義<br>2. 岩石的類別<br>3. 岩石的特徵<br>　・礦物成分<br>　・物理特徵<br>　*顏色<br>　*硬度<br>　*紋路<br>　*光澤<br>　・化學成分<br>　*石灰成分之測試（稀鹽酸）<br>　*過程與步驟 | |

| | | |
|---|---|---|
| 學生能記錄岩石觀察結果<br>學生能記錄岩石成分測試結果<br>學生能說出辨認岩石的方法<br>學生能利用岩石的特徵認出岩石<br>學生能說出岩石的功用 | 五、岩石觀察活動<br>1. 觀察兩種岩石樣本<br>2. 記錄岩石特徵觀察結果<br>3. 稀鹽酸對岩石的反應<br>4. 歸納概念：<br>　(1) 花崗岩與石灰岩的特徵<br>　(2) 紋路、顏色、顆粒、光澤、對稀鹽酸的反應<br>　(3) 岩石的功用 | 放大鏡、花崗岩、石灰岩樣本<br>岩石觀察單<br>板書 |
| 學生能仔細觀察礦物<br>學生能寫觀察的觀察單<br><br>學生能說出辨認礦石的方法<br>學生能利用礦石的特徵認出礦石 | 六、礦物觀察活動<br>1. 觀察五種礦物的特徵<br>2. 記錄觀察結果<br>3. 歸納概念<br>　(1) 五種礦物的特徵<br>　(2) 物的功用 | 放大鏡（石英長石、石墨、硫磺、方解石）<br>礦物觀察單<br>板書 |
| 注意聆聽<br>學生能參與辨認活動<br>學生能辨認出岩石與礦物 | 七、歸納與整理（全部）<br>1. 岩石與礦物的關係<br>2. 岩石辨認的方法<br>3. 礦物辨認的方法<br>4. 岩石與礦物的功用 | 岩石比較圖<br>礦物比較圖 |
| 學生能利用表格記憶學習重點<br>學生能完成習作 | 八、提供學習指引<br>1. 你學會岩石和礦物的關係了嗎？說說看它們的關係。<br>2. 你學會如何認識岩石了嗎？你可以從哪些特徵辨認它們呢？<br>3. 你學會如何認識礦物的特徵了嗎？ | |
| 學生能完成習作 | 九、督導練習<br>完成習作 | 習作pp.12-14 |
| 學生能正確回答80%的題目 | 十、獨立練習<br>紙筆測驗 | 自編試卷 |

# 教案說明

## 一、前置作業

1. 教材來源與教學資源：說明教學的單元與活動，列出教學所需要的資源。在本範例中需準備一些岩石與礦物的標本，以及過程中需要的工具（放大鏡）和稀鹽酸等。將需要的材料一併集中列出，可以讓人一眼就了解，不必將教案重頭到尾巡視一遍才找到需要的材料是一種比較有效率的策略。

2. 教學分析：從課文與教學手冊的相關知識中，以叢集方式列出主要的概念。單元分析中，虛線方塊表示課文沒有提及的名詞，但是屬於知識體系中的次級系統應該要在教學中提及。

3. 單元目標與學習目標：依照單元分析的結果，將上層的概念寫成單元目標，下層的寫成學習目標。特別注意學習目標的動詞必須具有動作表示。

## 二、教學活動

1. 準備活動：依照桑代克的三大學習原則，最好的學習是當學生心理上準備好的時候再開始，才有效率，因此這裡的動作也是要告訴學生：「要上課了！」讓學生在心理上準備好。在此之前，必須讓學生依照分組的方式，以組別分坐於教室中，準備開始上課。這些都是讓學生有準備上課的意圖，故寫於此處提醒教師。

2. 引起動機：這一課因為要觀察岩石，教師拿岩石作為引起動機的方式是最好的例子。「這是什麼？」「它們（岩石）有什麼好研究的呢？」「岩石可以告訴我們許多有趣的事喔！」這些都可以在引起動機的時候作為提示，事先想好需要的開場白會比較有效。切忌在這裡作說明，例如：「引起學生對岩石的觀察，進而了解對礦物的興趣。」這樣的話無法讓人了解你在此處要用何種方式引起學生的動機。

3. 明示目標：備註欄中寫有「板書」的意思是指將目標寫在黑板上，

並且告訴學生，確定學生了解學習的方向與重點。

4. 講述內容：本例依照演繹法的原則，先講述需要觀察的概念或事實，因此這個部分要列出教師要解釋的內容大綱，不可只列出「講述內容」這樣的活動標題。

5. 岩石觀察活動：在敘寫觀察活動的時候，最好直接將觀察的主題表現在活動名稱上。千萬不要寫一個讓人無法理解的觀察主題，例如：「神奇好寶貝」、「現代福爾摩斯」、「臺灣柯南」。教案主要是跟自己溝通，同時也是教師社群溝通的文件，最好還是讓人一看就知道你要做什麼！同時也要記下觀察什麼、觀察時要不要記錄，在相對的備註欄中註有觀察單的字樣，表示在觀察中要利用觀察單作為記錄結果的文件。另外，特別注意的是，在結束觀察時立即歸納重點，以穩固學生的認知。

6. 礦物觀察活動：與前項的觀察活動類似，觀察主題就是礦物，觀察的細節也要寫在項目內。備註欄裡註明要用的工具以及哪五種礦物，同時有一份觀察單要填寫。在觀察結束後立即作歸納的工作，讓學生確認自己觀察的目的與重點。

7. 歸納與整理（全部）：本範例中有兩個觀察活動，在此處，教師統整這兩個活動。如果教學過程中只有一個活動，就不必重新歸納。

8. 提供學習指引：主要還是提醒學生這一課（活動）學會了什麼，再一次統整學生的思緒。

9. 督導練習：這是指在教師督導下完成練習。很多時候教師會在課堂上要求學生將習作等練習做完，如果還有問題，教師就可以給予立即的回饋。備註欄中註明的是習作，亦即表示會利用習作完成這個部分的練習。

10. 獨立練習：學生獨自完成練習，通常教師會利用「小考」、「隨堂考」的方式測驗學生，在正式「月考」或「期中／期末考」之前確認學生都能夠理解所學的內容和知識。

觀察教學法是許多教師常用的教學法，依照Dale的人類學習經驗理論，學生在觀察中接觸到實物，獲得實際的生活經驗，理論和實物得以互相印證，是一種非常理想的具體教學方式。教案中敘述如何從講述概念、知識到實際的觀察，最後至練習與評量，有此歷程，未來教學時就可以在

過程中的細節作修改，以達成更好的教學效果。

　　以上兩種範例是以校園和實驗室為觀察的場所，安全、方便是使用這類場所的主要原因。依據Dale的學習經驗理論，真實物體的觀察是「直接有目的之經驗」，是「做中學」的代表，也是學習經驗中最具體而有效的學習。換言之，如果可以，教師應該儘量設計「直接利用感官」學習的機會，創造最有效的學習。觀察活動是否有效率，考驗著教師的專業能力。

## 第四節　資訊融入學習：大六教學法

　　大六教學法（the Big6）是1999年由艾森柏格（M. Eisenberg）與柏寇威茲（R. Berkowitz）針對資訊科技能力（information and technology skills）的學習所提出來的教學法（Eisenberg, M. B. & Berkowitz, R. E., 1999）。

　　根據奈斯比（J. Naisbitt）在其研究著作《大趨勢》（Megatrends）以及《2000年大趨勢》（Megatrends 2000）中指出，人類在1957年進入了所謂的「後產業社會」，也就是所謂的「資訊社會」，開始面臨非常劇烈的變革，其中包括知識爆炸與資訊流程的改變（詹宏志譯，1985，頁35）。這種改變讓教育專家開始思考新的知識是什麼，以及如何學習的問題。當知識和學習面臨如此巨大的改變時，許多國家紛紛提出所謂學習的「關鍵能力」這樣的呼籲。聯合國教科文組織在1998年國際教育會議中首先提出了「學習的四個支柱」，後於2003年增加為「五大支柱」：

　　1. 學習知的能力（learning to know）：學習基本知識與技能。

　　2. 學習動手做（learning to do）：培養自主學習與終身學習的能力。

　　3. 學習與他人相處（learning to live together）：具備世界公民素養、國際觀與文化了解的能力。

　　4. 學習自我實現（learning to be）：展現天賦潛能、實踐個人的責任與目標，成為熱愛生活、有道德的社會人。

　　5. 學會改變（learning to change）：能夠接受與適應改變，並可採取行動，成為積極改變的主體，進而引發、創造改變，促進人類的發展。

　　根據聯合國的精神，歐盟會議於2001年也提出八大關鍵能力（引自許

芳菊，2006，頁26）：

　　1. 用母語溝通的能力。

　　2. 用外語溝通的能力。

　　3. 運用數學與科學的基本能力。

　　4. 數位學習的能力。

　　5. 學習如何學習的能力。

　　6. 人際互動、參與社會的能力。

　　7. 創業家精神：能夠擁抱改變、勇於創新，能夠自我設定目標、策略、追求成功。

　　8. 文化表達的能力：能夠欣賞創意、體驗各種美感經驗（例如：音樂、文學、藝術等）。

　　澳洲更提出七項學以致用的關鍵能力，包括：

　　1. 蒐集、分析、組織資訊的能力。

　　2. 表達想法與分享資訊的能力。

　　3. 規劃與組織活動的能力。

　　4. 團隊合作的能力。

　　5. 應用數學概念與技巧的能力。

　　6. 解決問題的能力。

　　7. 應用科技的能力。

　　從以上各國面臨資訊社會的變化，開始思考作為一個國際社會裡的公民應該擁有什麼樣的學養，不難看出這樣的改變對教育產生極大的影響，包括教學趨勢的改變。過去以知識為主的學習，轉而成為學習如何學習的策略，勢必為各國的教育投下一顆震撼彈。不論是聯合國教科文組織所提出的「學習動手做」（learning to do），或是歐盟的「學習如何學習的能力」，以及澳洲提出的「蒐集、分析、組織資訊的能力」等，都是培養學生自主學習與終身學習的能力。而要能夠自主學習或是終身學習，必須倚賴網際網路的資訊，利用電腦科技與網際網路的無遠弗界與龐大的資料庫才可能實現這種理想。所以，許多的教育專家們紛紛提出看法，掀起熱烈的討論。

　　各國的教育均以「有效的利用資訊學習」作為教學的目標。面對這樣的呼籲，教師如何能培育學生這個層面的能力，也成為許多教學理論注目的焦點。「大六教學法」於1999年提出，以六個步驟教導學生如何有效率的搜尋資料、決定搜尋的策略、實施所決定的策略、找到資訊、利用資訊、表達資訊、以及評鑑其過程與結果（Eisenberg & Berkowitz, 1999）。以下分別說明其教學之步驟，提供教師作為參考。

## 一、定義學習任務（task definition）

　　是指學生要完成的學習任務是什麼。很顯然在資訊的解決問題上，應該把作業的焦點置於資訊需求與目的。其主要的工作有二：

　　1. 定義問題（define the problem）：在學習任務中要解決什麼問題？

　　2. 確認所需的資訊（identify the information needed）：需要哪些資訊？需要多少的資訊？什麼形式的資訊？資訊的品質？才能回答或滿足學習任務中的問題。

　　資訊社會中最大的危機來自資訊爆增的現象，人類被大量的資訊所掩沒。為了有效的解決尋求資訊的問題，必須擬定精準的策略，進行資訊的搜索。換言之，就是要有策略、有目標的搜尋，而不是以亂槍打鳥的方式進行。因此，教導學生從學習任務中找到可以聚焦的重點，藉由資訊的蒐集，做出正確的抉擇，可以解決問題。因此，學生需要教師教導資訊的策略，學習釐清任務的技巧，例如：從任務的題意中找到「關鍵字」，或是其他的「線索」。

## 二、資訊搜尋策略（information seeking strategies）

　　是指學生針對學習任務的問題，列出所有可能找到資訊的來源（sources）。換句話說，學生針對問題，先決定搜尋資訊來源的策略，再按照策略的優先順序進行資料搜尋。

### 三、資訊所在與管道（location and access）

指找到資料的位置與管道。此步驟是指前述步驟中，最佳的資料來源是什麼？是百科全書、雜誌、還是線上資料庫？它們在哪裡？在圖書館、網路、抑或是社區或班上的外籍媽媽身上？

### 四、使用資訊（use of information）

學生開始閱讀前一步驟中決定保留下來的資料，並且判斷這些資訊是否可以解決作業中的問題。在這個步驟中，有兩項重要的工作：

1. 參與活動（engaging）：學生在資料中尋找有用的資訊是採取什麼樣的活動？是閱讀、聆聽、觀賞、還是檢視？

2. 萃取相關資訊的方法（extracting relevant information）：當學生發現有用的資訊可能解決學習任務的問題時，他是如何萃取該資訊？是以抄寫筆記的方式獲取資訊？還是用電腦文書的技巧，作複製與貼上？抑或是用視聽器材作錄音、錄影的方式記錄資訊？

### 五、綜合（synthesis）

指學生從不同的來源找到所有必須的資訊後，如何把它們統整在一起，以解決該作業任務中所要解決的問題。此步驟的工作包括：

1. 從多元管道蒐集的資訊，用什麼方法來組織它們。

2. 用什麼方式呈現資訊的結果，是書寫的報告？還是口頭報告？多媒體簡報方式如何呈現？如果是書寫的報告，那麼教師便要在這個步驟中教導學生如何撰寫一篇「專題報告」。如果是以多媒體的方式，例如：以電腦簡報方式呈現小組的報告，則教師必須確定學生們具有相當的電腦能力可以製作簡報檔案。當然，也可以協調資訊課程的老師給予學生們必要的技能以完成作業。

### 六、評量（evaluation）

在Big6中評量兩件事：(1)評量結果（效率）：問題解決了沒有？(2)

評量歷程（效能）：如何使每個步驟更有效？在此步驟中，期望學生能夠展現下列能力：

1. 評量成果的品質（效果評量）。
2. 評量成果的完整性、優點與弱點。
3. 發展評量過程效率的標準。
4. 評量解決學習任務與問題的效率。
5. 提供建議與其他資訊。
6. 使用規準評量。

本文以康軒版六年級社會領域的第四單元第二課「多元文化的地球村」為例，設計以資訊融入學習的活動，培養學生能自我學習和終身學習的能力。表5-8即按照Big6的步驟、以及每個步驟需要思考的問題所設計。

**表5-8　資訊融入學習（大六教學法）**

| 學習領域 | 社會學習領域 | | 第四單元：參與國際社會 | |
|---|---|---|---|---|
| 第二課：多元文化的地球村 | | | | |
| 單元目標 | | | 學習目標 | |
| 學生能認識多元文化 | | | 學生能比較多元文化的異同 | |
| 學生具有資訊的素養 | | | 學生能利用網路搜尋資料<br>學生能閱讀與摘要資料<br>學生能做口頭報告 | |
| 學生能喜歡合作學習 | | | 學生能共同完成作業 | |
| 學習目標 | 內容與活動 | | | 備註 |
| 學生能注意聆聽 | 一、引起動機<br>讀完課文中的各國文化，想想看在我們周遭是不是有許多外籍人士？你最常看到的是哪一個國家的人呢？<br>讓我們去了解他們的文化和我們有什麼相似或相異的地方？ | | | |
| 學生能注意聆聽 | 二、明示目標<br>詳細說明目標與學習要求 | | | |

| | 三、教師示範並說明 | 錄影光碟 |
|---|---|---|
| | 1. 展示、說明之前學生上臺報告的影像錄影 | 作品範例 |
| | 2. 展示、說明之前學生所完成之報告 | |
| 學生能主動提問 | 四、確認學生了解作業的要求 | |
| | Q：如果你有任何問題，請舉手。 | |
| 學生願意討論 | 五、大六教學步驟 | |
| | (一)定義學習任務 | 小組 |
| | 1. 問題的定義 | |
| | 2. 教師引導問題，小組討論： | |
| | (1) 作業的題目中可不可以看出哪些是關鍵字？ | |
| | (2) 什麼是文化？文化的次項範圍是什麼？ | |
| | (3) 這份作業要討論的文化範圍是什麼？ | |
| | (4) 多元的意思是什麼？要幾種才叫作多元？ | |
| | (5) 這份作業需要多少種不同的文化？ | |
| | (6) 要選誰的文化？是東南亞地區的文化？還是亞洲地區的文化？還是歐美的？ | |
| | (7) 「比較」是指要比不一樣的？還是要比一樣的？還是兩者都要比？ | |
| | (8) 「比較」是和誰比？ | |
| | 討論的結果填寫學習單#1 | 學習單#1 |
| | 3. 確認需要的資訊（教師提問，小組討論） | |
| | (1) 這份作業所蒐集的資訊是事實的資訊、還是意見的資訊？ | |
| | (2) 是第一手資料、還是第二手資料？ | |
| | (3) 每一種文化或是所選定的文化次項需要多少的資訊？ | |
| | (4) 資訊的形式是什麼？是語文的資料？還是圖片的資料？還是兩者都要？ | |
| | (5) 要不要地圖的資料？ | |
| | (6) 需不需要影音動態的資料？ | |
| | 4. 填寫學習單 | |
| | 將上述討論的結果填寫入學習單#2 | 學習單#2 |
| 學生能寫出資料搜尋的策略 | (二)資訊搜尋策略（教師提問，小組討論） | |
| | 1. 列出所有可能的資訊來源 | |
| | Q1：你可能在哪些資料中找到需要的資訊？ | |
| | Q2：資訊的來源是人、文本、實驗、網路、還是一些影音媒體？ | |

| | 2. 按照優先順序排列上述提出的資訊來源<br>　Q：最佳的資訊來源的資料是什麼？哪些來源是<br>　　最具有權威性、正確性、以及新穎性？<br>　填寫學習單#3<br>　將上述討論的結果寫入學習單#3 | 學習單#3 |
|---|---|---|
| 學生能指出資訊的來源<br>種類<br>學生能找到資訊的來源<br><br>學生能指出找到資料的<br>方法<br>學生能指出找到資訊的<br>工具 | (三)資訊來源的所在與管道<br>1. 找到資料<br>　(1)這些資料是在哪裡？在教室、圖書館、還是網<br>　　路上？用哪一種搜尋引擎？<br>　(2)這些資料以什麼方式排列？筆劃、部首、圖書<br>　　分類法、還是特定的類別？時間順序？<br>　(3)如果資料來源是個人，用什麼方式可以聯絡安<br>　　排？用錄影還是錄音？或是抄筆記的方式取得<br>　　資料？<br>2. 在資料中找資訊<br>　Q：用什麼方法在資料中找到資料？用索引、目<br>　　次、關鍵字？<br>3. 填寫學習單#4 | 教室<br>電腦教室<br><br><br><br><br><br><br><br><br><br><br>學習單#4 |
| 學生能閱讀或聆聽資料<br><br><br><br>學生能在資料中找到有<br>用的資訊 | (四)使用資訊<br>1. 參與資訊的方法<br>　Q：用什麼方法獲得資訊？用閱讀、聆聽、觀看<br>　　的方式？<br>2. 萃取相關的資訊<br>　Q：用什麼方法擷取資訊？用抄的、做筆記、複<br>　　印、複製與貼上、下載、錄音、錄影？<br>3. 填寫學習單#5 | 學習單#5 |
| 學生能組織資訊<br>學生能呈現資訊的結果<br>學生能利用電腦完成報<br>告 | (五)綜合資訊<br>1. 組織不同來源的資訊<br>　按照問題將答案排列與整理<br>2. 呈現結果<br>　(1)製作PPT檔案<br>　(2)繳交PPT報告檔案<br>　(3)小組上臺報告：利用電腦簡報軟體 | PPT檔 |
| 學生能自我評量報告的<br>結果<br>學生能評量過程的效率 | (六)評量<br>1.評量結果<br>2.評量過程<br>3.填寫學習單#6 | 學習單#6 |

# 教案說明

## 一、定義學習任務

其中包括兩項重要的項目，其一為決定學習任務的問題，以及確認所需要的資訊。在這個步驟裡，對於初次實施的對象或是比較年幼的學生，教師必須提出問題，以引導學生思考，幫助他們歸納要探討的問題。

1. 確認學習任務的問題：這是在整個活動當中最困難也是最重要的步驟。要學生提出作業中要探討的問題，必須教導他們從題目中找尋線索（clues），做一些推理。例如：從題目中可以找到的關鍵字包括「多元文化」、「文化」、「比較」。學生可以就這些關鍵字推出的問題，先做初步的討論。以學習任務「比較多元文化」為例，教師可以從作業題目中開始教導釐清（clarify）的工作。最簡單的策略之一是從題目中找「關鍵字」（key words），並以其為搜尋資料的線索（clues）。從這些線索或關鍵字詞中引發問題，再從眾多問題中找出聚焦的問題，開始進行整個資訊搜尋的任務。當學生把問題界定出來以後，就可以選擇問題，考慮在任務中必須包含哪些問題才可以滿足任務的標準。之後，再決定它們所需要的資訊類型、數量、來源。表5-9列出在這個步驟中教師可以提問的問題，以讓學生思考並決定作為。決定好之後，填寫學習單#1（如表5-10）。

**表5-9　教師引導的策略與學生討論的結果**

| 引導的問題 | 小組可能的討論結果 |
|---|---|
| 1. 作業的題目中可不可以看出哪些是關鍵字？<br>2. 什麼是文化？文化的次項範圍是什麼？<br>3. 這份作業要討論的文化範圍是什麼？<br>4. 多元的意思是什麼？要幾種才叫做多元？<br>5. 這份作業需要多少種不同的文化？<br>6. 要選誰的文化？是東南亞地區的文化？還是亞洲地區的文化？還是歐美的？<br>7. 「比較」是指要比不一樣的？還是要比一樣的？還是兩者都要比？<br>8. 「比較」是和誰比？ | A小組討論結果：<br>1. 題目的關鍵字：「多元文化」、「文化」、「比較」。<br>2. 多元文化指定為至少三種文化。<br>3. 三個文化決定為越南、印尼、馬來西亞文化。<br>4. 文化的範圍為傳統節慶的名稱與習俗、建築與宗教。<br>5. 「比較」是指比較相同與相異的部分。<br>6. 這些文化要和我們自己的文化相比。 |

　　透過教師引導，學生逐一討論後，就可以決定他們學習任務的問題。當小組決定好下列（假設）的問題，就要求他們將問題一一填寫在學習單中（如表5-10學習單#1）。

**表5-10　學習單#1**

| A小組擬定學習任務的問題如下： |
| --- |
| 1. 越南的傳統節慶有哪些？名稱為何？習俗有哪些？ |
| 2. 印尼的傳統節慶是什麼？名稱為何？習俗有哪些？ |
| 3. 馬來西亞的傳統節慶是什麼？名稱為何？習俗有哪些？ |
| 4. 比較越南、印尼、馬來西亞三個國家和我國在傳統節慶的類別、名稱和習俗上有何相同和相異之處？ |

　　2. 確認所需的資訊：同樣的，教師也是利用下列的問題引導學生思考，並且透過小組的討論後決定。下列表5-11列出教師在這個階段可以引導學生的問題，以及小組可能討論的結果。將結果正式填入表5-12的學習單#2。

**表5-11　引導的問題與小組討論的結果**

| 引導的問題 | 討論的結果 |
| --- | --- |
| 1. 這份作業所蒐集的資訊是事實的資訊、還是意見的資訊？<br>2. 是第一手資料、還是第二手資料？<br>3. 每一種文化或是所選定的文化次項需要多少的資訊？<br>4. 資訊的形式是什麼？是語文的資料？還是圖片的資料？還是兩者都要？<br>5. 要不要地圖的資料？<br>6. 需不需要影音動態的資料？ | A小組討論結果：<br>1. 蒐集各國的資料屬於事實的資料，比較文化是屬於意見資料。<br>2. 每一個國家的傳統節慶至少蒐集三種不同來源的資料。<br>3. 資料本身最好為中文的，需要有圖片以及文字的介紹。<br>4. 本作業中需要有能顯示三個國家的亞洲地區地圖。 |

　　一旦確認學習任務的問題，以及對每一個問題所需要資料的多少、資料的種類、資料的形式等，就可以進行第二個階段的學習。

表5-12　學習單#2

| A小組擬定學習任務的問題如下： | 來源 | 資料屬性 | 資料形式 | 備註 |
|---|---|---|---|---|
| 1. 越南的傳統節慶有哪些？名稱為何？習俗有哪些？ | 3 | 事實 | 圖片文字 | |
| 2. 印尼的傳統節慶是什麼？名稱為何？習俗有哪些？ | 3 | 事實 | 圖片文字 | |
| 3. 馬來西亞的傳統節慶是什麼？名稱為何？習俗有哪些？ | 3 | 事實 | 圖片文字 | |
| 4. 比較越南、印尼、馬來西亞三個國家和我國在傳統節慶的類別、名稱和習俗上有何相同和相異之處？ | | 意見 | 文字 | 地圖 |

## 二、資訊搜尋策略

　　把前一個步驟所決定的問題，以及問題應該要搜尋的資料，在此處延伸，讓學生思考自己所設立的資料要去哪裡找。換句話說，學生開始設定自己找資料的策略。利用表5-13學習單#3，學生將可能找到資料的來源，設定搜尋的順序，再根據自己的經驗去找資料，最後從其中選出優先的順序。

表5-13　學習單#3

| 問題 | 所有可能的資料來源 | 選擇最佳的資料來源 |
|---|---|---|
| 1. 越南的傳統節慶有哪些？名稱為何？習俗有哪些？ | 1. 百科全書<br>2. 網路<br>3. 一般書籍<br>4. 雜誌 | 1. 百科全書<br>2. 網路<br>3. 國家地理雜誌<br>4. 一般書籍 |
| 2. 印尼的傳統節慶是什麼？名稱為何？習俗有哪些？ | 如上 | 如上 |
| 3. 馬來西亞的傳統節慶是什麼？名稱為何？習俗有哪些？ | 如上 | 如上 |
| 4. 比較越南、印尼、馬來西亞三個國家和我國在傳統節慶的類別、名稱和習俗上有何相同和相異之處？ | 小組討論 | 小組討論 |

### 三、資訊來源的所在與管道

這個階段是讓學生根據自己設定的找尋資料優先順序，實際到資料所在的地方開始尋找。

1. 找到資料的來源：完成學習單#3（如表5-13）以後，接著就要實際到資料來源的地點去找資料，並且填寫學習單#4（如表5-14）。這樣的作法是培養學生找資料的正確方法，利用圖書館的搜尋系統、工具書的索引、關鍵字、或是特定的分類法，加強學生找資料的經驗。

2. 在來源中找到資料：學生根據決定的最佳資料來源，思索如何找到資料，並且在搜尋到的資料中找到他們需要的特定資訊。

表5-14　學習單#4

| 選擇最佳的資料來源 | 位置與管道 | 找到資料的方法 |
|---|---|---|
| 1. 百科全書 | 學校圖書館 | 國家名稱、利用索引 |
| 2. 網路 | 使用搜尋引擎 | 關鍵字 |
| 3. 國家地理雜誌 | 學校圖書館 | 期刊名稱排列（筆劃、索引） |
| 4. 一般書籍 | 社區圖書館 | 分類法 |

### 四、使用資訊

找到資料以後，學生必須開始進行了解，對於不同形式的資料，所使用的策略也不同。

1. 參與活動：指的是學生用什麼樣的方式去了解資料裡所包含的資訊。文本的資料當然採用閱讀的方式，影音可能就要用視聽觀賞的方式。

2. 萃取資訊的方法：當學生在閱讀或以視聽觀賞的方式了解資料時，重要資訊要如何擷取下來作為報告之用呢？可以用影印的方式印下重要的資料，或是將網頁資訊列印出來，或者下載網頁資料後用儲存檔案的方式保留資訊等。這樣做的目的是，教師可以了解學生需要的技巧是什麼而加以協助。例如：要用影印機複印，可以指導學生有關著作權的規定，以及

影印機使用的正確方法。學生通常在這個步驟中以略讀的方式先決定要不要這些資料，以及資料當中有沒有他所想要的資訊。

　　當然，學生在萃取資訊的過程中，也要將他們所使用的方式填入表5-15的學習單#5中。

表5-15　學習單#5

| 選擇最佳的資料來源 | 找到資料的方法 | 資訊活動 | 萃取方式 |
|---|---|---|---|
| 1. 百科全書 | 國家名稱、利用索引 | 閱讀 | 影印、畫重點 |
| 2. 網路 | 關鍵字 | 下載 | 複製貼上 |
| 3. 國家地理雜誌 | 期刊名稱排列 | 閱讀 | 影印、畫重點 |
| 4. 一般書籍 | 分類法 | 閱讀 | 影印、畫重點 |

## 五、綜合資訊

　　學生找到不同來源的資料後，經過閱讀或觀看，了解資料裡所包含的資訊可否回答他們在第一個階段中所設立的問題。初步篩選之後，就要將所有萃取的資訊整理在一起。

　　最容易整理資料的方法是把萃取的資訊依照問題分類，將可以回答某一個問題的資訊先集中在一起。每一份資訊給予一個名稱或主題，例如：（越南）新年習俗、新年日程、新年名稱（潑水節）等，再排列順序。將這些資料按照新年的名稱、日程、習俗等順序排列好，就成為基本的架構。按照這些架構將資訊一一嵌入其中，再書寫成小段落。

　　這份教案要求學生將報告做成電腦的簡報檔，並由小組上臺報告結果。因此寫成一小段落，按照問題回答就足夠了。或者設計下列的表5-16，讓學生把每一題的答案寫在表格中，再把每個問題的摘要寫在最下方的欄位，如此一來，可以幫助學生整理找到的資訊，對於初學者或較年幼的學生而言是不錯的設計。

表5-16　組織資訊的架構

| 小組 | 問題一 | 問題二 | 問題三 | 問題四 |
|---|---|---|---|---|
| 來源一 | 答案： | 答案： | 答案： | 答案： |
| 來源二 | 答案： | 答案： | 答案： | 答案： |
| 來源三 | 答案： | 答案： | 答案： | 答案： |
| | 摘要 | 摘要 | 摘要 | 摘要 |

## 六、評量

除了評量學生上臺報告的情形，本教案最後也要針對學生在過程中搜尋資料的策略部分給予自評，如表5-17。

表5-17　評鑑表格

| 效果評量 | 效率評量 |
|---|---|
| 內容報告：<br>＿＿列有圖表資料<br>＿＿問題與任務的關係非常密切<br>＿＿資料具新穎性<br>＿＿報告的語法和措辭適當<br>＿＿報告組織結構完整<br>＿＿所有問題的回答都有充分的資訊<br>＿＿結論 | ＿＿使用搜尋工具（索引、搜尋引擎、圖書分類系統）<br>＿＿獨立完成尋找資料<br>＿＿尋求他人協助：＿＿＿＿＿＿<br>＿＿都使用最優先順序的資訊來源<br>＿＿有修正資訊來源的順序<br>＿＿花最多時間的是：＿＿＿＿＿<br>＿＿整理資料有使用表格 |
| 報告：<br>＿＿聲音清楚響亮<br>＿＿眼睛注視聽眾<br>＿＿說話的語句完整<br>＿＿在聽眾間移動<br>＿＿服裝儀表適當<br>＿＿利用圖像與表格資料<br>＿＿電腦所呈現的文字清楚，沒有錯字 | ＿＿很滿意最後的成品<br>＿＿花最少時間的是：＿＿＿＿＿<br>＿＿未來要改進的步驟是：＿＿＿＿<br>＿＿可以向別組學習的是：＿＿＿＿ |

在每一次的作業任務中，都要有相關的評鑑。除了作業的結果外，最重要的是過程中有哪些步驟可以更有效率，使學生在資訊爆炸的時代，快速而精準的找到資料與資訊，並可適當的表達與溝通。

　　「資訊融入學習」是十二年國教當中重要的政策，它和以往政府機關強調「資訊融入教學」的意義截然不同。「資訊融入學習」是學生學習的過程中先確認要解決的問題是什麼，然後決定需要的資訊是哪一種類型？在哪裡？如何取得？要使用哪一種認知的策略從資訊中獲得解決問題的辦法？整個過程是科學化的思考，也是終身學習的策略。透過大六教學法，學生將學會解決問題所需要的不是只有網際網路的資訊可以利用，還有許多其他可用的資訊，這些資訊的搜尋技巧是二十一世紀學習能力中最重要的素養。

## 第五節　英文：聽說教學法

　　聽說教學法（the audio-lingual method，簡稱ALM）起源於第二次世界大戰時，當時美國在屢次的軍事行動中意識到，訓練所需要的外國語言人才也是整體戰略的一部分。因為戰爭中要竊聽敵方通訊時，唯有能夠使用敵方的語言，才能蒐集資訊，了解敵方的動作與策略。直到戰爭結束，這種在戰時所創造出來的快速訓練法，被稱為語言的「軍事訓練法」，成為日後訓練語言翻譯人員聽說溝通能力的課程中所使用的速成教學法。爾後，再加上來自結構語言學與心理學所發展出來一些新的想法，遂成為現今教導外語眾所周知的「聽說教學法」（毛佩琦，2003）。

　　雖然「聽說教學法」是外語（通常是英文）常用的教學法，但是現今閩南語的教學也是以聽說為主的學習，所以一般而言也可以運用在鄉土語言的學習上。聽說教學法主要的特徵是：

　　1. 教材以對話的方式呈現。

　　2. 仰賴模仿、記住固定措辭法、大量的學習。

　　3. 語句結構以對比的分析排列，每次只教一種。

　　4. 使用重複的練習，教導語句結構的形式。

　　5. 很少或甚至不做文法的解釋，文法只用歸納式的類推，而不用分析式的解釋。

　　6. 字彙非常的少，而且限制在文章中學習字彙。

7. 大量使用錄音帶、語言教室、視覺媒體。

8. 發音非常的重要。

9. 教師儘量不使用母語。

10.立即增強學生正確的反應。

11.整個教學的努力是讓學生沒有錯誤的發音。

12.重視語言的操控而忽略語言的內容。

根據ALM所發展出來的技巧如下：

1. 記憶對話（dialogue memorization）：學生利用模仿教師的念法和角色扮演的方式記憶對話。

2. 逆向組句練習（backward build-up drill）：也就是擴展練習（expansion drill）。當學生遇到比較長的句子或是比較複雜的句子時，往往念得不通順，此時，教師就可將句子分成數個部分，讓學生由句尾開始重複學念，然後順序往前加上句子的其他部分，直到將整句念完為止。

3. 複誦練習（repetition drill）：學生模仿教師的模式，正確而快速的學念。

4. 連鎖練習（chain drill）：全班形成一個圓圈的鍊鎖，學生一個個彼此提問與回答，通常由老師向第一個學生提問，學生回答後，該生再向第二個學生提問，第二個學生回答後，再問第三個學生，依此類推，直到最後一位學生。

5. 單一替換訓練（single-slot substitution drill）：將句子某一部分予以替換的練習，例如：將主詞由I替換成She、He、We，或是句中有關的地點位置或是受詞替換等。學生根據教師的提示做替換的練習，每一次的替換只限句子當中的一個單位。

6. 多重替換訓練（multiple-slot substitution drill）：將句子多個部分依照教師的提示予以替換。使用此法時，學生必須知道教師的提示是什麼，可能是主詞、受詞、時間、地點等，然後學生必須決定該提示是替換原句子的哪一部分，然後念出正確的替換句子。

7. 句型轉換訓練（transformation drill）：改變句型的訓練，例如：將肯定句改成否定句、直述句改成問句、主動句改成被動句等。

8. 問答訓練（question-and-answer drill）：教師提問，學生利用教師的提問句型作肯定或否定的回答。在此處的練習就要要求學生能夠迅速的反應。

9. 近似音組練習（minimal pairs）：教師將一對（組）發音很相似的生字，利用對比的分析後，讓學生能分辨其發音的相異處。例如：least和list，以及leave和leaf。

10. 文法遊戲（grammar games）：將課文中的文法重點設計成遊戲進行。換句話說，文法在聽說教學法中不是重點，但又必須要教，因此以遊戲方式進行即可。

**表5-18　聽說教學法教案**

| 學生能將肯定句轉換成否定句 | 單元：What do you do on Saturday? |
|---|---|

單元分析：
主題：interests and hobbies　體裁：conversation
溝通：1.Asking about the date　2.Asking for information
句型：1. What day is today? What do you do?
生字：
sports: sports, dodge ball, baseball, basketball,
time: Monday, Tuesday, Wednesday, Thursday, Friday, Saturday, Sunday, today
school: English, school, class (*Chinese, math, music, PE, art), internet
（*為補充字彙）

教學資源：學校照片、籃球／棒球／躲避球／象棋／網頁／狗／房間／午餐圖片
CD聽力教材、主詞字卡、日期字卡、課程名稱字卡

| 單元目標 | 學習目標 |
|---|---|
| 學生能做興趣與嗜好的溝通 | 學生能聽出並回答有關興趣的問題<br>學生能聽出並回答有關上課的問題 |

| 學習目標 | 學習活動／內容 | 備註 |
|---|---|---|
| 學生能記住對話 | 一、解釋課文<br>1. 關鍵字、圖卡發音<br>2. 以英文解釋對話的意義 | 動作、圖片 |
| 學生能念出正確的對話 | 二、複誦練習<br>1. 範念每一對話句 | |

| | | |
|---|---|---|
| 學生能快速跟念句子 | 2. 逆向組句練習<br><br>$\overline{\phantom{\quad\quad}}$←$\overline{\phantom{\quad}}$<br>\boxed{I have} \boxed{an English class} \boxed{today} .<br><br>$\overline{\phantom{\quad\quad\quad}}$←$\overline{\phantom{\quad}}$<br>\boxed{What do you do} \boxed{on Saturday} ?<br><br>$\overline{\phantom{\quad\quad\quad}}$←$\overline{\phantom{\quad}}$<br>\boxed{Do you} \boxed{play baseball} \boxed{on Saturday} ?<br><br>$\overline{\phantom{\quad\quad}}$←$\overline{\phantom{\quad}}$<br>\boxed{Do you} \boxed{play} \boxed{dodge ball} \boxed{on Saturday} ?<br><br>$\overline{\phantom{\quad\quad}}$←$\overline{\phantom{\quad}}$<br>\boxed{Do you} \boxed{play} \boxed{basketball} \boxed{on Saturday} ? | |
| 學生能利用角色扮演練習對話 | 3. 師生角色扮演練習對話<br><br>4. 師生互換角色練習對話 | |
| 學生能彼此練習對話 | 三、連鎖練習<br>1. 學生以連鎖方式彼此練習對話 | |
| 學生能用替換的日期念出句子<br><br>學生能用替換的球類運動念出句子<br><br>學生能用替換的課程名稱念出句子<br><br>學生能用替換的主詞念出句子 | 四、單一替換練習<br>1. Date: Today is \boxed{Tuesday} .<br><br>2. Do you play \boxed{basketball} on Saturday?<br><br>3. I have an \boxed{English} class today.<br><br>4. \boxed{I} have an English class today. | 星期／日期字卡<br>球類圖卡<br><br><br>課程名稱字卡<br><br><br>主詞字卡 |
| 學生能辨認出替換的語詞屬性<br>學生能利用替換語詞念出句子 | 五、多重替換練習<br>1. Do \boxed{you} play \boxed{basketball} on Saturday?<br><br>2. \boxed{I} have \boxed{an} \boxed{English} class \boxed{today} . | 星期／日期字卡<br>球類圖卡<br>課程名稱字卡<br>主詞字卡 |
| 學生能將直述句轉換成問句<br>學生能將問句轉換成直述句 | 六、句型轉換練習<br>直述句 ↔ 否問句<br>1. I have an English class today.<br>2. Do you play baseball on Saturday?<br>3. Today is Tuesday. | |

| 學生能將肯定句轉換成否定句 | 肯定句 ↔ 否定句<br>1. I have an English class today.<br>2. I play baseball on Saturday.<br>3. Today is Tuesday. | |
|---|---|---|
| 學生能利用圖卡回答yes/no的問題<br><br><br><br>學生能回答以What為首的問題 | 七、問答訓練<br>1. Do you have an English class today?<br>2. What class do you have today？<br>3. Do you play baseball on Saturday?<br>4. Is today Tuesday?<br>5. What do you do on Saturday? | 課程名稱字卡<br>球類圖卡<br>日期字卡<br>球類圖卡 |
| 學生能辨認出 /e/和/æ/的發音 | 八、近似音組練習<br>Base basket baseball basketball | |
| 學生能將字卡排列出句子<br><br>學生能寫出句中漏列的語詞 | 九、文法遊戲<br>字串組合遊戲<br>缺字補充遊戲 | 字卡 |
| 學生能在課堂上完成學習單 | 十、督導練習 | 學習單 |
| 學生能達成80%的聽說測驗 | 十一、獨立練習<br>學生與教師對答測驗 | 聽說測驗 |

# 教案說明

## 一、前置作業

1. 單元分析：由於英文在國小階段或課本內容上純粹是語言溝通的教學，並沒有內容的知識，因此不作叢集分析或是階層分析。只要將本單元內容中符合教育部在英語科所列的主題名稱、體裁、溝通功能列出，可以顯示該單元的適合性即可。該項資料可在教育部十二年國教英語領域的「附錄」資料中找到。主題、溝通、體裁、句型和生字等都應當列出。這些工作都是前置作業必須完成的，確認好之後，將它們敘寫在教案中。

2. 教學資源：設計教學時必須針對該單元使用的所有資源，包含教材輔具、媒體、或是文具都應該在此處列出，以便備課的時候提醒教學者準備或是提前製作。

## 二、教學活動／內容

1. 解釋課文：教師以英文念出單元中重要的字詞圖卡或是動作圖卡，以確定學生能了解這些圖卡的意義，作為本單元學習的基礎。必要的時候，教師也需要比手畫腳，一邊拿著圖卡，一邊解釋課文。然後教師開始念課文中的對話，儘量不使用母語，讓學生直接以英文認識單元的內容。

2. 「複誦練習」與「逆向組句練習」是交互使用的：複誦練習是以「範念」的方式進行。所謂「範念」是指一方主念，另一方模仿主念。意即當學生了解課文對話的意義之後，學生就可以模仿教師的發音和念法，一句句的跟隨教師，全班一起念，稱為「範念」。範念的時候，教師念一句，學生就複誦該句一遍或多遍，也可以由念得比較好的學生主念，其他學生跟隨著念。

在「範念」的時候，一旦發生學生念不清楚，教師就要停止範念，改以用「逆向組句練習」的方式範念。所謂逆向組句就是將該句拆開成數個單位，由句尾的單位開始範念，然後逐一往前加上其他單位，直到學生都可以清楚的念完整句為止。以本單元為例，在做逆向組句時，先念today，然後念an English class，接著就要組合起來念an English class today。最後，念I have，再將整個句子合起來念I have an English class today。這樣的好處是學生遇到長句時，不會因為含糊的念，以至於無法說得正確，是一種很實用的策略。

3. 角色扮演練習：以師生各扮一種角色，利用範念和逆向組句的方式練習課文中的對話。其後，更可以更進一步兩者互換角色後再練習對話，直到可以正確而快速的跟念。

4. 連鎖練習：其目的是讓學生以全班形成一條鍊鎖的方式，互相練習課文中的對話。通常是由教師向第一個學生開始對話的第一句，學生根據課文的下一句回應，然後由第三個學生繼續回應課文的下一句。這樣的練

習一直持續到全班都進行完畢才結束。做「連鎖練習」的時候，教師應該要在一旁聆聽學生的發音與對話的進行，並隨時給予指導或糾正。

　　5. 替換練習：可以分成「單一替換練習」與「多重替換練習」兩種。替換的目的是讓學生增加對話情境的變化，一般從「單一替換」開始。最常見的是以單一的主詞、動詞、受詞、時間副詞、以及形容詞作為替換。教師可以視單元的性質，利用圖卡或是圖片，將句中的某一部分用其他語詞替換掉，除了增加在對話情境上的運用外，更可以擴增學生字彙的能力。在教案中應該將要練習的句型列出，並且將要替換的語詞標示出。範例中即以 Tuesday 的方式標示要替換的是「星期之日期」，「備註欄」中寫有「星期／日期字卡」的字樣，表示Tuesday的語詞將會用Monday、Wednesday、Saturday等其他的語詞替換。另外，也可以用「baseball」換成「badminton」或「basketball」，甚至日常生活中常用的「bowling ball」等，擴展學生對詞彙的應用，如圖5-7和圖5-8所示。

**圖5-7　單一替換（受詞：日期）**

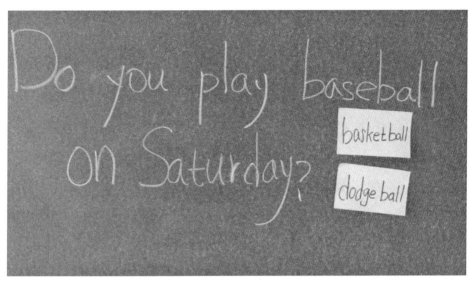

**圖5-8　單一替換（受詞：球類）**

　　6. 多重替換練習：是替換句中兩個或兩個以上的語詞做練習。比起前項的替換練習，多重替換就顯得複雜多了。它的目的可以讓學生更快速且熟練的練習對話，增加對話的變化，符合不同情境的需求。在範例中，有方塊顯示的語詞就是要替換的。不同於單一替換，它可以同時替換主詞（you）、球（baseball）、以及時間（Saturday）。教師可以將原來的句子「Do you play baseball on Saturday」寫在黑板上，抽取主詞的字卡、球類的圖卡、以及時間的字卡，讓學生反應。這樣的練習大部分的學生會覺得很刺激，也會增加他們的興趣，如圖5-9所示。

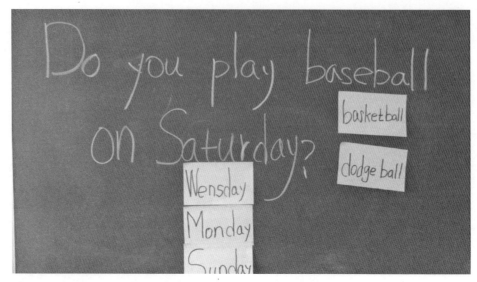

**圖5-9　多重替換（受詞：日期、球類）**

　　7. 句型轉換練習：雖然ALM教學法不特別強調文法的重要性，但是仍然有必要將課文中重要的句型文法在此處做練習。本單元主要的句型練習是將直述句轉換成問句，以及將肯定句轉換成否定句。

　　8. 問答訓練：此處的練習是加強學生對Do you和What/When do you兩種句型的反應。讓學生依照教師隨機所提示的圖卡或字卡，回答問題。本單元主要練習如何辨認出以Yes/No回答的問題，以及回答以What/When開始的問句。回答問題的時候，學生根據教師所提示的圖卡或字卡去回答Yes/No，或是以圖卡的資料回答以What/When為開端的問題，可以更活化溝通的技巧。教師可以多加變化以增強學生的反應，例如用「Do you play baseball on Saturday?」，除了讓學生依照課文回答Yes/No以外（如圖5-10），再進一步要求學生利用他自己的回答再反問他人：「When do you play baseball?」或是「What do you do on Saturday?」（如圖5-11）。此時，學生必須活用之前學過的文句加以練習各種情境（如圖5-12）。如此一來，學生上課的練習就不會是死板板的，只能一問一答，而是課文之外其他的挑戰。

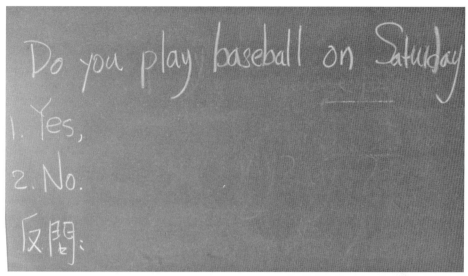

圖5-10　學生直接練習回答Yes / No

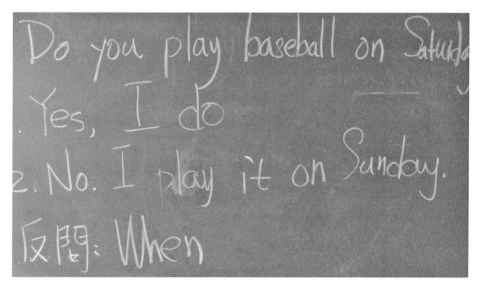

圖5-11　學生用自己的回答，用When等再反問他人

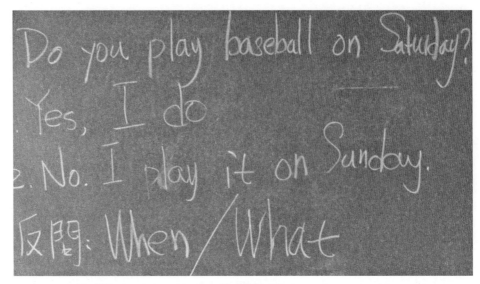

**圖5-12　學生用自己的回答，用What等再反問他人**

9. 近似音組練習：是將課文中發音近似卻不同的字音加以練習。此單元中，教師除了特別強調生字中母音/e/以及和/A/嘴形和發音的不同外，還要能認出其拼音的方式以及發音的不同。可能的話，教師也應該指出如何從拼音的組合特徵中認出其發音的母音，例如：base / take / cake與sad / tap / vast這兩組生字拼音與發音的原則。不必特別要求學生背發音的規則，只要增加學生對生字組合和發音原則的聯想即可。

10. 文法的遊戲：雖然ALM教學法中不強調文法的教學，但是卻建議有關文法的部分可以用遊戲的方式進行。本例中的「字串組合練習」，就是利用打散的語詞組裝成句子。「缺字補充遊戲」是將句子當中欠缺的語詞予以補全，這時候就要特別注意到句中的「介詞」用法等屬於文法的部分加入遊戲，例如："on" Sunday，讓學生能自然的習慣on Sunday的說法，而不是at Sunday。總之，利用遊戲的方式作為該單元教學的結束。

11. 督導練習：可以視課堂上的情況安排練習。國小的英語是以聽說教學法為主的教學，對於英文還是要求學生能習寫一些句子或是生字詞以輔助其記憶，因此還是有學習單讓學生完成。既然是督導的練習，表示可

能在課堂上完成，如果有問題，教師就可以立即給予回饋。

　　12.獨立練習：表示學生在沒有教師督導下可以完成的練習。此時教師就要一對一作問與答的測驗，切勿以筆試代替聽說測驗，畢竟這是聽說教學法的學習。

　　十二年國教將英語和國語、本土語言／新住民語言同時納入語文領域中，但是唯有英語是從國小的第二階段開始學習的，亦即國小三、四年級才能開始學習。相較於國語和本土語言／新住民語言，英語學習的困難度最高。不論是九年一貫時期或是未來十二年國教時代，國小的英語都仍然是以「溝通」（communication）為主的學習。在此情形下，聽說教學法就非常適合英語的課程使用。教學的重點置於對話溝通，教學的過程也不似過去以文法為主。但是比較遺憾的是，現今國小在實施英語教學的評量時，還是喜歡用紙筆的測驗，忽略聽說能力的表現。因此在評量部分應特別注意宜用聽說的表現為主。

## 第六節　閩南語：聽說教學法

　　九年一貫學習領域架構中將閩南語、客家語和原住民語列為選修課程，國小學生得修習其中一種。十二年國民基本教育的課程架構將本土語言、新住民語言列為語文領域中的課程。不論是九年一貫課程時代或十二年一貫課程時代，閩南語終將成為國語文和英語文的第三類重要語言課程。綜觀閩南語教學的目的有兩個：(1)語言文化的傳承；(2)學習一種生活上可以使用的語言。雖然閩南語課程的教學主軸是聽、說、讀、寫、作，可是目前閩南語教學做得最好的部分是聽和說。換言之，閩南語聽、說的口語教學是最基本的，也是每一個階段都要教的。閩南語的教學目的是在提升學生的閩南語聆聽能力和口語表達能力，無論是念謠或生活會話。因此讓學生有開口表達的機會，成為教學活動過程中重要的設計。閩南語是臺灣社會常用的語言之一，讓學生明白語句的意思是非常重要的關鍵，千萬不要因為用錯語詞造成誤會，那就茲事體大了。

　　相較於英語的聽說教學，閩南語聽說教學的方法或策略卻少有人專門

研究，特有的教學法也似乎還未發展成形。同時，閩南語的教材內容大都是念謠比較多，像英文課文的「對話」則是比較少。因此，本章即是嘗試簡化英語的聽說教學法（the audio-lingual method，簡稱ALM）而應用於閩南語的教學中（有關ALM的教學理論，參見本章第五節）。

ALM的教學步驟如下：

## 一、解釋課文

就如同學習其他語言一樣，為了能充分的沉浸在目標語言的情境下，盡可能使用目標語言，不使用國語。教師利用圖片、字卡、或是動作，將語詞與課文逐一的表現出來。

## 二、複誦練習

1. 範念課文：了解課文的文意之後，就要學習如何念出課文中的語句。最常見的就是由教師範念課文，由學生仿讀。學生的仿讀則可視情況選擇齊讀、輪讀、或是接讀等，都是可行的方式。

2. 逆向組句練習：在範念的過程中，如果發現學生念得不清楚或是有困難的語句，就可以使用此項練習。將語句拆成數個斷點，由後往前增加，重複來回的念。

3. 連鎖練習：這種方式也是讓學生彼此輪流練習對話或是念謠，都是可以應用的。

4. 替換的練習：可以利用單一的替換或是多重的替換練習生活用語。

5. 句型轉換練習：閩南語在課文中大都是先念謠之後，才進行語詞的練習，所以可以利用句型加以改變，例如：肯定句改為問句，就形成「對話」的方式。改變課文中的語句，形成生活對話，才能夠讓閩南語真正成為溝通的語言。

雖然閩南語和英語都是語言，但是兩者在語言上的結構、文法、詞性的嚴謹度不同，因此在教學上不特別教文法和詞性等部分。另一個原因是閩南語是多數人的母語，其文法和詞性跟國語的差異，比英文和國語的差異顯然小多了。其次，綜觀目前閩南語的課文中甚少是以對話的方式呈

現，因此，ALM中的「角色扮演」對話練習也省略。

　　表5-19即是以康軒版閩南語第七冊為例，說明ALM應用於閩南語教學的步驟。

**表5-19　閩南語聽說教學法教案**

| 版本：康軒第七冊 | 第三單元：騎鐵馬 |
|---|---|

| 單元分析： |
|---|
| 主題：休閒活動 |
| 體裁：念謠 |
| 溝通：1.你猶知影啥物休閒活動？ |
| 句型：我上佮意的、鼻著……味、看著……、騎對……去 |
| 生字：喨、鐵馬、對、清芳的、一陣、白翎鷥、落崎、遮爾、沤水、看電影、拍球、散步、釣魚、爬山、露營、看展覽 |

| 教學資源：CD聽力教材、主詞字卡、休閒活動字卡 |
|---|

| 單元目標 | 學習目標 |
|---|---|
| 學生能做休閒活動的溝通 | 學生能聽出並回答有關休閒活動的問題<br>學生能聽出並回答有關上課的問題 |

| 學習目標 | 學習活動／內容 | 備註 |
|---|---|---|
| 學生能記住對話 | 一、解釋課文<br>1. 關鍵字、圖卡發音<br>2. 以閩南語解釋對話的意義 | 圖片、<br>動作 |
| 學生能念出正確的對話<br><br>學生能快速跟念句子 | 二、複誦練習<br>1. 範念每一對話句<br>2. 逆向組句練習<br><br>　　⟵<br>鐵馬 騎對 郊外 去<br><br>　　⟵<br>鼻著 清芳的 草仔味<br><br>　　⟵<br>閣 看著 一陣 白翎鷥<br><br>遮爾好耍的 代誌 | |
| 學生能彼此練習念課文 | 三、連鎖練習<br>1. 學生以連鎖方式輪流念謠 | |

| 學生能用替換的活動名稱念出句子<br>學生能用替換的物品念出句子<br>學生能用替換的地點名稱念出句子 | 四、替換練習<br>1. 我上佮意的 休閒活動 。<br>2. 我鼻著清芳的 草仔味 。<br>3. 我看著 白翎鷥 。<br>4. 鐵馬騎對 郊外 去。 | 字卡 |
|---|---|---|
| 學生能辨認出替換的語詞屬性<br>學生能利用替換語詞念出句子 | 五、多重替換練習<br>1. 我鼻著 清芳的 草仔味 。<br>2. 我看著 一陣 白翎鷥 。 | 字卡 |
| 學生能利用圖卡回答問題 | 六、問答訓練<br>1. 你上合意的休閒活動是啥咪？<br>2. 你猶知影啥物休閒活動？ | |
| 學生能將字卡排列出句子 | 七、文法遊戲<br>字串組合遊戲 | 字卡 |
| 學生能在課堂上完成學習單 | 八、督導練習 | 學習單 |
| 學生能達成80%的聽說測驗 | 九、評量<br>學生與教師對答測驗 | 聽說測驗 |

# 教案說明

## 一、前置作業

1. 單元分析：本課的課文主要是「念謠」，課文的主題為休閒活動，主課文之後就是練習溝通各種的休閒活動。因此將本課念謠的生字和主課文後練習的生字一併列出。本課的主要句型和練習應用的句型也一起列出，列出課文中重要的生字、句型有助於教師一覽無遺這些資料，便可輕易地準備所有的教學媒體或是資源。

2. 教學資源：根據教學活動的設計，列出本課所需要之媒體教材、練習之字卡材料。

3. 目標：課文雖然是念謠，但就閩南語的學習重點置於日常應用的說話，因此將主題休閒活動列為單元目標，根據單元目標列出學習目標。

## 二、教學活動

1. 解釋課文：利用範念（教師示範念，學生模仿念），把圖卡上的圖和生字作連結，讓學生可以看著圖卡學習生字、語詞的意思，不必再用國語解釋生字、語詞的意思，如圖5-13所示。等到學生熟悉生字和語詞之後，拿著圖卡配上動作，讓學生了解歌謠的意思。

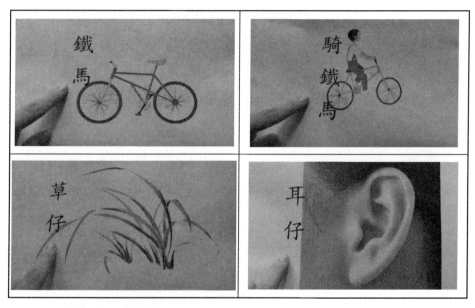

**圖5-13　將圖和生字作連結**

2. 複誦練習：教師利用範念的方式，先一句一句示範課文的念法，然後要求全班學生模仿的念出（齊讀），或一組一組輪流模仿的念（輪讀），確定學生都能正確的念讀。

如果學生在模仿教師的念讀時，發生念音有誤的情形，教師就要停念，然後利用「逆向組句」的方式範念。下列就「鼻著清芳的草仔味」這一句念謠為例，說明逆向組句的念法：

(1) 草仔味

(2) 清芳的

(3) 清芳的草仔味

(4) 鼻著

(5) 鼻著清芳的草仔味

　　從上述的步驟中，有沒有發現教師是從句尾往句首的方向開始範念。從最後的語詞、然後逐漸往前再加語詞範念，一直到整句念完，這樣來來回回的念法可以讓學生逐字、逐詞的念清楚，因為閩南語的教學主要還是講究聽和說這兩項能力。

　　3. 連鎖練習：這是指學生彼此交互接續的念讀，藉由同儕之間彼此的念讀學習，實際進行的時候可依教室座位用「排」或「組」的方式要求學生交互念讀。此時，教師就可以巡視各排或各組念讀的情形，隨時加以校正或增強。

　　4. 替換練習：閩南語要能夠成為生活語言，光靠念謠是不夠的。所以每一課主課文以外，都有一些常用的語句練習，因此，練習時以句中的主詞、述詞和受詞作為替換的單位，進行日常說話表達的練習。本課即是以受詞作為替換的對象。下列圖5-14顯示教師如何進行這一部分的教學。

| 句型 | 替換練習 |
|---|---|
| 鐵馬騎對 郊外 去。 | 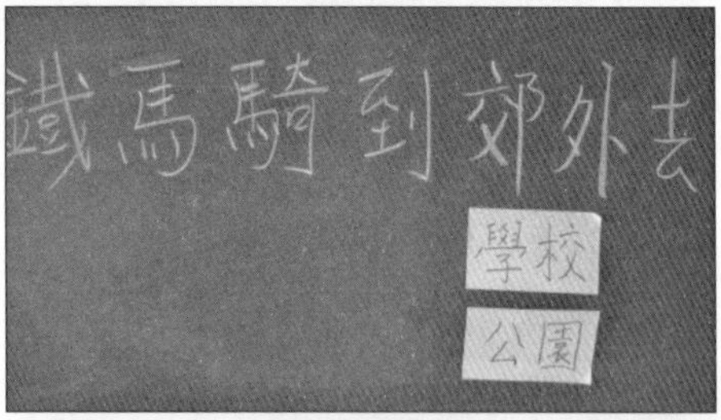 鐵馬騎到郊外去 學校 公園 |
| 我上佮意的休閒活動是 騎鐵馬 。 | 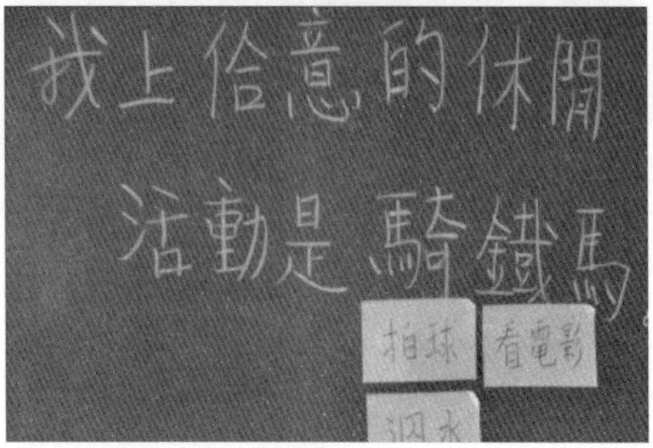 我上佮意的休閒 活動是 騎鐵馬 拍球 看電影 泅水 |

圖5-14　替換練習句型

5. 多重替換練習：練習句型中，兩種以上不同性質語詞的替換。相較於前項是單一語詞的替換，此處則可以由教師自由根據學生過去學過的語詞加以運用練習（如圖5-15）。對於生活中的情境多加練習，讓語言的使用更符合實用的目的。

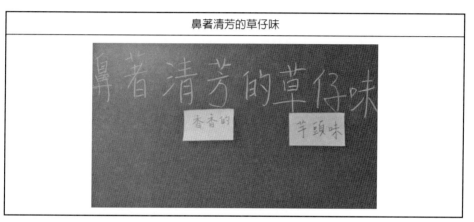

**圖5-15　多重替換句型**

6. 問答訓練：由於閩南語目前的課文甚少有「對話」的形式，因此有必要練習，才能應付生活上的需要。依照本課中的練習是以肯定句的方式練習說話，宜增加「問句」的形式配合，否則只能按照課文中的句型是無法應用的。課文如下列所示：

| 肯定句 | 問句 |
| --- | --- |
| 我上佮意的休閒活動是騎鐵馬 | 你上佮意的啥物休閒活動？ |
| 我鼻著清芳的草仔味 | 你鼻著啥味？ |

7. 文法遊戲：將課文打亂的語詞重新排列成句。為了增加學生學習的趣味性，有時候將語句打亂，讓學生重新排列，也會引起學生的注意，如圖5-16、圖5-17所示。

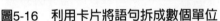
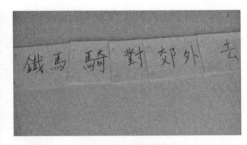

圖5-16　利用卡片將語句拆成數個單位　　　圖5-17　利用卡片重組語句

8. 督導練習：在課堂上視需要準備學習單，讓學生將新學習的語詞或句型加以增強，也是不錯的策略。此部分是依照教師的設計而為，並非一定要實施。許多學校對於閩南語課的要求並不似其他學習領域比較重認知，也不像英語科有各種的測驗。閩南語課很少會進行學科測驗，大都是練習口說而已。

9. 評量：閩南語的學習主要是保留說母語的能力，因此，課文中也是以念謠、練習說話為主。是故，評量的方式宜採用「評分量表」、「檢核表」、「規準評量」等，避免使用紙筆測驗，讓學生喪失學習的樂趣。評量的範圍就可以選擇是語詞的念讀，還是應答與提問。

閩南語雖然和英語文、新住民語、國語文並列於語文領域中，但是它是屬於母語的一部分，因此在教學上強調能聽、能講，此點和英語文又具有相同的目的，是故，在教學上建議可以比照英語文的教學法進行。

## 第七節　統整課程設計：跨領域

就學習者的觀點來看統整課程的必要性，英國哲學家Lionel Elvin對於學校的分科課程曾經有這樣的譬喻（Jacobs, 1989, p. 2）：

「當你花一個小時在森林中散步，大自然不會讓你在前面的四十五分鐘只看到花朵，而剩下的十五分鐘讓你只看到動物。」

根據H. H. Jacobs的觀點，統整課程的發展最能反應真實的生活與社會的需求（Jacobs, 1989, pp.3-6）：

## 一、知識的增加

由於電腦網路的進步使得資訊的傳播加速，人類的知識或是資訊也隨之暴增。每天有更多的新書、新的作家、新的理論闡述。許多學校也面臨了在原有的課程中加入新的議題，例如：愛滋病的預防、毒品的認識、性教育課程、以及各國的文化議題等。新的課程不斷的增加而舊的課程卻沒有減少，學生在校的時間與過去比較絲毫未見增加，因此也迫使學校開始思考整合的必要性，統整因而產生。

## 二、破碎的課表

目前課表的設計使得教師必須以四十分鐘作為設計的依據，而不是學生在學習上的需求。我們經常看到的是學生必須每四十分鐘更換一次學習的經驗。更糟糕的是，國中的學生可能每四十分鐘還要換一位老師、換一個教室、換一個學科。這種拼布式的學習，使得學生在各種環境中疲於奔命，忽視了學生學習的完整性與深度。

## 三、課程的相關性不足

每年根據統計，美國的學校中有20%的學生輟學，在郊區可能更高達40%的學生因為課程和他們在校外的生活經驗毫無關聯，因而選擇離開學校。因為他們覺得在日常生活中沒有哪一個問題是哪一個單獨的學科可以解決的。但是這個情況並不意謂著學校不要教任何一個科目，而是要不定期的提供學科相關的學習經驗，使學生能意識到學科的相關性，以及能了解不同的科目對他們生活的影響，讓學生能見識到學科之間具有相關的連結。

### 四、社會的要求

　　許多專業人士的培養，不是只有其專業的技能訓練就夠了。事實上，許多優秀的醫師不僅僅是醫術要足夠外，對於人際關係與社會的脈動也要有所涉獵，才能成就一名良醫。同樣的，對於一個專業會計師的培養，除了會計的專案技能外，也要求他們能夠有商業道德的培養。因此，這種社會的要求也使得學校進一步開始思考如何使學生在其專業之外，融入人群的社會中，以便能提供更好的專業服務。

　　雖然統整課程在歐美國家的實施源遠流長，但是我國一直到九年一貫新課綱試辦期與初期開始，學校才開始熱烈的回應有關「統整課程」的呼籲。綜觀當時的統整課程的確引起許多基層教師的注意，各校也爭相模仿，但是由於缺乏統整課程的認知，許多學校採取了調整各學習領域的單元順序，並冠以「主題名稱」作為統整課程的實施，如表5-20×日國小五年級課程計畫中所示。在該課程計畫中，雖然列有各週次的統整主題，但是所有的教學進度都還是以原來各領域教科書中的單元順序進行，各領域似乎也是彼此分開而獨立的，所以實際上是空有統整之名而無統整之實。

**表5-20　X日國小五年級課程計畫**

| 統整主題 | 語文8 | | | 數學4 | 自然與科技3 | 社會3 | 藝術與人文3 | 健康與體育3 | 綜合活動3 |
| --- | --- | --- | --- | --- | --- | --- | --- | --- | --- |
| | 國語5 | 閩南語1 | 英語2 | | | | | | |
| 一、溯古論今 | 第一課 詩中有畫 | 1.歇睏日 | Get Ready | 單元1 分數的加減 | 第一單元 物質與熱 1-1食物加熱後的變化 | 一-1 認識臺灣的過去 | 1-0廟宇建築欣賞 1-1歡鑼喜鼓迎廟會 | 1-1休閒一起來 1-2快樂休閒遊 | 一、生命的樂章 1. 奇妙的生命 |
| | 第二課 書房 | 1.歇睏日 | Get Ready | 單元1 分數的加減 | 1-2物質受熱後體積的變化 | 一-2 臺灣的史前文化 | 1-1歡鑼喜鼓迎廟會 1-2搖頭尾舞獅陣 | 1-2快樂休閒遊 1-3創意休閒 | 2. 生命的活力 |

　　再者，如圖5-18所示，該校的統整是以「我們的班級」為組織中心，以各種來自不同領域的活動圍繞在該主題。比起前述的統整，它顯然更有統整的努力。但是細觀此種統整的形式比較像「拼圖式」的統整，它是努力的將各種勉強可以實施的活動納入。有些活動與主題看似毫無關係，頗有「為統整而統整」的意味（九年一貫課程試辦成果彙編，2000）。姑且不論以何種方式呈現其所謂的「統整」，都犯了一個在編製課程時的最大危機，那就是缺乏明確的課程範圍與課程順序，讓統整的結果看起來就像是一盤「大雜燴」。正因為如此的設計不符合統整的理論，所以缺乏「統整」的效果，許多的統整課程在實施一段時間後就被捨棄了！

　　值得注意的是，近年來因為在PISA國際評比中表現優異的荷蘭，在其學校課程中也因實施「統整課程」受到矚目，因此有學者歸納荷蘭之所以表現亮眼，其中一個重要的原因就是統整課程。但是也有學者反對作如此的歸因。

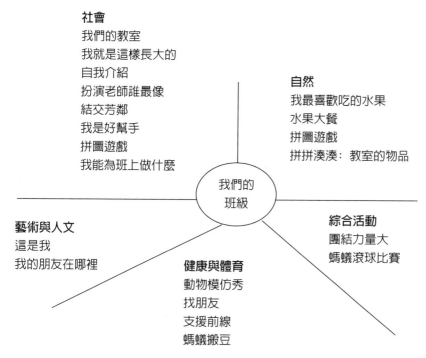

社會
我們的教室
我就是這樣長大的
自我介紹
扮演老師誰最像
結交芳鄰
我是好幫手
拼圖遊戲
我能為班上做什麼

自然
我最喜歡吃的水果
水果大餐
拼圖遊戲
拼拼湊湊：教室的物品

我們的
班級

藝術與人文
這是我
我的朋友在哪裡

健康與體育
動物模仿秀
找朋友
支援前線
螞蟻搬豆

綜合活動
團結力量大
螞蟻滾球比賽

**圖5-18　XX實小統整課程架構**

　　隨著十二年國民基本教育的實施，「統整課程」又再度成為學校教育改革的重點。但是值得注意的是，荷蘭實施統整課程也是只有在學期當中實施一到兩次，並非常態性的教學活動。

　　不論如何，就學習的觀點，統整課程還是受到許多西方國家教育界的歡迎，主要是它符合人類生活環境中的全面學習。如果依據Jacobs對統整課程的分類以及統整的程度，統整課程的設計可以歸類為下列六種形式（Jacobs, 1989, pp.14-18）：

## 一、單一學科的統整（discipline-based）

　　此種統整課程在目前學校內是最普遍的形式。它有非常嚴格的學科界限，例如；數學、英語、社會等。甚至在國中階段中有更細的分科。這也是一般人最為熟悉的課程形式，所有的師資也是遵照此種需求而培養。教科書、測驗、甚至是課程標準也都有詳細的規定與計畫。但是在此情況下，學生的學習就變成是分割的時間、不同科目的轉換。對於某些學科內容也無法按照個人興趣或是學生的需求而有深入的學習。

## 二、平行學科統整（parallel disciplines）

　　在執行平行學科的統整時，教師所做的是調整單元，以便和其他學科的單元在某一時段內同時進行。單元教學的內容並不會改變，只有教的順序改變而已。這種統整方式是我國在實施九年一貫課程初期時非常盛行的。但是目前已經少見於國中小的課程中，其原因主要是統整的效果不佳的關係。

## 三、互補學科的統整（complementary discipline units or courses）

　　在正式的課程中將某些相關的學科結合在一起，共同探討一些主題或議題。通常要將兩個性質不同的學科連接在一起，只要是兩者具有互補的作用，就稱為互補學科的統整。最明顯的例子是像「科學與倫理」、「商業與道德」這樣的議題或是課程。

## 四、科際間統整（interdisciplinary unit / courses）

在課程中將數個學科結合在一起，並且延續數週或是整個學期。它的好處是可以提供學生有意義的學習，但是卻需要投入更多的資源，不論是教師本身或是社會資源的部分。此類的課程讓教師得以將進行中的課程以議題或是主題的方式產出成為統整的形式，課程的時間也能配合學校內的作息與環境的需求。但是科際統整需要教師較多的努力與改變。特別是時間、設計的時間、設計者的絞盡腦汁，才能使這類課程不致成為大雜燴的課程設計。經費也是一個重要的因素，然而最大的困難是來自家長，由於家長大多數在他們的經驗中很少有這類的經驗，因此教師必須要多花時間與家長溝通，這也是這類課程比較困難的地方。

## 五、統整日統整（integrated-day model）

此種統整是圍繞在兒童的世界中，通常是整天的課程內容。課程的中心是以兒童的問題或是他們的興趣的一種機動性的課程安排，並非是事先由學校所規定的課程。這種課程對於教師是一種非常大的挑戰，因為事前並不知道兒童會提出什麼問題。因此，教室的管理等都需要相當的技巧。此類課程最常見於幼稚園的學前機構中。

## 六、完全統整課程（complete program）

A.S. Neil的夏山小學（Summerhill School）的課程是這類課程的最佳典範。課程的學習是完全以學生的興趣或是需求為主的課程設計。此種課程是以極端的統整為其特色。此種課程要求教師和學生的家庭完全的投入，以及需要大量而完整的資源。

不論對統整課程的分類與特徵為何，各家的理論均代表了對統整不同的定義。雖然如此，在設計的過程中，其主要的工作可以大致歸納其步驟與方法如下（Jacobs, 1989；李坤崇、歐慧敏，1999）：

## 一、選擇組織中心

所謂的「組織中心」是指統整課程發展的中心，它可以是主題、學科、事件、議題、問題、或是任何要統整的要素，例如：思考技巧、社會性技巧、多元智慧等。這個中心必須具有一些特質，例如：它不能太廣以至於無法聚焦重點，也不能太狹隘而限制了探討的範圍。最好的發展中心是屬於概念式的議題，因為它們具有抽象的定義以及具象的事實可以探討。舉凡觀察、形式、光、革命、飛行、拓荒者、未來與世界飢荒等議題，都具有探討的價值。其次，學生也可以透過一些傳統的課程去探討更複雜的層面。另外，事件也是很好的發展中心，不論是新聞事件（雨林的消失）、或是歷史事件、以及未來可能發生的事件等，都是非常有效的課程發展中心。例如：人權的議題以及學校的霸凌議題等，都可以作為課程統整的發展中心，而最重要的原則是這些中心都應該與學生的生活有關。

依照作者的觀察，許多國外學校的統整課程設計可以分成兩大主軸進行：(1)以社會科主題為主，跨語文、體健、藝術、數學等領域；(2)以自然科學主題為主，跨語文、數學、社會、藝術等領域。因此，不妨以這兩個領域的主題開始尋找你的統整課程的組織中心吧！

## 二、腦力激盪（brainstorming）

在進行腦力激盪以前，使用輪盤式的表格，將要統整的學科分別列於輪盤的每一分格中，將已經決定好的組織中心置於輪盤的中心。學生和老師可以透過每個學科不同的觀點去審視組織中心。接著，才開始進行腦力激盪的活動。腦力激盪的原則如下（Osborne, 1963）：

1. 必須避免批評。
2. 鼓勵自由聯想。
3. 聯想的量必須足夠，評量才能開始。
4. 合併（分類）與改進聯想。

## 三、提出引導的問題以便確定課程範圍與順序

從腦力激盪的想法中，將每一個想法轉換成問題的形式，例如：想飛的小孩——萊特兄弟，轉換成：「歷史上有名的飛行員有哪些？」此時，一個簡單的想法透過問題的形式卻可以引發更大、更廣、更豐富的範圍。一旦引導式的問題提出的時候，就比較容易決定課程探討的內容結構。這些問題應該要具有跨學科的性質，就好像是教科書當中一個章節的標題一樣。它可以顯示章節中所包括的範圍以及沒有包括的範圍。統整課程的設計也是如此。

## 四、發展活動以執行課程

統整課程的特性是以學生為中心的設計，所有的學習應當以學生的「活動式」的課程形式才有意義。每一個活動都要能確定可以充分的讓學生有思考、動手做、自我學習的機會。因此所有的活動必須以Bloom的目標為指導原則。換言之，學習的活動應該從理解能力開始往高難度的智識能力發展。這樣的活動可以透過檢視每一個活動中的問題所要求的智識能力的類別予以規劃。

以下範例是採用科際間統整方式（interdisciplinary integration）。最重要是因為採用此種方式統整對分科的課程影響最小，學習者卻能感受到統整的效果。但是必須注意的是，目前我國各版本教科書的內容並未考慮到不同學科之間的統整，因此統整時必須加以斟酌，盡可能將現有的單元納入統整的範圍，當然也不能犧牲掉統整課程的組織原則。以康軒版三年級上學期的單元為例，參考過該學期的單元內容後，發現各學科單元中具有下列的主題似乎可以彼此相關：

表5-21　三年級上學期康軒版本不同學科相關的單元主題

| 學科 | 單元／課別 | 主題 |
|------|-----------|------|
| 國語科 | 四、想飛的小孩 | 萊特兄弟、飛機的發明 |
| 自然科技領域 | 二、動物大會師<br>活動1.動物的身體（鳥類）<br>活動2.動物怎樣運動 | <br>動物身體構造<br>動物運動方式（翅膀的構造） |
| 社會領域 | 五、探索家鄉地名 | 蒐集資料的方法 |
| 數學領域 | 一、乘與除<br>二、小數<br>八、時間<br>九、長度 | 距離、時間、速度的關係<br><br>距離長度 |

　　針對上述各學科課程中單元的主題，擬定「飛行」作為組織中心，並進行以此中心為主的統整課程設計。其步驟如下：

　　1. 決定組織中心：飛行。

　　2. 形成輪狀表格。

　　將主題置於中心，將學習領域以環狀的方式圍繞在其四周，形成輪狀的表格，如圖5-19。

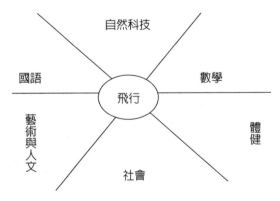

圖5-19　修改自Jacobs（1989, p.57）

　　這個輪狀表格只是讓教師與學生從不同的領域思考組織中心的層面，並不是意謂著一定要從各學科或領域的限制開始思考。一般人在思考的過程中，如果能有一個起點或是基礎的話，會比較容易激發想法。

3. 腦力激盪

(1) 教師與學生共同腦力激盪所有有關的想法。這些想法可以是問題、人、議題、事件、想法、資料等，凡是有關組織中心的都可以。容許個人或是小團體就其中的一個領域先思考，以增加創造性的想法。

(2) 腦力激盪的過程中，不一定在每一個領域中的想法都要一樣多，也可能組織中心就會比較偏向某一些科目或是領域。圖5-20中各學科教師依照自己所熟悉的領域或學科開始進行腦力激盪。盡可能提出想法，通常愈多的想法愈能夠創造出好的結果。不論腦力激盪的時候想法有多麼怪異或另類，都要一一列入輪狀圖裡。因為它是從學科基礎開始蘊釀想法，各科的教師會很容易引入他們在學科中的想法，想法愈多，將來愈能組織這些想法，讓想法統整在一起的可行性就愈高，使得統整的設計更形容易。

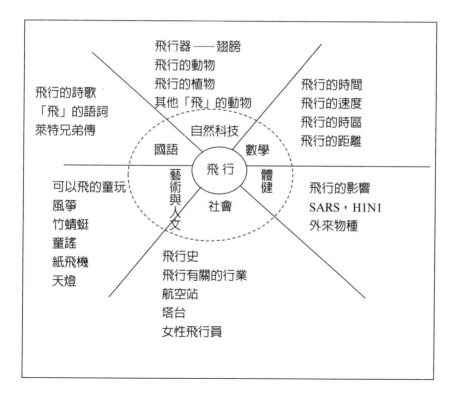

**圖5-20　以學科為基礎發展想法**

(3) 腦力激盪的活動結束後，將腦力激盪的想法開始整理。首先將學科的界限去除，如圖5-21，再開始把類似或是相同的想法予以歸類。這時因為沒有了學科的間隔，僅就具有可能歸類的想法歸納在一起。學科之間的界限已經模糊不存在了，只有許多的「想法」（ideas）。接著，開始評估這些想法或是溝通這些想法，以確定每一位參與腦力激盪的成員都了解每一個列在輪狀表格中的想法，並且剔除不適當或是不可行的想法。

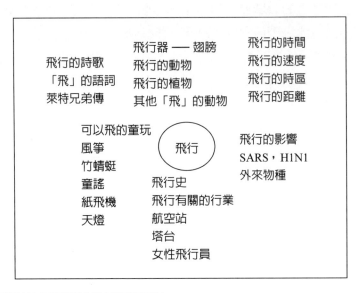

**圖5-21　將學科的界限撤離並且歸類想法**

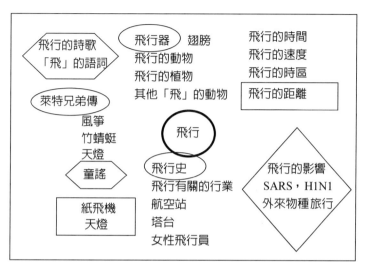

圖5-22　將腦力激盪的想法予以分類或歸納

　　4. 建立引導式問題：將整理好的想法列出，並且開始思考這些「想法」是由哪一種問題所引導出來的，將問題一一列出，並且將問題予以排列。

　　表5-22是將已經分類的想法，開始思考它們所引導的問題，因為只有在「解決問題」的時候，個人才會用統整的觀點去看問題，並且用統整的態度去解決它們。這個時候，學科似乎不再是解決問題的歷程中會去思考的重點。從各類的想法中歸納出引導的問題，也代表課程的設計中課程的範圍，而引導的問題有其先後教學的順序則是代表了課程的順序，範圍與順序是計畫課程時所要依據的最重要的組織原則。

表5-22 引導問題的發展

| 腦力激盪的想法 | 引導出的問題 |
|---|---|
| 萊特兄弟 | 誰發明飛機？ |
| 飛行器 | 飛行的工具有那些？ |
| 飛行史 | 飛機是如何演進的？ |
| 飛行的動物 | 飛行的動物有哪些？<br>牠們的翅膀構造都一樣嗎？<br>飛鼠、飛魚真的可以飛嗎？ |
| 飛行的植物 | 有哪些植物的種子是藉由風力傳播？<br>植物的種子如何飛行？ |
| 童玩<br>風箏<br><br>竹蜻蜓<br><br>天燈 | 有哪些可以飛的童玩？<br>如何製作風箏？<br>如何讓風箏可以飛得更高？<br>如何製作竹蜻蜓？<br>如何讓竹蜻蜓飛得更高？<br>如何製作天燈？<br>天燈有什麼意義？ |
| 童玩<br><br>紙飛機<br><br>飛行的距離 | 有哪些可以飛的童玩？<br><br>如何摺紙飛機？<br><br>如何讓紙飛機飛得更遠？ |
| 「飛」的<br>語詞 | 有什麼東西可以用「飛」形容？<br>有哪些有關「飛」的詩歌？<br>有哪些有關「飛」的兒歌？ |
| 飛行的影響SARS，H1N1旅行 | 飛行對人類的影響是什麼？<br>有哪些境外移入的疾病？<br>飛行的相關疾病有哪些？ |

　　將表5-22中所有的問題萃取出來，並且決定最後納入課程中的問題。依照問題的難易度和抽象度，從最基本到深入的程度先後一一的排列，如表5-23。這些由腦力激盪的想法所衍生的問題，就等於是規範了統整課程的範圍，而按照順序給予排列順序，就形成統整課程的順序，所以，統整課程有了範圍和順序，符合了課程設計的基本原則。再者，這些問題的產出是來自各領域最初的構思，當然也必然可以包含最大範圍的「單元」。至於沒有單元可以進行的問題，就需要學校和教師們去「自編」或是「改編」，甚至是「擷取」其他版本教科書的單元去進行教學。表5-23列出按照問題的難易度和抽象度所排列的問題。這些問題的教學時間要多久，則視各校的情況不一而定。這些問題的教學活動有的可以分成數個學期、或是數週、還是數個月都不一定，端視學校的安排。

**表5-23　引導問題的排列與單元的對應**

| 引導出的問題 | 配合現有的單元 |
| --- | --- |
| 什麼東西可以用「飛」來形容？<br>為什麼動物可以飛？<br>為什麼動物有翅膀卻不能飛？ | 國語：成語<br>自然：動物大會師（活動一）：動物的身體<br>自然：動物大會師（活動二）：動物怎樣運動 |
| 誰發明飛機？ | 國語第四課：想飛的小孩 |
| 飛機是如何演進的？ | 社會科第二課：蒐集資料的方法 |
| 飛行的工具還有哪些？ | 社會科第二課：蒐集資料的方法 |
| 有哪些可以飛的童玩？<br>如何摺紙飛機？<br>如何讓紙飛機飛得更遠？ | 藝術：童玩<br><br>數學：長度測量、比例 |
| 如何製作竹蜻蜓？<br>如何讓竹蜻蜓飛得更高？<br>如何製作風箏？<br>如何讓風箏可以飛得更高？<br>如何製作天燈？<br>為什麼要放天燈？ | 藝術：童玩<br><br>數學：周長、長度、除法<br><br>數學：周長、長度、除法<br>歷史、地理 |
| 飛行的動物有哪些？<br>牠們的翅膀構造都一樣嗎？<br>飛鼠、飛魚真的可以飛嗎？ | 自然：動物大會師（活動一）：動物的身體<br>自然：動物大會師（活動二）：動物怎樣運動<br>蒐集資料 |

| 引導出的問題 | 配合現有的單元 |
|---|---|
| 有哪些植物的種子是藉由風力傳播？<br>植物的種子如何飛行？ | 社會領域第二課：蒐集資料的方法<br>自然：種子傳播的方式 |
| 飛行對人類的影響是什麼？<br>有哪些境外移入的疾病？ | 社會領域第二課：蒐集資料的方法<br>社會領域：全球化議題 |

在日常生活當中，任何人要解決問題的時候，必定以統整的思考和能力去執行，絕對不會只使用單一學科的知識和能力。這就是為什麼統整課程基本上都以「問題」作為課程中心。此外，為了避免統整課程又流落成為教師講述、學生聆聽的舊有窠臼，故以問題為課程中心的形式是比較適當的。

經過深思熟慮之後，以下列的問題作為統整課程的內涵：

(1)什麼東西可以飛？（自然界的動物、人造物體、抽象的東西，如：時間、青春、歲月、想法，或是有關的成語和說法等。）

(2)自然界的動植物如何飛行？為什麼要飛？（翅膀、羽毛、風、覓食、傳播種子、繁衍。）

(3)飛行對人類的影響是什麼？（旅行、地球村、疾病傳播、文化融合、資訊。）

(4)未來的飛行是如何？（幽浮、太空船、隱形飛機、直昇機。）

所有的想法與引導的問題一旦完成，將其按照學習的難易度或是抽象程度排列完成，就可以檢視現行的單元或教材，將各學科的單元一一排入作為對應；至於那些找不到對應單元的問題，教師就必須自編教材。運用此種的設計方法，不僅將現行教材納入統整的範圍，而且因為它們是用引導問題的方式處理，更能看出統整的意義，相信這樣的設計會使統整課程看起來有統整的效果，雖然在設計的時候會花比較多的時間、更多人際的互動，但是卻能讓統整更自然與順暢。

5. 發展活動：就提出的引導問題開始發展活動，每一個活動都要以問題為主軸進行。唯有解決問題的活動，是學習者有機會做跨域的統整的表現。活動也是使學生開始檢視他們在每一個問題中必須從事的學習，沒有

任何問題的解決只需要單一的學科知識。

　　教師要將每一個解決問題的活動列出學生要完成的「具體行為目標」，這些目標的撰寫最好能根據Bloom目標的形式。同時教師也要將所有的目標做一檢視，以確定這些活動不是僅僅增加學生的記憶而已。

　　當統整課程的順序與範圍確定，對應的單元也就可以毫無違和的納入統整課程，成為導引問題的根源。活動的設計必須要以「問題」為活動名稱，活動的內容還要包含活動目標、活動步驟、以及活動評量的方式。因為有問題的引導，會使得這樣統整的單元彼此之間的層次、順序、範圍透明化，加強統整的效能。更因為這樣的統整方式可以包含最多數的單元，減少教師必須自編、改編或擷取其他資料做教學的壓力。另一方面，這樣的統整可以是比較合乎邏輯思考的。期盼這樣的統整設計步驟與方式可以為學校打開另一扇統整的窗，替基層的教師提供一個理性化的課程設計，讓對統整課程有熱情的教師能有所依循，發揮他們的創造力。因為統整課程對有經驗的老師而言是一份偉大的禮物（Lake, 2009）。

**表5-24　統整課程活動設計範例**

| 活動名稱：什麼東西可以飛？ | |
|---|---|
| 統整能力：學生能藉由搜尋資料的活動解決問題 | |
| 活動目標： | |
| 1. 學生能說出可以飛行的動物 | |
| 2. 學生能說出可以飛行的昆蟲 | |
| 3. 學生能說出人造的飛行器種類 | |
| 4. 學生能說出可以用「飛行」形容的東西 | |
| 5. 學生願意參與討論 | |
| 步驟： | 備註 |
| 1. 學生到學校圖書館查詢動物百科全書 | 圖書館、工具書 |
| 2. 學生利用網路查詢人造飛行器並列印出圖片 | 網際網路、資料保存 |
| 3. 學生分組討論用飛行可以形容的東西 | 圖書館、工具書 |
| 4. 學生製作報告的海報 | 海報製作、電腦文書、美工設計 |

| 評量： | |
|---|---|
| 1. 各組上臺報告所搜尋的結果 | 規準評量 |

　　統整課程的形式有許多種，不同的統整課程形式具有不同統整的效果，教師們可以斟酌自己期望的程度選擇。與其憑空想像，陷入泥沼，不如先從教科書的單元中思考，找出可能的主題，利用圖的方式開始進行。但是必須謹記在心的是，找出的主題在發展過程中可能會發生太狹隘或太廣泛，也有可能中途放棄，這些都是自然的現象，不必氣餒。

　　統整課程的目的是打破學科分化的學習，其主要精神在於讓學生彰顯統整的能力，是故，「做中學」成為了統整課程中最重要的學習方式。根據聯合國教科文組織在1998年提出的「動手做」是指，學習者必須動手找尋資料作自我的學習，它和「做中學」的定義是一致的。學生只要動手解決問題就符合統整課程的定義，因為沒有任何一個問題的解決只需要單一學科的知識。所以在設計時不必太刻意先想要有哪一種能力、如何統整，反而是藉由學科中的單元先找出可能的「主題」，循序發展，轉換為問題。在眾多的問題中再選擇可以跨多領域或學科的問題。設計統整課程是一件困難的事，需要時間與經驗。每個學期至少嘗試一種統整課程，至多不超過兩個，然後準備好需要的資源，好好的進行。當然，最後還是要做課程的評鑑，才能決定該課程是否可以保留、刪除或改進。

# 參考書目

1. 王文科（1994）。**課程與教學論**。臺北市：五南圖書。

2. 中國視聽教育學會（1998）。**系統化教學設計**。臺北市：師大書苑。

3. 李坤崇、歐慧敏（2001）。**統整課程理念與實務**（2nd ed.）。臺北市：心理出版。

4. 徐世瑜（2002）。**統整課程發展：協同合作取向**。臺北市：心理出版社。

5. 國立臺中師範學院附設實驗國民小學（2000）。**九年一貫課程試辦成果彙編**。臺中市：作者出版。

6. 教育部（1993）。**國民小學課程標準**。臺北市：教育部。

7. 教育部（2000）。**國民中小學九年一貫課程（第一學習階段）暫行綱要**。臺北市：教育部。

8. 國立臺北師範學院附設實驗國民小學（1998）。**親師手冊：國小高年級數學新課程**。臺北市：國立臺北師院實小。

9. 國立編譯館（1999）。**國民小學數學第九冊**。臺北市：國立編譯館。

10.黃炳煌（1999）。談「課程統整」——以國民教育九年一貫課程為例。在新世紀中小學課程改革與創新教學學術研討會論文彙編（頁49～55），高雄：高雄師範大學。

11.劉好（1998）。平面圖形教材的處理。在國民小學數學科新課程概說（頁194～213），臺北縣：臺灣省國民學校教師研習會。

12.蔡坤憲（譯）（2006）。**怎樣解題**（*How to solve it: A new aspect of mathematical method*, by G. Polya, 1985）。

13.劉秋木（1996）。**國小數學科教學研究**。臺北市：五南圖書。

14.American Psychological Association. (1994). *Publication manual of the American Psychological Association* (4th ed.). Washington, D.C.: American Psychological Association.

15.Drake, S. (1993). *Planning integrated curriculum: The call to adventure.* Alexandria, VA.: ASCD.

16. Erekson, T. & Shumway, S. (2006). Integrating the study of technology, into the curriculum: A consulting teacher model. *Journal of Technology Education, v.18., no 1.*

17. Fogarty, R. (1991). *The mindful school: How to integrate the curricula.* Palatine, IL., Skylight Publishing.

18. Fogarty, R. & Stoehr, J. (1991). *Integrating curricula with multiple intelligences: Teams, themes, and threads.* Palatine, IL: Skylight Publishing, Inc.

19. Gagné, R. M., Briggs, L. J., & Wager, W. W. (1988). *Principles of instructional design* (3rd. ed.). New York: Holt, Rinehart.

20. Jacobs, H. H. (1989). *Interdisciplinary curriculum: Design and implementation.* Alexandria, VA.: ASCD.

21. Joyce, B. & Weil, M. (1986) *Models of Teaching.* (3rd. ed.). Englewood, Cliffs, N. J.: Prentice-Hall.

22. Kemp, J. E. (1985). *The instructional design process.* New York: Harper & Row.

23. Lake, K. (2009). *Integrated curriculum.* Portland: Northwest Regional Educational Laboratory.

24. Loepp, F. (1991). *Science, mathematics, and technology education.* Paper presented at the Mississippi Valley Industrial Teacher Education Conference, Nashville, TN.

25. Osborn, A. F. (1963). *Applied imagination.* New York: Charles Scribner.

26. Polya, G. (1985). *How to solve it: A new aspect of mathematical method.* Princeton, NJ: Princeton University.

27. Shoemaker, B. (1989). *Integrative education: A curriculum for the twenty-first century.* Oregon School Study Council 33/2.

第六章

# 合作學習法

　　合作學習法（cooperative learning）的發展是來自第二次世界大戰前許多社會理論學者的建構，其中著名的學者包括：Allport、Watson、Shaw和Mead等人。合作學習法在1930至40年代中又受到J. Dewey（杜威）和心理學者K. Lewin等人的影響，直到現在它依然是許多教師常用的教學法之一。

　　以Dewey為例，他認為在學校裡，學生知識的發展和社會技巧的學習是同等重要的，因為兩者都可以運用在校外的場域以及民主的社會裡。合作學習法強調學生藉由在小組裡討論學習的資訊和答案，一起參與學習的過程而成為主動的學習者，而非被動的知識接收者。

　　Lewin依照社會互動理論，強調小組成員之間的依賴是一種相互性的關係（interdependence），整個小組是在一種有機體的狀態下彼此相互依賴與改變。因此，當小組的成員面對必須完成的共同目標時，小組的內部壓力就會升高，這種壓力就成為一種小組的動機，促使小組朝向達成目標的方向共同合作，並且產生小組整體與個別成員行為上的改變（behavior changes）。換言之，當小組學習達成目標時，由於小組的相互依賴的關係，小組的成員也會達成學習目標。這就是為什麼合作學習的議題存在學校的教育中可以歷久不衰的原因。

　　合作學習法的特色是將學生予以編組以進行課堂的活動，同時以獲得學術與社會學習的經驗為教育目的的一種策略。意即，學生必須以整體小組的方式完成學習的任務，教師的角色也由資訊的提供，轉向為促進學生的學習。換言之，當小組學習成功時，小組成員的學習也會是同樣成功的。

　　合作學習法的策略有許多種，本章即以最常見於教室教學的「小組成就區分法」和「遊戲競賽法」作為範例，說明其實施的方式。

## 第一節　小組成就區分法

　　小組成就區分法（Student Teams-Achievement Divisions, STAD）由R. Slavin和他的同事共同在約翰・霍普金斯大學（Johns Hopkins University）

時所設計出來的，是由具有不同能力的成員組成的小組一起完成學習目標的一種策略。STAD是合作學習法中被探究最多、最簡單、最直接的一種策略。

簡單而言，STAD的方式是將整體學生分成若干小組（依能力、性別、種族之異質性），小組依照過去學習的成就區分為高、中、低三種等第。整體學生接受教學，然後個別接受測驗，最後計算小組的表現。雖然是個別的學生接受測驗，但是學習過程中仍然鼓勵學生彼此互相協助學習，以提高小組整體的表現。小組雖然以團隊的方式共同學習，但是測驗的分數是依據小組成員對小組的貢獻（依照高、中、低等第）而評分的，並不是個人的得分。

教師對全班的學生上課，然後以小組的方式練習或者工作，確保小組內的成員都能對上課的內容達到精熟的程度。然後全體學生接受測驗評量，在考試當中，小組成員不能彼此互相幫忙，個別的學生所獲得的分數則是和自己之前的測驗分數加以比較是否有達到或者超越前次的表現。這樣的作法是讓學生對自己負責，也對小組負責。這種計分的方式將刺激小組中不同能力的成員的動機，作出最佳的表現，以便能對小組有所貢獻。

STAD的教學步驟可分成下列六個活動：

1. 全班教學：教師依照一般方式教學，教學時以全班同時授課為主，並不分組授課。

2. 小組學習：教學完成，實施小組練習，小組成員為異質性組成（最好採S型方式組成小組），依其過去的表現分成低、中、高三種等第，以小組型態進行課堂上的練習。練習過程中，小組成員可以互相協助或討論。

3. 測驗：練習完成，全班同時接受教師給予的測驗。

4. 個人進步計分：個人測驗的得分與自己前次的分數比較，如果有超越前次測驗的分數時，則依照低、中、高三種等第分別換取小組得分，低等第者可換取4分、中等第者可換取6分、高等第者可換取8分小組分數。沒有超越前次測驗分數者，一律得0分。

5. 小組計分：將換取的小組得分加總，與別組比較，得分多者勝出。

6. 表揚小組：公開表揚獲得最高分之小組。

表6-1列出各組得分與計分的方式：

**表6-1 小組分數計算方式**

| 組別 | 高等第 | | 中等第 | | 低等第 | | 小組得分 |
|---|---|---|---|---|---|---|---|
| | 前次得分 | 本次得分 | 前次得分 | 本次得分 | 前次得分 | 本次得分 | |
| 1 | 85 | 90 | 78 | 78 | 55 | 50 | 8 |
| 2 | 90 | 90 | 75 | 78 | 55 | 60 | 10 |
| 3 | 85 | 90 | 75 | 78 | 55 | 60 | 18 |
| 4 | 88 | 90 | 75 | 75 | 40 | 50 | 12 |

因為高等第的學生可以最有能力幫助小組其他成員的學習，所以得分為8分；其次中等第的學生只能對低等第的學生有幫助，所以得分為6分；低等第的學生無法對高等第和中等第的學生有幫助，所以得分為4分。這是依照不同等第的學生對小組的貢獻而訂出的分數。從表6-1可以發現，高等第的學生如果只有自己進步，而沒有幫助其他小組成員進步的話，其得分是最少的。反之，高等第的學生自己沒有進步，但是幫助其他成員進步，其得分也會很不錯。當然，高等第學生和其他等第學生一起進步，其得分會是最高的。對於低等第學生而言，只要自己進步也會對小組有貢獻，但是不必和其他中、高等第的學生競爭，所以自己進步得分機會是很大的，也會對小組有一定的貢獻，而這些貢獻又是自己能力可及的。

所以，綜觀上述的情況是高等第的學生自己要進步，而小組其他成員也進步的話，小組才可能得到最高分。在這種情況下，高等第的學生必須協助其他成員一起進步才能拿到最高分，此時，「協同學習」才有可能發生。當小組成員之間能夠「協同學習」時，才是合作學習發揮真正效果的時候，也才能符合合作學習的精神。

合作學習對於許多教師而言並不陌生，但是許多教師也抱怨雖然分成小組學習，但是「協同學習」的氛圍始終無法發揮，也看不到合作學習的成效，學生們依然故我，各做各的。所以，思考之下，合作學習沒有成

效，是不是計分方式沒有依照合作學習的理論而為，導致測驗還是只計個人得分，沒有換算成小組得分所致，值得大家再進一步審視其實施過程中有沒有這樣的疏失。

## 第二節　遊戲競賽法

小組遊戲競賽法（Team Game Tournament, TGT）是由R. Slavin所創，是合作學習法中的一種策略，學生以小組的型態進行知識的競賽，因為要和其他的小組競賽，所以會激起學生參與的動力，而且是以遊戲的方式進行，學生也能從當中獲得一些樂趣，是很受學生喜愛的一種策略。TGT主要的目的是讓學生能複習（review）和精熟已經學過的知識，通常在正式紙筆測驗之前實施，透過遊戲式的複習，幫助學生加強能力、與其他學生互動、提高自尊，在考試前建立信心，克服考試的恐懼。TGT也經常在週五的時間舉行，將一週以來學過的知識技能等以遊戲的方式複習並且舉辦競賽，取代複習的考試。

其實施的方式如下：

1. 依學習成就作異質性分組；組內成員分成低、中、高三種等第，如圖6-1左欄位之小組。

2. 平時小組成員利用時間作組內複習，相互協助與評量。

3. 準備競賽時，各組低、中、高三種等第的學生依其等第，另外組成「遊戲競賽組」，如圖6-1右欄位所示。

4. 競賽的學科範圍不限，測驗的題目與答案分別列在卡片上，有題目卡和答案卡。題目卡正面標示題目編號，背面為題目；答案卡正面標示題目編號，反面為答案，如圖6-2。遊戲開始前，題目卡和答案卡分成兩堆，都正面朝上、背面朝下擺放於桌上。

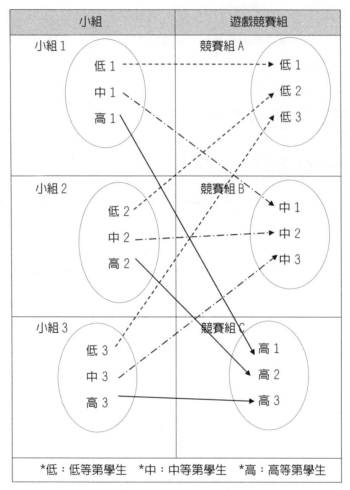

**圖6-1　遊戲競賽法中小組與遊戲競賽組之分組**

5.競賽開始時，由競賽小組的第一位學生取第一張卡片，讀出題目，由第二位學生回答，第三位學生取答案卡，確認答案正確與否。答對時，由答題的學生收走題目卡（答案卡放回桌上），接著由第二位學生取第二張題目卡讀題，由第三位學生答題，第四位取答案卡確認答案。如果答題的學生沒有答對，由原來讀題的學生答題，原來取答案卡的學生仍然要確認答案，答對時由答題的學生抽走題目卡。依此類推，直到卡片抽完，所有人也都抽到題目卡答題。

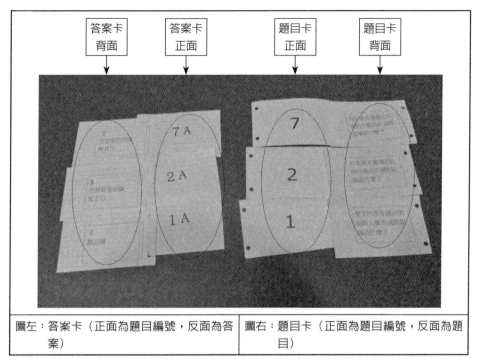

| 圖左：答案卡（正面為題目編號，反面為答案） | 圖右：題目卡（正面為題目編號，反面為題目） |

**圖6-2 遊戲題目卡與答案卡**

6. 競賽小組解散，所有學生回到原來的小組內，按照低、中、高等第分別計算拿到的題目卡數量，並換算小組分數。其中低等第學生得到的題目卡，每張換算成小組分數為4分；中等第學生得到的題目卡，每張換算小組分數為6分；高等第則為8分。

7. 表揚小組得分最高者。

競賽時，由同等第之競賽組彼此競爭，高等第的學生與高等第學生競賽，中等第的和中等第的比賽，如此一來，低等第的學生不必和高等第的競爭，就可以避免學習無助感的產生。換句話說，就是同程度的學生彼此競賽，既有樂趣，也無形當中複習了教材，一舉兩得。

表6-2中列出各組學生計算小組成績的方式：

表6-2 小組得分與計分方式

| 組別 | 高等第 | | 中等第 | | 低等第 | | 小組得分 |
|---|---|---|---|---|---|---|---|
| | 答對題數 | 小組得分 | 答對題數 | 小組得分 | 答對題數 | 小組得分 | |
| 1 | 5 | 40 | 5 | 30 | 3 | 12 | 82 |
| 2 | 6 | 48 | 3 | 18 | 2 | 8 | 74 |
| 3 | 4 | 32 | 4 | 24 | 3 | 12 | 68 |
| 4 | 5 | 40 | 2 | 12 | 1 | 4 | 56 |

　　由上述小組得分顯示，組2只有高等第得分，其餘等第的組員都沒有拿分，所以小組分數低於組1。組1高等第沒有高於他組，但是中等第和低等第都高於他組，因此分數最高。同樣的情況，組3高於組4。所以由個人得分必須轉換為小組分數後計算，此時就可以看出組內如果協同學習做得夠好，小組的得分自然會高；但是組內高等第的學生若沒有幫助其他成員學習的話，其分數自然低落。這就說明了唯有計算小組得分才能讓組內的「協同學習」發生，也才能顯示合作學習的成效。

　　遊戲競賽法顧名思義就是利用遊戲的方式彼此競賽，經常被用來當作考試前的複習活動，但是又避免掉考試前的緊張或者是不斷的複習考試，所以用它來取代，既刺激又能達到目的，是一舉兩得的好方法。

　　在今天的教學現場，有許多教師利用「桌遊」的方式融入學習活動，不妨運用遊戲競賽法當作桌遊的一種遊戲，融入班級活動中，無形當中學生既複習了教材，又提高學習的興趣。

# 第七章

# 學習單與活動單

　　許多學生常常搞不清楚「活動單」與「學習單」的區別。「活動單」顧名思義是描述一項活動細節的文件。「學習單」則是在學習完一個主題或是小單元時，用來檢測學習者學習到的知識、概念或能力表現的一種工具；此外，它也是作為測試教師設計的學習活動是否適當的形成性評鑑工具。

## 第一節　活動單

　　一份教案設計，如果仔細分析它的內容，不難發現它是由許多的教學活動串聯在一起，形成教學和學習的步驟。不過，為了不讓教案因為活動的複雜，使得內容過於冗長，通常會將比較簡單的活動步驟或是細節寫在教案內，而將複雜或是項目較多的活動以「活動單」的方式處理。這種現象，在九年一貫的新課程實施後特別的普遍。由於新課程的實施非常強調「帶著走」的能力，促使教師在教學活動上注入許多學生的學習活動。為了突顯這些活動，許多教師被要求設計「活動單」。一時之間，各種形式的活動單紛紛出籠，也使得撰寫「活動單」成為教師在九年一貫之後必備的基本能力之一。此外，教育部更在實施國小「課程評鑑」時，將教師的「教學檔案」列為評鑑的重點。由教案、活動單、學習單等組成的「教學檔案」內容，自然成為評鑑的具體目標與焦點。其實除了上述的原因外，「活動單」也具有向學校行政人員（校長或教務主任）或是教育機構視察人員（督學等）「報備」的意涵。因為有些教學或是學習活動無法在教室中進行，當然也無法在教室的課表中顯現什麼時候活動會在教室以外的地點進行，因此，為了避免在班級教室找不到教師和學生，以及顧慮到師生活動的安全，「活動單」的設計有它的必要性。所以在此建議，凡是活動的實施是在班級教室以外的地點舉辦的，或是活動本身要操作，或實驗較複雜的，均應該撰寫活動單。

　　「活動單」的形成最主要是和教案配合，也就是說它來自教案，是將教案中需要詳細說明的活動細節另外以文件的形式為之。雖然「活動單」並沒有一定的形式和格式，但是它具有一些基本而必要的組成因素，因此

本書在參考許多國內和國外的活動單之後，列出一些重要的項目作為一份詳細而專業的「活動單」應該要具備的內容，並且提供範例以資說明。

一份好的「活動單」必須具備下列事項的說明：

## 一、活動名稱

將活動給予一個適切而有趣的名稱，固然有「錦上添花」的效果，但是過分突兀的名稱或是毫無關係的名稱，也讓人覺得「霧裡看花」而摸不著頭緒，這樣也不見得好。「自然大探索」顯然就比「神奇好寶貝」更能讓人了解活動在做什麼。

## 二、活動主題

指的是活動要達成的概念或探索的知識。例如：「有毒的植物」、「長度的測量」、「儲蓄的好處」、「環境汙染」等。

## 三、活動時間

包括活動進行的日期、節數與課堂數。

## 四、活動地點

活動主要進行的地點，如果在校外，更應該註明詳細的地址。

## 五、活動目標

每一活動都應該要寫明目標，很多的活動在開始辦的時候很熱鬧，可是辦完之後卻發現活動效益不大，無法達到預定的目標，這種情況往往是跟活動是否有適當的目標有很大的關係。因此，活動應該跟目標彼此契合才是活動成功的重要因素。此外，如果活動是配合教學的單元進行，也應該一併註明所配合的單元名稱。

## 六、活動步驟

從活動的開始到結束，每一個步驟都寫得很清楚時，不僅讓學生能夠了解活動的順序與要求，更能讓家長明白活動的進行是經過詳細的規劃與設計，這些都是讓活動進行更順利的利器。至於步驟要多詳細，則視學生的年齡與活動的簡單還是複雜而定。年齡愈小，其步驟愈要詳細；年齡愈大，其步驟可以簡略些。另外，步驟寫得很清楚，在活動完成以後的檢討才能夠修正不合宜或缺失的部分，以便未來能改進該項活動。

## 七、活動器材

活動進行中所需要的器材、個人設備、或是需要攜帶的物品都應該寫清楚，才不至於因為缺乏器材或設備而干擾活動的進行。

## 八、活動注意事項

其他無法註明在上述中的項目，都可以寫在此處。

## 九、活動評量

每一個活動都應該要有評量，而且應該要指出評量的人員是教師、學生、還是其他人員；評量方式是小組評量、還是自我評量；評量的重點是活動的知識概念、還是活動參與的程度，是認知、情意、還是技能目標評量等，都應該在「活動單」中說明。學生在參與活動時就能了解他們應該採取哪些適當的行為，才符合活動的要求，達到評量的標準。

表7-1是常見的活動單，通常都是在課前就發給學生，讓學生在進「實驗教室」時就已經知道這堂課的所有細節。換句話說，學生在心理上已經準備好要從事不一樣的課堂活動，這也符合桑代克的三大學習律中的準備律。值得注意的是，教育部甫宣布未來自然科學等課程必須注重實驗活動，因此實驗的教學格外受到重視，如何將實驗活動寫得專業些，也是教師們必須注意的。

表7-1　**實驗活動單**

| 活動名稱：岩石觀察與實驗 |
| --- |
| 活動目標：<br>1. 學生能說出岩石的成分<br>2. 學生能說出測試石灰岩成分的方法<br>3. 學生能操作岩石測試實驗的步驟<br>4. 學生能記錄實驗結果<br>5. 學生能注意實驗安全 |
| 活動步驟：<br>1. 依照組別號碼及實驗桌號入座。<br>2. 小組長清點人數，全數到齊後，領取實驗工具與材料。<br>3. 實驗完畢，能將工具清理乾淨後全數返還，將未用完之材料妥善收拾。<br>4. 實驗過程中保持安靜與專注。<br>實驗一<br>1.小組成員用放大鏡觀察岩石的紋路、色澤，並於學習單上打勾。<br>2.小組長用指甲、鉛筆和實驗刀刮刻岩石表面，觀察痕跡。<br>3.根據觀察與刮刻，對照岩石標本，寫出可能的岩石名稱。<br>實驗二<br>1.小組長用小刀輕輕刮下三種岩石碎屑，並於學習單上記下每種岩石名稱。<br>2.分別置於玻璃皿中。<br>3.用吸管吸取稀鹽酸滴，各滴三滴稀鹽酸於玻璃皿中。<br>4.觀察其是否有氣泡產生。<br>5.將結果填寫於學習單上。<br>6.學習單由小組長蒐集後交給老師。 |
| 活動評量：<br>1.學習單評量<br>2.實驗過程評量<br>3.小組合作評量 |

　　表7-2是校外觀察的活動單，許多學校會舉辦校外觀察活動以活絡教學與學習。學生一聽到要到校外參觀，都會以為是「遠足」或是「旅行」，而不是「學習活動」。往往參觀完了，就把參觀的重點給丟在腦後。所以在舉辦這些活動時，要注意活動的目標是否達成，否則就會產生活動辦完，但是效果不彰的情形。等到活動結束，大家覺得辦不辦這樣的活動好像沒有差別，辦活動的熱情就會消退。可是身為一位教師，我們都知道學生的親身經歷是課本或媒體無法取代的，因此要把活動單設計好，

讓目標可以很確實的透過活動達成。評鑑活動達成目標的效率是決定保留或放棄活動的關鍵因素，將活動單編寫完整，將有助於未來對活動的決定。

　　另外，十二年一貫課程中非常強調的是生活情境的部分，如果教學與社區資源結合的話，活動單也可以視為實施戶外教學或與社區資源彼此結合的實證，更可以作為學校教學的延伸。但是如何寫出一份合宜的活動單也考驗著教師的專業能力。

表7-2　植物觀察活動單

| 活動名稱：臺中教大植物觀察活動 |
| --- |
| 活動主題：植物的特徵 |
| 活動地點：國立臺中教育大學校園 |
| 活動日期：2019年11月20日<br>活動時間：第一節、第二節 |
| 活動目標：（配合生活課第一單元第二課：校園植物）<br>1.認出葉子的特徵<br>2.認出莖的特徵<br>3.認出花的特徵<br>4.認出果實的特徵 |
| 活動評量：<br>1.能填答學習單的問題<br>2.能注意聽講<br>3.能注意參觀的禮節<br>4.喜歡觀察植物 |
| 攜帶文具：鉛筆、橡皮擦 |
| 步驟：<br>1.集合說明活動內容、介紹臺中教大的老師、隨隊家長<br>2.步行至臺中教大<br>3.植物觀察<br>4.填寫學習單、有獎問答<br>5.集合、點名後，步行回校<br>6.結束 |

　　活動單的設計項目主要是能夠提供給學生與家長必要的資訊，使其明白舉辦活動的意義與重要性。尤其是活動單裡註明活動的要求，讓學生知道活動的目的是學習，而不是僅有活動而已。另外，活動單也是提供給教師一份紀錄作為檢討之用，以及再一次舉辦相同活動時的基礎。

# 第二節　學習單

　　「學習單」通常適用在教學過程中，檢查學生是否了解學習的內容，可分成班級使用、小組使用與個別學生使用。它不拘於任何形式，通常是教師自行設計以配合教學。以下列出範例，與活動單作比較，就可明白兩者的差異。圖7-1是配合生活領域中有關「植物的構造」主題，實施校外教學時所使用的學習單。在學習單裡，以連線或畫圈作為填答的方式是因應活動在戶外進行，文字過多的答案並不適合於該情境中完成。整個活動是在戶外進行觀察，為了防止觀察流於形式，或是成為「遠足」、「郊遊」的性質，因此設計填答簡單的學習單，讓小朋友能依觀察的結果在現場作答，也使觀察活動更具有學習的意義。

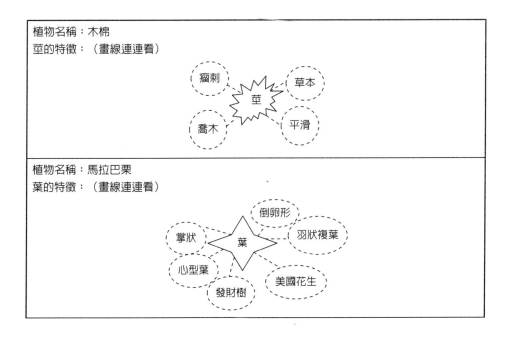

植物名稱：地錦（爬牆虎）

葉的特徵：單葉、三出複葉

Q：爬牆虎能在牆上或石頭上攀爬是因為它的莖末端的捲鬚附有吸盤，像哪一種動物的腳趾頭呢？它也因此而得名呢！　答案：＿＿＿＿＿＿＿。

植物名稱：朱槿（扶桑花）

花的特徵：（圈選）

　花瓣（　1　3　5　）枚

　雌蕊（　1　3　5　）枚

　花序（頭狀單頂花序）

　花瓣顏色（紅　黃　紫）色

Q：日本古稱扶桑國，朱槿又稱扶桑，它產於日本嗎？它是高雄縣、澎湖縣的縣花嗎？還是馬來西亞的國花？夏威夷州的州花嗎？

植物名稱：楓香

葉的特徵：掌狀3-5裂、互生

果實的特徵：蒴果、多花果

植物名稱：青楓（楓樹）

葉的特徵：掌狀5裂、對生

果實的特徵：翅果

植物名稱：鵝掌藤

葉的特徵：橢圓形　掌狀複葉

果實：漿果

Q：楓香，真的很香嗎？怎麼聞？它和青楓怎麼分辨？為什麼它們到秋天就會變紅？

　答案：＿＿＿＿＿＿＿。

Q：鵝掌藤是什麼地方長的像鵝掌才被稱為鵝掌藤？

　答案：＿＿＿＿＿＿＿。

植物名稱：馬纓丹

花的特徵：頭狀花序

Q：馬纓丹含有刺激性怪味，可是它卻能招蜂引蝶，是因為蜜蜂、蝴蝶喜歡怪味道嗎？還是＿＿＿＿＿＿＿。

| 自我評量問題 | 是 | 否 |
|---|---|---|
| 1. 我喜歡今天的植物參觀活動 | | |
| 2. 我今天很注意聽講 | | |
| 3. 我都可以回答老師的問題 | | |
| 4. 我發現每一種植物都有許多特徵 | | |
| 5. 我可以完成學習單 | | |
| 6. 我覺得最有趣的植物是（　　　　　　　　　） | | |

**圖7-1　植物特徵學習單**

　　學習單的種類繁多，凡是教師使用於課程當中，用來確認學生了解學習內容或練習的文件，都可稱為學習單。

　　圖7-2來自國語科教學用的學習單，課程中只要教師認為有需要，就可以自行設計適當的學習單，不必拘泥於市售的試卷，況且市售的試卷無法滿足教師課堂上的特殊需要。學習單也可以設計得活潑、有趣一些，不要太過嚴肅，這一點需要教師發揮一些創意。

# 說學逗唱的藝術

五年○班○號
姓名：○○○

✪相聲是一種表演藝術，有一人表演的，稱單口相聲，「我們可以說得更好」一文是對口相聲，至於很多人一起表演的則是【　　　　】。其中對口相聲由【　　　　】人表演，一人為逗哏，另一人為【　　　　】；另外還有更講究的，就是分一頭沉、子母哏和貫口活。一頭沉以【　　　　】人為主，子母哏【　　　　】人爭辯為主，貫口活則以大段連貫的語言來敘事。

✪相聲是利用「說、學、逗、唱」來作表演的一種傳統說唱藝術：

「說」是指：【　　　　　　　　】。

「學」是指：【　　　　　　　　】。

「逗」是相聲富有特殊喜劇風格的原因，其中「包袱」為相聲的專業術語，意思是指【　　　　　】。

「唱」在早期是指表演前為招攬觀眾或定場作用時所演唱時調小曲，現則演變為【　　　　　】。

✪相聲劇本內容的組成要素包括雙簧、誇大、爭吵、唱腔、數來寶、模仿、雙關、吹捧話語的安排。其實之中包含數種語文修辭，請找出課文中符合的部分並寫下來。

「舉例」：

【　　　　　　　　　　　　】。

「誇大（誇飾）」：

【　　　　　　　　　　　　】。

「雙關」：

【　　　　　　　　　　　　】。

「模仿」：

【　　　　　　　　　　　　　　】。

「吹捧話語」：

【　　　　　　　　　　　　　　】。

「數來寶」：

【　　　　　　　　　　　　　　】。

　　相聲的特點在於寓莊於諧，讓人們在輕鬆愉快的笑聲中，體會人間百味。它採用藝術化的口語，以諷刺為武器，揭露現實生活中的各種不平事物、各色人物，同時也表現真善美的事物。相聲創作不僅需要具備一定程度的語文能力，還要有不受限的創造力和創意，總之，它是一門大學問呢！

**圖7-2　相聲表演學習單**

　　學習單的種類繁多，凡是教師使用於課程當中，用來確認學生了解學習內容或練習的文件，都可稱為學習單。學習單使用於教學當中，通常是在「教師督導」的活動中進行，也是作為「課堂中」的評量。透過學習單的練習，教師可以立即提供回饋，糾正學生的錯誤，也可以了解學生學習的狀況。它的用途更可以作為「形成性評鑑」的一種形式。

　　活動單與學習單形式不同，所包含的內容亦不相同，其目的更不同。本章分別介紹這兩者，希望能讓設計者或是教師清楚的分辨。

# 第八章

# 學習評量的設計

學習評量的目的是評鑑學習者達成目標的程度，並且利用評鑑的結果檢視教師教學的品質。從1980年代開始，受到回到基本能力運動（the back-to- basics movement）的影響，以及網際網路打破傳統學校學習的官僚制度，世界各國，包括1996年、2003年聯合國提出「五大學習支柱」、2000年歐盟提出「八大關鍵能力」，以及澳洲發表「七大關鍵能力」等，紛紛提出教育政策的改革以因應教育的新思維（引自許芳菊，2006，頁27）。從此，對「基本能力」（basic competencies）和「關鍵能力」（core competencies）的呼籲遍及全世界，隨之而起的是「基本能力測驗」的實施。一時之間，學習成果的評量似乎成為學校辦學績效與教學的主要目標。而我國也在國中實施「基本能力測驗」，高中辦有「指標能力測驗」，成為此一波改革浪潮下的改革。

在課堂上實施評量是教師日常的教學活動中非常普遍的工作，其目的都是希望能檢驗出學生有問題的部分，以便能儘快解決學生的疑惑。測驗可以說是教師最常用的評量方式，其原因無他，快速、簡便、客觀都是它的優點。但是隨著九年一貫課程改革和十二年一貫教育改革，多元評量的議題再度被提及。雖然早在「課程標準」時代中即要求多元的評量方式：

> 「教學評量之內容需涵蓋認知、情意、技能等方面。教師
> 應按學科性質與評量目的，相機酌用各種評量方法。」（國民
> 小學課程標準，1993，頁9）

及至九年一貫課程改革時，多元評量的要求又再度提及學校對學生的評量必須依照2001年「國民小學及國民中學學生成績評量準則」之規定辦理。該準則中明示對於學習領域，其評量範圍應包括：

> 「國民中學及國民小學九年一貫課程綱要所定之七大學習
> 領域及其所融入之重大議題，其內涵包括能力指標、學生努力
> 程度、進步情形，並應兼顧認知、情意、技能及參與實踐等層
> 面，且重視學習歷程與結果之分析。」（教育部，2001）

爰此，教育部明定國民中小學學生成績評量，應依照該準則之第三條規定，並視學生身心發展及個別差異，採取下列適當之方式辦理：

一、紙筆測驗及表單：依重要知識與概念性目標，及學習興趣、動機與態度等情意目標，採用學習單、習作作業、紙筆測驗、問卷、檢核表、評定量表等方式。

二、實作評量：依問題解決、技能、參與實踐及言行表現性目標，採書面報告、口頭報告、口語溝通、實際操作、作品製作、展演、行為觀察等方式。

三、檔案評量：依學習目標，指導學生本於目的導向系統彙整或組織表單、測驗、表現評量等資料及相關紀錄，以製成檔案，展現其學習歷程及成果。

九年一貫課程改革中將「紙筆測驗」、「實作評量」與「檔案評量」等三種評量形式公開的列在總綱中，將多元評量理念務實的作法提升至國家教育的層級，此舉表示了教師在評量上必須能切實執行並遵守國家的規定。

十二年國教對於學生的評量延續了九年一貫的評量原則，其相關規定則是在「總綱」的實施要點「學習評量與應用」中有下列之說明：

「學習評量方式應依學科及活動之性質，採用紙筆測驗、實作評量、檔案評量等多元形式，並應避免偏重紙筆測驗。學習評量報告應提供量化數據與質性描述，協助學生與家長了解學習情形。質性描述可包括學生學習目標的達成情形、學習的優勢、課內外活動的參與情形、學習動機與態度等。」（頁33）

從十二年國教的「總綱」說明中可見，紙筆測驗、實作評量、檔案評量等三種評量方式延續九年一貫的評量形式，惟教師評量的報告更明確地提出需有量化數據與質性描述。數據資料多來自紙筆測驗，而質性描述多來自實作評量或是檔案評量。所以，多元評量的實施勢必成為教師在這一波教改中的重要任務。

本章就評量的時機與評量的設計，包括：紙筆測驗、檢核表、評分量表、軼事性記錄評量、問卷調查、規準評量、檔案評量，提供實例說明。

## 第一節 評量的時機

測驗不論其目的為何，基本上分成常模參照測驗（norm-referenced tests）與標準參照測驗（criterion-referenced tests）。常模參照評量是描述同年級或同班學生在成績的分配情形，其作法是取其平均數或中數為參照點，比較分析學生之間的相對優劣。標準參照測驗又稱為「學習者中心測驗」（learner-centered assessment），是指以事前決定的絕對標準為評量的依據，考驗個別學生的知能是否達到要求，共有四種形式（Dick & Carey, 2009）：

### 一、教學前：起點行為測驗（entry skills tests）

這是指在教學前給予學習者的測驗，用來顯示學習者在教學前對新學習所需之先備能力或知識精熟的程度。這些先備知識或是能力顯示在教學分析裡虛線的下方。如果單元教學中必須具備某些知識和能力，那麼就應該發展起點行為測驗，並且和形成性測驗一起實施。

### 二、教學前：前測（pretest）

實施前測的目的未必要和後測來比較，而是建立學習者和教學分析的關係。前測是在教學前所實施的，目的是了解學習者對於即將要學的新知識或是新能力具有多少的了解。如果學習者都已經了解學習的內容，那麼就不需要太多的教學。如果學習者對於一部分的知識已經了解，那麼前測有助於教師作有效的設計，也許作一些複習或是提供一些範例就足夠了。

## 三、教學中：練習的測驗（practice tests）

練習的測驗是在教學當中實施的，主要是評估學習者對學習的程度和掌握的狀況。它也可以檢視學習者應用新知識和概念的情況。教師也可以透過練習的測驗提供正確的回饋，目前最常以「練習單」的形式出現在課堂上。

## 四、教學後：後測（posttests）

在教學之後，緊接著作後測，它與前測是一樣的題目，只是少了先備知識的測驗題。後測是根據單元教學的目標，測驗所有的目標與次要目標。後測除了可用來評量學生達成目標的情形以外，更可以將它作為教學設計的形成性評鑑之用，來了解教學的效率以及學習的成果。

以上四種測驗的目的均不同，其測驗的時機亦有所差異。起點能力測驗與前測是在教學前進行，練習測驗是在教學中適時地進行，而後測則是在教學後進行。圖8-1列出此四種測驗的範圍與時機。例如：起點能力的測驗是進行三位數進位、退位加減法，此項能力因為是二年級的數學課綱中的能力，這是已經教過的內容，所以把它列為「起點能力」測驗的範圍，在教學前實施以確保學生保有該項能力，以便能順利的進行新的四位數加減法的學習。其次，前測是為了了解學生對新學習（四位數的加減法）的準備程度，因為學生對任何新的學習都不會是完全空白的，藉由前測可以掌握學生對新學習到底知道多少，也可以讓教師調整教學的起點。同樣的測驗也可以在教學的過程中進行，以了解學生的學習情況。等到教學完成，只要測驗最上層的能力，就可以知道學生是否達到該課綱或是單元的終極目標，但是對於前測的範圍就不必再測，以節省測驗的時間與精力。至於題目要出多少，一般而言，起點能力測驗只要有1至2題就可以了，至於前測則建議各出2至3題，練習測驗可以就前測題目重複使用即可，後測則建議3題以上。

單元分析：

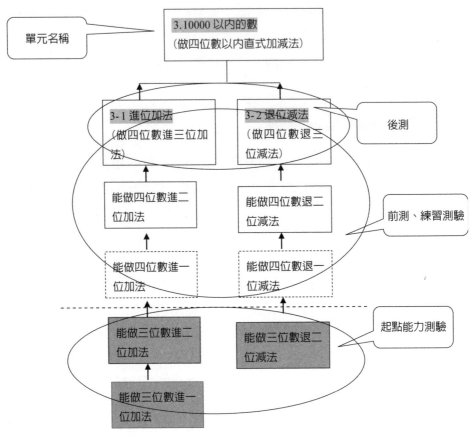

**圖8-1　測驗範圍與時機**

## 第二節　評量的設計

　　不同的測驗具有不同的目的，但是都有一個共同的問題，那就是如何設計測驗？一般而言，測驗題目和目標息息相關。在教學設計的理論中，測驗的題目必須符合目標的類型。更精準的說，就是測驗的題目要和目標的行為動詞相符，才能算是具備測驗的效度，譬如表8-1所示。

表8-1　目標之行為動詞與測驗形式

| 目標行為動詞 | 評量形式 | 測驗範例 |
|---|---|---|
| 認出 | 選項中選擇正確的答案 | 下列圖形中哪一個是直角三角形？<br>(1) △  (2) ◺  (3) △ |
| 說出 | 回答簡潔或詳盡 | 臺灣河川的特色是什麼？ |
| 列出 | 用短句填答 | 影響氣候的因素有哪些？ |
| 計算 | 寫出一個解題的答案 | $12 + 8 =$ |
| 比較 | 寫出關係 | 自然資源和非自然資源有何不同？ |

　　以上的範例說明目標的行為動詞和測驗形式的關係，目標的動詞應該要能指出考試出題的方向。所以，每一個教案中都列有「明示目標」的活動，其用意就是讓學習者事先了解後續考試的準備原則。

## 一、紙筆測驗（paper-and-pencil tests）

　　對於認知能力的評量大都採用紙筆測驗。一般常用的紙筆測驗形式為：

　　㈠ 選擇式測驗（selected-response tests）：測驗中要求受試者以符號或數字對選項的回應，所有的答案無法進行分數的判斷與推論。主要有三種：

　　1. 選擇題：最常見的測驗形式，其構成包括題幹的部分和可能成為的「選項」，通常會有三個到四個選項，其中一個則是標準答案。多重選擇也是其中一種，包含一個以上的選項答案。

　　2. 是非題：是非題的問句，是要填答「是」或「非」，或者「對」或「錯」，或是以「○」、「×」的符號回應題目。只有教材的內容可以簡化成「非此即彼」時才用之。

　　3. 配合題：它是選擇題的另一種形式。學習者必須了解前題的項目和要配合的選項之間的關係。通常教材的內容可以濃縮成一頁之內，比選擇題省篇幅。

　　㈡ 寫答測驗（constructed-response tests）：學習者必須要以簡單的文

字或是詳細的說明來回答問題。有兩種型態：

1. 簡答題：學習者要用簡單的語詞或句子回答一個問題，或是填補其中缺漏的語詞。「填充」、「完成」或「限答」等都是屬於同一類型的測驗。

2. 申論題：學習者藉由書寫答案表達出自己的想法或是思考的立場。此種題目最容易測驗出學習者高層次的認知能力。

## 二、檢核表（checklists）

檢核表適合評量觀察態度或是步驟的表現情形，是一組列出表現或成果的測量向度，並且提供簡單記錄「是」或「否」判斷的資料表。意即，用檢核表中的項目檢查學習者是否有重要的要素表現。每一個項目都以「有－無」、「是－非」等兩極的評價記錄。表8-2即是以「課堂的聆聽」為目標，評量學生專心的上課態度。其作法為：(1)確認評量的目標，(2)轉化「態度目標」成可以具體推論的「具體行為或表現」，(3)設計評量表，(4)實施評量，以及(5)撰寫評量結果。

表8-2　聆聽態度檢核表

| 姓名 | 保持安靜 | 舉手發問 | 記下重點 | 眼睛注視說話者 | 坐姿端正 | 表情專注 | 會重述 |
|---|---|---|---|---|---|---|---|
| 林大偉 | ✓ | | ✓ | ✓ | ✓ | ✓ | ✓ |
| 王國翔 | | ✓ | | ✓ | | | |
| 陳明亮 | ✓ | | ✓ | | | ✓ | |
| 張良三 | | ✓ | | ✓ | ✓ | ✓ | |
| 孫　文 | ✓ | | | | | | |

根據表8-2的結果，就可以結論學生在課堂上的態度表現。除了按照表現的多寡轉換成分數以外，也可以具體的用「語意性」的描述方式寫出對學生的評量報告。

## 三、評分量表（rating scales）

　　評鑑者針對學習者表現的能力，依據表現的差異給予不同的評分，如表8-3所示。此為說話表現的評量，其所評量之項目則參考九年一貫課程綱要中國語科的教學要點而成。

**表8-3　評分量表**

| 項目 | 主題 | | 說話 | | | | 肢體 | | | 演示 | 總分 |
|---|---|---|---|---|---|---|---|---|---|---|---|
| 學生姓名 | 重點清楚 | 時間控制 | 完整語句 | 音量適當 | 語詞正確 | 說話速度 | 眼神 | 身體 | 手勢 | 圖表資料 | |
| | 1234 | 1234 | 1234 | 1234 | 1234 | 1234 | 1234 | 1234 | 1234 | 1234 | |
| 1 | | | | | | | | | | | |
| 2 | | | | | | | | | | | |
| 3 | | | | | | | | | | | |
| 4 | | | | | | | | | | | |
| 5 | | | | | | | | | | | |

註：1.優　2.良　3.佳　4.可

## 四、軼事性記錄（anecdotal records）

　　或稱為記述性記錄，是一種以敘述的方式記錄評鑑者觀察結果時所作的記錄或札記，其中包括行為的大綱描述、解釋，以及教師建議或採取的行為或意見。軼事性記錄應用得非常廣，表8-4列出評量學生課堂上的學習行為。這樣的記錄是給教師在和家長溝通時的一份文件，文件中所記載的不僅是行為發生的時間與形式，並記錄了教師對其行為的推論，更重要的是顯示教師對於學生行為採取的作為，而不是只記錄學生的不當行為，避免形成「缺點記錄」。

表8-4 軼事性記錄

| 時間 | 觀察行為 | 解釋推論原因 | 建議採取行為 |
|---|---|---|---|
| 90年1月9日 | 王大為沒有完成課堂上的練習 | 沒有興趣做練習；沒有聽懂老師的指示；要引起老師的注意 | 要確定大為聽到做練習的指示 |
| 90年1月10日 | 聽完老師的指示馬上開始做練習；但是不久就停止；並且在教室內觀望 | 特別的指示似乎有用；但是卻仍然沒有興趣做練習 | 可能安排一位同學與他一起做練習 |
| 90年1月11日 | 大為與安生坐在教室後排一起做練習；有時候會有聲音，但是大部分時間都很安靜；大為做完練習 | 喜歡與同伴一起做練習；需要模仿的對象 | 與安生討論成為大為的朋友與模範 |

## 五、問卷調查

對於態度的評量，根據梅格（R. F. Mager）的理論，是很難直接評量的，必須從其表現之行為觀察出是否有親近的傾向或是規避的傾向（引自中國視聽教育學會，1988，頁75）。Kemp（1985）指出評量態度的方式可採取下列四種方式：(1)問卷（questionnaire），(2)評分量表（rating scale），(3)觀察（observation），(4)晤談（interview）（頁170-173）。其中評分量表的設計在前面已做說明，此處不再贅述。至於觀察的方式則是教師在平日的教學中進行，而作為記錄觀察的測量工具可能利用問卷、評分量表、或是記述性紀錄等。另外，晤談則是一種面對面的會面，由一位與教學設計無關者向學習者提出問題，問題可以是結構式的、也可以是無結構式的問卷。提問者就學習者的論述中挖掘出其意向。以下針對問卷的設計，包含閉結式與開放式兩種示範之。

問卷中設計開放式的問題，讓學習者自行填答；另一種是設計閉結式的問題，讓學習者從中選擇最好或最不好的答案。表8-5列出在小組討論的過程中，評量該組對討論的態度所作的問卷調查。

表8-5　小組討論的閉結式問卷

| 問題 | 小組成員姓名 |
|---|---|
| 1. 誰給予最好的意見？ | □王偉　□林新　□張立　□陳興 |
| 2. 誰最能夠聆聽別人的意見？ | □王偉　□林新　□張立　□陳興 |
| 3. 誰對小組的工作最有貢獻？ | □王偉　□林新　□張立　□陳興 |
| 4. 誰最能夠在預定的時間內完成自己的工作？ | □王偉　□林新　□張立　□陳興 |
| 5. 誰最先開始工作的？ | □王偉　□林新　□張立　□陳興 |
| 6. 誰計畫小組的工作進行？ | □王偉　□林新　□張立　□陳興 |
| 7. 誰最喜歡幫助其他成員？ | □王偉　□林新　□張立　□陳興 |

表8-6所顯示的是在學習活動完成以後，調查學習者對活動的態度問卷。

表8-6　學習活動開放式的態度問卷

| 我在這個活動中 |
|---|
| 1. 我最喜歡的是＿＿＿＿＿＿＿＿＿＿＿＿＿＿＿＿＿ |
| 2. 我達到的目標是＿＿＿＿＿＿＿＿＿＿＿＿＿＿＿＿ |
| 3. 我最不喜歡的是＿＿＿＿＿＿＿＿＿＿＿＿＿＿＿＿ |
| 4. 我對＿＿＿＿＿＿＿＿＿改變了我原來的想法 |
| 5. 我覺得遺憾的是＿＿＿＿＿＿＿＿＿＿＿＿＿＿＿＿ |
| 6. 我覺得可以改進的是＿＿＿＿＿＿＿＿＿＿＿＿＿＿ |
| 7. 我覺得對我學習最大的幫助是＿＿＿＿＿＿＿＿＿＿ |

## 六、規準評量（rubric evaluation）

規準評量類似於評分量表，評量時列出欲評量的項目，判斷學生表現的程度。兩者最大的不同之處在於，評分量表僅以分數代表學生表現的程度或層次，而規準評量則將這些程度或層次以語意的方式替代之。它是根據教師或評量人員所訂定的「規準」（principles），對學習者的成品或作品進行評量。

規準評量是以學習者為中心的評量（learner-centered assessment），是

以矩陣的方式（matrix）列出評量的原則（如表8-7）。這些項目代表教師認為在學生表現的能力或是成品中必須具備的要素，它們是讓學生的表現或成品成為高品質的重要因素。這些項目要分成幾個層次，以及每個層次應該如何描述學生的表現，都呈現在評量表中。評量的時候，只要在適當的項目內依照事先訂好的「規準」勾選，然後計算分數（轉換成百分比）就完成了。

表8-7　評量課堂表現態度的規準評量

| 標準<br>項目 | 滿意<br>4-5分 | | 尚可<br>2-3分 | | 待改進<br>0-1分 | |
|---|---|---|---|---|---|---|
| 蒐集資料的方式 | 用了三種或三種以上的方法 | | 用了兩或兩種以上的方法 | | 直接問同學或家長 | |
| 注意聆聽 | 專心聽講並抄在簿本上 | | 專心聽講，記在腦袋中 | | 有時沒有聽到 | |
| 回答問題 | 老師所提的問題都能回答 | | 有幾題不能回答，但有去找出正確的答案 | | 不想回答老師的問題 | |
| 討論發表踴躍 | 常常舉手發言 | | 偶爾舉手並發言 | | 不喜歡或幾乎不舉手發言 | |
| 份內工作盡責 | 小組分配的工作都能完成 | | 有一、兩件未能完成 | | 大部分都沒有完成 | |
| 配合團體行動 | 總是準時，不早退 | | 有時遲到、早退，並且事先告知小組 | | 常常遲到、早退或缺席 | |
| 鼓勵讚美別人 | 對於別人值得學習的地方能隨時稱讚 | | 偶爾會稱讚別人 | | 不曾或幾乎不鼓勵讚美他人 | |
| 得分 | | | | | | |

規準評量在實施之前，應該就評量的規準告知學生，使其了解評鑑的重點。規準評量的好處是學習者可以就教師評鑑的重點，清楚而明顯的了解自己的優點與缺點，而且是公開的、公平的評鑑。而評鑑的結果就是一種非常有建設性的回饋，這種回饋就可以當作學生下一次改進學習表現的

參考。一份評鑑如果能夠讓學生了解自己的表現程度，以及缺失的原因，而使得下一次能針對不好的地方改進而表現得更好，才是對學習者最有效的評鑑。因此，規準評量近年來被大量的應用於各級學校中，也包括小學，是評量的一大改革。

## 七、檔案評量（portfolio assessments）

Shores與Grace（2000）定義所謂的檔案評量是「對個別學生事物的蒐集，以顯示他們在一段時間內，不同層面的成長和發展」（p.39）。Dick與Carey則將其定義為：「為了可觀察到的改變與發展，對蒐集的作品樣本進行後設評量的過程。」（p.146）從前測到後測評量學生學習的改變和發展，追蹤作品和表現當中，比較學習者進步的證據。總而言之，檔案評量是依據目標，有系統的觀察與記錄個別學生的表現。根據「預定的目標」，大量的蒐集學生的作品，例如：學生的美術作品、作文、寫字等，學習日誌、活動照片、記述性記錄、客觀式測驗結果，以及錄音、錄影的記錄，同時在每一項作品中都加註教師對它的評語，這就是檔案評量的特色。為了避免它成為堆積無用文件的檔案，在進行檔案評量之前，教師必須確認評量的目標，並以此目標為基礎，進行學生作品的蒐集。

對每一件蒐集到的作品或文件，按照時間排列，教師必須寫下敘事的評論。最後，教師再以「規準評量」的方式對其進步的情形進行評分。在評分的過程裡，可以邀請學生一同檢視檔案，並且共同評量。圖8-2即是以「學生的寫作能力」作為檔案評量的目標，描述學生在一段時間內進步的情形。教師蒐集學生在聯絡簿上畫圖說故事的作品，然後針對每一篇短文寫下評語，包括正面的描述、以及需要改進提醒的部分，讓學生可以知道下一篇如何改進，表現出進步的程度。那麼，藉由這兩篇短文可以看出學生寫作的句型和標點符號都有進步。同時，注意到每一篇短文，教師均以正向敘述的方式，寫下他對學生作品建設性和鼓勵的評論。如此一來，學生的作品累積一段時間後，就很容易看出學生進步的情形。

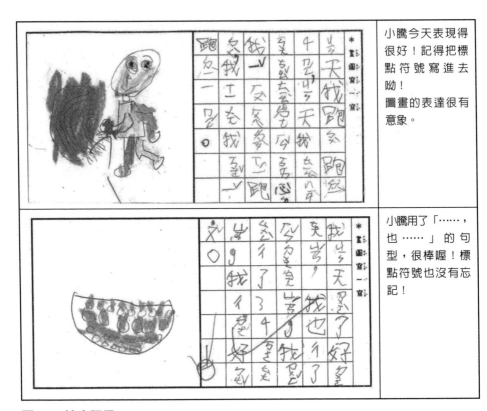

**圖8-2　檔案評量**

　　九年一貫課程改革正式提出了多元評量的形式，十二年一貫課程改革則進一步要求學生評量的結果要以量化和質性描述說明學生學習的成果，因此必須採用規準評量或是檔案評量才可能以質性的語意描述學生學習的結果。

　　以上各種評量項目所提出的評量設計範例，只是提供一些思考的基礎，至於要使用何種評量，必須根據各種教學活動中所設定的目標，分析其可以達成目標的具體表現行為。九年一貫課程和十二年課程中都特別重視十大基本能力與素養的達成，而這些基本能力也依賴教學中的各種活動予以實現。正是因為重視多元化的教學活動，而有了多元評量的需求。因此，本文仍然提出下列重要注意事項，提供教師作為參考：

　　1.評量的項目必須依據學習活動的目標。

2. 評量的項目、問題應是「正向」的。

3. 評量必須事先與家長、學生作溝通。

4. 評量必須公平。

5. 評量的結果必須維護個人隱私，不宜公開公布。

6. 每一位被評量的學生應有其個別檔案儲存或保存。

7. 評量的項目可以由師生共同協商。

8. 評量必須轉化成分數，列入學習成績。

此外，針對不同年級的學習者，運用自評或互評的評量方式時，必須考慮其語文能力，以免因問題的語言太艱深或困難而無法實施。換言之，對於低年級的學習者，其問題要儘量口語化或是簡單化。在十二年一貫實施之後，由於有更多的學習活動、綜合活動等實施，評量勢必要兼顧學習者在這些活動的表現，也就更多元化了！它也意謂著教師必須設計更多的評量。但因為學習活動會有許多類似或重複的，例如：上臺報告、小組討論、小組蒐集資料等，一旦評量項目完成時，便可在同類型的活動中重複使用，不必擔心會負擔過重。另外，也可以藉著年級教師群共同的設計，達到更多元、更公平的原則。

# 參考書目

1. 王文科（1994）。**課程與教學論**。臺北：五南圖書。

2. 中國視聽教育學會（1978）。**能力本位行為目標文輯**。臺北市：作者。

3. 中國視聽教育學會（1998）。**系統化教學設計**。臺北市：師大書苑。

4. 任慶儀（2013）。**教學設計：理論與實務**。臺北市：五南圖書。

5. 任慶儀（1993）。從教學過程到系統化教學設計：四十年來我國國小教學方法之變革。**國教輔導**。v.298。

6. 林進材（2006）。**教學理論與方法**。臺北市：五南圖書。

7. 國立編譯館（1991）。**視聽教育**。臺北市：正中書局。

8. 許芳菊（2006）。**全球化下的關鍵能力**。天下雜誌：2006年教育專刊，22-27。

9. 張新仁（2003）。**學習與教學新趨勢**。臺北市：心理出版。

10. 黃光雄（1988）。**教學原理**。臺北：師大書苑。

11. 黃政傑（1991）。**課程設計**。臺北市：三民書局。

12. 楊銀興（2000）。多元化評量的理論與作法。載於國立臺中師範學院「八十九學年度臺中師範學院辦理九年一貫課程系列研討會：九年一貫課程能力指標、學力測驗與多元評量」，頁1-20。

13. 臺灣省國民學校教師研習會（1979）。**國民小學課程標準研習：教師手冊**。臺北市：研習會。

14. Dick, W., Carey, L., & Carey, J. (2009). *The systematic design of instruction* (7th ed.). Boston, M. A.: Pearson.

15. Gagné, R. M., Birggs, L. J., & Wager, W. W. (1995). *Principles of instructional design.* (4th ed.). New York: Holt, Rinehart and Winston.

16. Huba, M. E. & Freed, J. E. (2000). *Learner-centered assessment on college campuses: Shifting the focus from teaching to learning.* New York: Allyn and Bacon.

17. Kizlik, B. (2010). *Instructional methods information*. Retrieved March 10, 2011, from http://www.adprima.com/adprisys.htm.

18. Shores, E. F. & Grace, C. (1998). *The portfolio book: A step-by-step guide for teachers*. Beltsville, MD: Gryphon House.

# 第九章

# 十二年國教教案格式

　　「核心素養」（core competency）是十二年國民基本教育課程中的主軸，也是此次教育改革的特色。教育部將「核心素養」定義為「個人為適應現在生活及面對未來挑戰，所應具備的知識、能力與態度」（教育部，2018，頁3）。核心素養在課程與教學設計中的意義如下（國家教育研究院課程與教學研究中心，2015，頁1）：

　　1.「核心素養」是指一個人為適應現在生活及未來挑戰，所應具備的知識、能力與態度。

　　2.核心素養較過去課程綱要的「基本能力」、「學科知識」涵蓋更寬廣和豐富的教育內涵。

　　3.核心素養的表述可彰顯學習者的主體性，不以「學科知識」為學習的唯一範疇，強調其與情境結合，並在生活中能夠實踐力行的特質。

　　4.核心素養強調「終身學習」的意涵，注重學習歷程、方法及策略。

　　綜所上述，「核心素養」可以說是連結各領域學科的軸線，也是教學設計應該關照的層面。換句話說，這些特色都必須能在教學設計當中呈現，也就是說，教案當中必須注意到無論是教學的內容、或是活動、還是學生的學習，都必須緊扣住「核心素養」。

　　既然教學的過程中必須關照「核心素養」，而「核心素養」又與生活情境脫不了關係，因此在設計課綱的教學活動時，勢必要思考如何與「情境」結合，才能符應此次教改的重點。

　　除了教育部對於十二年國民基本教育課程與教學的實務面的規範外，如果從學術理論的層面看，應該遵循哪一種教學理論，才能呼應教育部對教改的課程與教學的要求呢？

　　此外，從國家的課綱到教室中的教學，學校和教師如何負起各自的責任呢？許多學校和教師對於「課綱」的條目如何融入教學當中，其實是陌生的，也是手足無措的。那麼，教育部頒布的各領域「課綱」，對課程與教學到底發揮的作用是什麼？

　　任何教案的設計都是以教學理論為出發點，十二年國民基本教育課程與教學的設計也不例外。本章引用英國學者P. John對國家與教室教學的理論和Gagnè的教學事件理論作為基礎，以國家教育研究院所發布的教案格

式作為本章之範例。

　　簡單的說，英國學者P. John對於國家課程到教室的教學，主張所有國家的課綱都必須由學校的各科教師或專家解讀形成共識，經過學校層級的課程審核通過後才能實施，如圖9-1（引自任慶儀，2014，頁27）。就此而言，今天學校要實施十二年國民基本教育課程與教學，首先就是要求各科／領域教師解讀課綱，確定教學的內容與範圍。

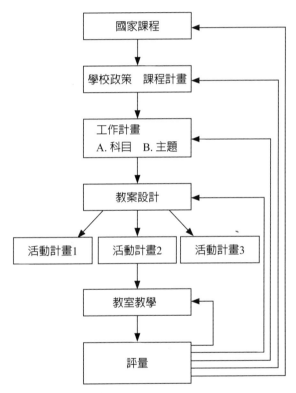

**圖9-1　國家課程與教室教學**

　　至於「素養的活動」或是十二年國民基本教育課程中強調將課堂上習得的知識或能力應用於「生活情境」中的要求，則早見於Gagnè的「教學事件」理論中「強化保留與遷移」（詳見p.19），此處的「強化保留」係指教師要學生經常複習舊知識與經驗，以保持長期記憶與短期記憶之間的聯繫，避免「遺忘」。所以上課前利用一點時間複習之前學過的內容，是

具有保留記憶的功能。

　　而，「遷移」則是指教師必須設計「新的情境」讓學生有利用新學的知識與能力的機會去應用或是解決問題。因此，除了課文環境中的練習，教師必須思考設計一些課外的生活情境中有哪些機會是可以讓學生應用新學的知識和能力。

　　換言之，Gagnè認為教學過程完成後，後續還要進行「學習遷移」的活動才是完整的教學。綜上所述，所謂「學習遷移」指的就是將課堂上所教會的知識和能力，能夠應用於「新情境」中，而此「新情境」就是意指學校以外、真實世界的情境。此與十二年國民基本教育中所揭櫫的「素養」具有同工異曲之處。

　　本章即是應用上述P. John和Gagnè的理論，並且依據國家教育研究院所提供之格式範例，設計出下列之教案以供參考（見表9-1）。

**表9-1　十二年國教教案格式**

| 領域／科目 | 國語文 | | 設計者 | 任慶儀 |
|---|---|---|---|---|
| 實施年級 | 五年級 | | 總節數 | 2 |
| 單元名稱：溪谷中的野鳥 | | | | |
| 設計依據 | | | | |
| 學習重點 | 學習表現 | 5-III-6熟習適合學習階段的摘要策略，擷取大意。 | 核心素養 | B1符號運用與溝通表達 |
| | 學習內容 | Ad-III-1意義段與篇章結構<br>　—摘要策略（刪除法）<br>　—意義段大意<br>　—篇章結構<br>　　　起<br>　　　承<br>　　　轉<br>　　　合 | | 國-E-B1理解與運用國語文在日常生活中學習體察他人的感受，並給予適當的回應，以達成溝通及互動的目標。 |
| 議題融入 | 學習主題 | 戶外教育 | | |
| | 實質內涵 | 強化與環境的連接感，養成友善環境的態度 | | |
| 與其他領域／科目的連結 | | 自然科學 | | |
| 教材來源 | | 康軒版五上國語 | | |

| 教學設備／資源 | E化投影設備、課文影印、講義文章、簡報檔 | | |
|---|---|---|---|
| 學習目標 | | | |
| 1. 學生能說出刪除法的用法<br>2. 學生能指出意義段之大意<br>3. 學生能以圖示列出文本的起、承、轉、合的結構 | | | |
| 教學活動設計 | | | |
| 教學活動內容及實施方式 | | 時間 | 備註 |
| 一、引起動機<br>1. 小朋友，早上在打掃校園時有沒有看到什麼動、植物？你有沒有觀察牠們都在做什麼？或是牠們有哪些習性呢？<br>2. 這一篇課文，為什麼作者只有寫出他在溪谷裡看到的鳥呢？你認為溪谷中沒有其他的動、植物了嗎？他為什麼這麼寫呢？<br>3. 讀完課文以後，你可不可以也學作者寫出一篇你在校園裡觀察到的景物呢？ | | | 口頭 |
| 二、明示目標<br>1. 告知學生目標：<br>　(1) 學生能指出意義段之大意<br>　(2) 學生能指出文本的起、承、轉、合的結構<br>2 說明學完本課，要完成一篇校園觀察作文 | | | 1. 用投影片呈現本課目標<br>2. 口頭說明本課要完成的任務 |
| 三、喚起舊經驗<br>1. 自然段與意義段的定義<br>2. 意義段的組成<br>3. 課文架構：起、承、轉、合的組織<br>4. 段落摘要法：刪除法 | | | |
| 四、呈現內容<br>1. 將影印的課文交給各小組<br>2. 摘取各段大意（自然段摘要）（刪除法）<br>3. 組織意義段<br>4. 組織課文架構（起、承、轉、合）<br>5. 段落寫法（層次布局）：開門見山法<br>6. 課文總結法 | | | 小組合作<br>小組報告 |
| 五、學習指引<br>1. 這一課的組織架構是什麼？<br>2. 這一課的開端方式是什麼？總結是哪一種結尾方式？<br>3. 這一課摘要的方式是哪一種？ | | | 口頭評量 |

| | | |
|---|---|---|
| 六、學習遷移（素養活動）　　素養<br>活動<br>1. 閱讀講義文章，畫出文章結構圖<br>2. 以本課架構為基礎寫出：「校園中的……」 | | 1. 講義文章：湖濱散<br>記【翰林版五上第<br>二課】<br>2. 校園觀察活動 |
| 七、評量<br>1. 紙筆測驗：生字、語詞<br>2. 實作評量：講義文章架構圖、作文 | | 自編紙筆測驗<br>實作評量、規準評量 |

# 教案說明

## 一、前置作業

　　1. 熟悉十二年國民基本教育國語文課程的學習重點：國語文的學習表現分列在國語課程綱要中，除以數字代碼以外，另以羅馬數字標示階段別。例如：「5-III-6熟習適合學習階段的摘要策略，擷取大意」，表示該學習表現是第三階段的學習，也就是國小五至六年級適用，5代表本條目是屬於「閱讀」，6則為流水號。

表9-2　國語文之學習表現類別

| 學習表現 | 代碼 |
|---|---|
| 聆聽 | 1 |
| 口語表達 | 2 |
| 標音符號與運用 | 3 |
| 識字與寫字 | 4 |
| 閱讀 | 5 |
| 寫作 | 6 |

國語文各學習階段之學習表現如下所列：

**表9-3　第三階段之學習表現**

| | |
|---|---|
| 5-III-5 | 認識議論文本的特徵 |
| 5-III-6 | 熟習適合學習階段的摘要策略，擷取大意 |
| 5-III-7 | 連結相關的知識和經驗，提出自己的觀點，評述文本的內容 |
| 5-III-8 | 運用自我提問、推論等策略，推論文本隱含的因果訊息或觀點 |

國語文領域之學習內容共分三大類別：文字篇章、文本表述、文化內涵。每一類別又分為若干詳細的項目，如表9-4所示，計有學習內容類別、主題代碼、項目、項目代碼，並且以英文大小寫字母作為編號的樣式。

**表9-4　國語文之學習內容類別**

| 學習內容 | 主題代碼 | 項目 | 項目代碼 |
|---|---|---|---|
| 文字篇章 | A | 標音符號<br>字詞<br>句段<br>篇章 | Aa<br>Ab<br>Ac<br>Ad |
| 文本表述 | B | 記敘文本<br>抒情文本<br>說明文本<br>議論文本<br>應用文本 | Ba<br>Bb<br>Bc<br>Bd<br>Be |
| 文化內涵 | C | 物質<br>社群<br>文化 | Ca<br>Cb<br>Cc |

國語文學習內容之綱要加註有學習階段，下列表9-5即為第三階段之綱要，是國小五年級和六年級的教學基本內容，綱要之表述如下：

**表9-5 國語文第三階段學習內容綱要**

| | |
|---|---|
| Ad-III-1 | 意義段與篇章結構 |
| Ad-III-2 | 篇章的大意、主旨、結構與寓意 |
| Ad-III-3 | 故事、童詩、現代散文、少年小說、兒童劇等 |
| Ad-III-4 | 古典詩文 |

2. 學習重點：根據John的理論，學校和各領域教師的責任是要解讀國家課綱，並且分析出學校的國語文具體的學習重點。由於學習重點分為學習表現與學習內容，本章以學習內容為教學分析的對象，進行分析。分析的要點是教師要考慮在5-III-1的「學習內容」中實際在教室要教的內容，另外要找出最能夠對應的「學習表現」。這兩者之間的差距就是「素養活動」所要達成的目標。

3. 核心素養：此處需要列出總綱的核心素養、國語文的核心素養，其目的是設計課程或教學都必須以核心素養為依歸，以備檢核教學的內容或活動是否符應這些素養。

4. 議題融入：議題之融入必須視課文內容或活動而定。檢視國語文的單元內容或者活動和國語文課綱所列之議題，選擇最能對應國語文課文內容之議題融入。本課因為安排有「校園觀察活動」，讓學生仔細觀察校園中的景物，為自己要完成的作文而選擇觀察的主題，所以以「戶外教育」作為議題融入。

5. 與其他領域／科目的連結：本課之課文內容談及鳥類，其與自然科學有關，是非常自然的連結。

6. 教材來源：本課為康軒版國語第十冊。

7. 教學設備／資源：列出上課時需要的設備以及講義等。

## 二、教學活動

1. 學習目標：在「學習內容」部分所解讀的具體教學內容包含：摘要策略、意義段大意、篇章結構的起、承、轉、合。學習目標就是依「Ad-III-1意義段與篇章結構」這一條學習內容所分析三項具體內容：摘要策

略、意義段大意、篇章結構（起、承、轉、合）來撰寫。目標和具體內容要具有一致性。這些學習目標最終必須檢視和「學習表現」是否對應。

2. 教學活動：因為本例是以Gagnè的教學事件為活動之基礎，故而按照活動方式設計教學之步驟（詳見林進材，2003，頁79）：

(1) 引起動機：引起動機的方式是以學生的生活情境中的事件提出引發學生的注意，其次將注意力導向課文中的寫作方法，最後提醒學生本課教完之後要學會做的能力。用提問問題的形式進行引起動機的活動。

(2) 明示目標：告訴學生，本課重要的學習目標是分析課文寫作技巧後必須能完成的任務。

(3) 喚起舊經驗：教師確認學生對於自然段與意義段之間的差別與關係，是第二階段國語文課綱中的內容，此處僅是提醒學生有關學習本課的舊知識與能力。使用刪除法摘取段落大意是學生前一課已經學會的技巧，此處僅提醒學生有關的技巧。

(4) 呈現內容：本節課是摘取段落大意以便找出作者寫作的技巧，因此，課堂上以小組合作的方式先做自然段的摘取大意。因為用的是刪除法，避免學生在課文上畫刪除線，故影印課文讓學生畫去不重要的句子。最後由小組上臺報告各段的摘要、課文的架構、層次布局的辨認等。

(5) 學習指引：教師以問題再度詢問學生有關的重點，讓學生記住上課的內容與活動。

(6) 學習遷移：此處即可進行「素養活動」。教師以另一篇文章（例如：取材自另一個翰林版中類似的課文），要求學生進行課堂上練習過的文章結構圖，此為訓練學生的「基本能力」。換言之，教師利用新的「情境」，讓學生應用本課所學過的文章構圖方法解析新的文章，真正顯示學生可以將課堂上學到的「關鍵能力」帶著走。另外，安排校園內的觀察活動，讓學生仔細的觀察，尋找標的，要求學生以本課之文章結構寫出一篇作文。作文題目：「校園中的……」，既與學生生活情境有關，又可以練就未來記錄自然觀察的事物的寫作能力，具有素養能力的表現。是故，此例最能顯現的是學生能夠將課堂上所學的知識能力，運用在日常生活中對事、物的記錄或是描寫，充分顯示生活中的語文素養。因此，教案中如果

能羅列出語文運用的生活情境，才能算是符合十二年國教的精神。

　　(7) 評量：十二年國民基本教育總綱中明訂評量的方式有紙筆測驗、實作評量與檔案評量。此處即是使用紙筆測驗評量學生對生字、語詞的形、音、義熟悉程度，另外也充分使用實作評量，可以說達到了多元評量的目的。

　　以上的教案，主要是依據傳統國語文的教學而為之，其特色不是以課文內「鳥」的知識為主，而是以語文的「基本能力」為導向，進行「摘要」、「課文結構」等語文技巧的學習。然而，為了要達成「素養」，在教案的「學習遷移」活動中特別安排了「素養活動」，包括另一篇文章的摘要與文章結構的分析，以及校園觀察活動，寫下一篇屬於自己的文章。換言之，在課文內學到的知識技巧必須應用到新的情境和生活情境中。

　　十二年國教即將在108學年度開始正式實施，在許多國教院所提出的範例中，並沒有真正指出有哪些可以視為「素養」的活動，或者指出有哪些教學的設計真正有「生活情境」的實踐。以上的範例，簡單的示範了如何在教學活動中注意到可以在學生的「生活情境」應用所學，這就是「素養」的意義。

　　十二年國民基本教育重視「核心素養」，勢必引起教師們的憂慮。本例即是以簡單但是切要的方式，呈現學術理論的應用與教育部之規範，在不衝突的情況下設計教案。教育的實務必定離不開學術理論，也不應該離開理論。身處多變的世界，吾人必須牢記的是「接受改變，面對改變」的基本法則。未來，教育的政策與實施會隨著社會的發展與國家的期望而不斷改變，而且改變的速度愈來愈快，唯有深究課程與教學的理論才能立基於不敗之地，不會被社會淘汰。本書所列之教案與理論，期望能對教師在面對此教改時有一些助益。

# 參考書目

1. 任慶儀（2014）。教學設計。臺北市：五南圖書。

2. 林進材（2003）。教學理論與方法。臺北市：五南圖書。（https://www.naer.edu.tw/files/15-1000-7944,c639-1.php?Lang=zh-tw

3. 教育部（2014）。十二年國民基本教育課程綱要：總綱。

4. 國家教育研究院（2018）。十二年國民基本教育課程綱要：語文領域——國語文。（https://www.naer.edu.tw/files/15-1000-10609,c639-1.php?Lang=zh-tw）

5. 國家教育研究院課程與教學研究中心（2015）。核心素養發展手冊。（https://www.naer.edu.tw/files/15-1000-9423,c1180-1.php?Lang=zh-tw

國家圖書館出版品預行編目資料

教案設計：從教學法出發／任慶儀著. －－二
版. －－臺北市：五南圖書出版股份有限公
司, 2022.05
　　面；　公分
　ISBN 978-626-317-742-0 (平裝)

1.CST: 教學方案

521.4　　　　　　　　　　　111004245

1I2H

# 教案設計：從教學法出發

作　　　者 ― 任慶儀(33.5)

發 行 人 ― 楊榮川

總 經 理 ― 楊士清

總 編 輯 ― 楊秀麗

副總編輯 ― 黃文瓊

責任編輯 ― 劉芸蓁、李敏華

封面設計 ― 姚孝慈

出 版 者 ― 五南圖書出版股份有限公司

地　　　址：106臺北市大安區和平東路二段339號4樓

電　　　話：(02)2705-5066　　傳　　真：(02)2706-6100

網　　　址：https://www.wunan.com.tw

電子郵件：wunan@wunan.com.tw

劃撥帳號：01068953

戶　　　名：五南圖書出版股份有限公司

法律顧問　林勝安律師事務所　林勝安律師

出版日期　2019年9月初版一刷
　　　　　2022年5月二版一刷

定　　　價　新臺幣400元

# 經典永恆・名著常在

## 五十週年的獻禮 ── 經典名著文庫

五南，五十年了，半個世紀，人生旅程的一大半，走過來了。

思索著，邁向百年的未來歷程，能為知識界、文化學術界作些什麼？

在速食文化的生態下，有什麼值得讓人雋永品味的？

歷代經典・當今名著，經過時間的洗禮，千錘百鍊，流傳至今，光芒耀人；

不僅使我們能領悟前人的智慧，同時也增深加廣我們思考的深度與視野。

我們決心投入巨資，有計畫的系統梳選，成立「經典名著文庫」，

希望收入古今中外思想性的、充滿睿智與獨見的經典、名著。

這是一項理想性的、永續性的巨大出版工程。

不在意讀者的眾寡，只考慮它的學術價值，力求完整展現先哲思想的軌跡；

為知識界開啟一片智慧之窗，營造一座百花綻放的世界文明公園，

任君遨遊、取菁吸蜜、嘉惠學子！